吴语语法研究系列

李旭平　孙晓雪——著

吴语语法调查与研究

中西书局

图书在版编目(CIP)数据

吴语语法调查与研究 / 李旭平，孙晓雪著. -- 上海：
中西书局，2024. -- ISBN 978-7-5475-2364-3

Ⅰ. H173

中国国家版本馆 CIP 数据核字第 2024Y6E637 号

吴语语法调查与研究

李旭平　孙晓雪　著

责任编辑	吴志宏	
装帧设计	黄　骏	
责任印制	朱人杰	
出版发行	上海世纪出版集团	
	®中西书局(www.zxpress.com.cn)	
地　　址	上海市闵行区号景路 159 弄 B 座(邮政编码：201101)	
印　　刷	浙江天地海印刷有限公司	
开　　本	700 毫米×1000 毫米　1/16	
印　　张	21.5	
字　　数	340 000	
版　　次	2024 年 12 月第 1 版　2024 年 12 月第 1 次印刷	
书　　号	ISBN 978-7-5475-2364-3/H·156	
定　　价	98.00 元	

本书如有质量问题，请与承印厂联系。电话：0573-85509555

前　言

　　吴语语法研究历史悠久,名家辈出,积累了一批成果。进入新世纪以来,方言语法研究方兴未艾,不仅研究广度和深度不断加强,而且研究队伍进一步扩大和年轻化,理论框架也越来越多元。相较于语音和词汇研究,汉语方言语法研究缺少《方言调查字表》或各类"词表"这样成熟的模板,这客观上造成了方言语法调查的难度以及在研究上的相对滞后。不过,要有一个语法调查模板很难,或许根本就没有这样一个"放之四海皆准"的模板。这背后至少有三方面的原因。

　　第一,什么语法现象或者语法条目应该被调查,调查到多深程度,大家对此并没有一个统一的答案。哪怕是针对参考语法的调查和撰写,对于什么该被记录和调查,学界也没有完全统一的标准。第二,语法调查的对象是抽象的语法规则,它在每个方言里的表现不尽相同,我们很难确定一个语法调查问卷能够对多少语言或方言有足够的适用性。第三,除了记录和描写一个语言这一普适性目的之外,语法调查很多时候都是带着各自的研究问题开展的,统一性问卷在这时能起到的作用或许就很小。

　　在多年的吴语调查和研究过程中,自己经常思考的一个问题是,吴方言内部不同次方言之间的语法差异究竟应该落到哪个层面? 不同小片之间的共性又在哪里? 例如,很多前辈学者已经注意到吴语或者其他南方汉语经常出现"敲它破""给本书我""吃碗添"这样的特殊语序,但是这种语序上的差异在语法上意味着什么,这种差异是否足以说明两个语言具有本质上的差异,目前似乎都无法很好地对这些问题加以回答。

　　我们所观察的语言范围和规模不同,语法调查相关条目所要求的颗粒度也会不同。自 Greenberg(1963)开始,类型学研究关注世界范围内语言的共性和差异,语序这种颗粒度大的语法参项成为类型学研究的主要对象之一。但是,当我

1

们在对吴语内部进行语法研究时,语序这一参项往往达不到对比不同语系的语言时那样的效果,很多时候甚至会失效。因此,我们需要颗粒度更小的语法参项,甚至不能仅仅是句法层面的对比参项。

从目前的研究基础来看,吴语语法的内部差异大致可以体现在以下三个方面:(1)"有"和"无"的问题,(2)语法标记词汇来源的差异,(3)语法化程度的差异。这三个层面的特点和区别在很大程度上也适用于汉语方言语法的内部差异。

第一,吴语有一些特有的语法现象,它们并不普遍见于其他汉语方言,或者从吴语内部来看,一些现象只见于某些小片,因此它们往往呈现出有和无的区别。例如,强调式人称代词、定指量词、动后限制等都是在吴语里很有凸显度的语法现象,在其他方言中较为罕见。就吴语内部来说,强调式人称代词有很明显的地域性,主要见于北部吴语以及南部吴语的瓯江片和婺州片等地。同样,处置式在吴语中并不强势,很多方言可能直接使用 OV 语序即可,因此吴语内部可以区分是否(强制)使用处置标记的两种类型。

第二,方言语法差异的另一个层面是由虚词的不同词汇来源所造成的区别。比如,被动标记(如普通话的"被"),在不同方言点所使用的语法标记的词汇形式不尽相同。具体来看,北部吴语普遍使用"拨",瓯江片使用"丐",金华和衢州地区则使用"分"等。再者,前文提到的双宾语结构的语序问题,之所以一些方言允许"给本书我"这样的语序,我们认为这是由于这些标记的词汇来源差异所造成,因为"分"保留了更多的二价动词的词汇义。

第三,很多方言中可能共享同一个语法标记,但是由于语法化程度高低的差异或者语言接触等影响,也会存在相应用法和语义上的差异。吴语的不同次方言中存在大量这样存在细微差异的例子。例如,"脱"是北部吴语中很常见的一个出现在动词短语中的助词,但是它在上海话和苏州话的用法不完全一致,前者更像是动相补语,而后者的语法化程度更高,更接近于是完整体标记。

余霭芹先生于 1993 年在巴黎出版了 *Comparative Chinese Dialectal Grammar* 一书,书中对中国各地方言的语法结构进行了广泛而细致的描写。看完之后令人印象深刻。一方面是钦佩她对不同汉语方言进行调查的驾驭能力,另一方面是惊叹她对方言细微语法差异的捕捉能力。当时看这本书的时候,心里就在想要是每个大方言都有这样一本详细且有条理的语法汇编那就太好了。本专著应该是我们朝着这个目标努力的其中一小步而已。

我们以吴方言为目标研究语言，尽量根据吴方言自身的语法特点来设计问卷。全书共由四章组成，其中包括第一章《绪论》，第二章《吴语形态句法类型》，第三章《吴语语法范畴调查问卷与任务》，第四章《吴语十个方言点的语法调查与特征描写》。在第三和第四章中，我们界定了吴语的 10 个语法范畴，并设计了 200 个例句的调查问卷，希望能够相对全面地调查和描写不同吴方言点的语法面貌。

我们希望通过细颗粒度的田野调查，慢慢地对吴语的语法面貌有一个逐渐清晰的把握和了解。同时，我们希望有兴趣的读者看了这本书后，能够掌握一定的语法调查方法，并可以根据自己的研究问题和目的制定自己的调查提纲，开展独立语法调查。

本书由我和孙晓雪博士合作完成。本人全程参与了书中所涉及方言点的调查，并撰写了第一至第三章相关内容（其中体标记的相关内容由孙晓雪撰写，具体为第二章5.7节和第三章第七节）。孙晓雪负责第四章的撰写，并负责所涉及的 10 个方言点相关语料的整理工作。

在此过程中，我们特别感谢浙江大学庄初升教授及其团队，感谢庄老师主持的"吴、闽、徽音像资源语料库建设与综合比较研究"项目，为我们的方言调查提供了极大的便利与专业的帮助。我们也想对参与 10 个方言点调查的相关人员表示真挚感谢，他们是高任飞（杭州）、顾静（苏州）、徐烨（常州）、谈吉明（余杭）、乐靓（宁波北仑）、金梦雪（临海）、申屠婷婷（东阳）和黄李奕（丽水）及其家人等。同时向责任编辑吴志宏老师致谢，她不辞辛劳，在出版过程中提供了悉心的帮助。

本书的出版获"浙江大学文科精品力作出版资助计划"的资助。本研究得到了浙江省高层次人才特殊支持计划"区域类型学视角下的吴语语法研究"和"中央高校基本科研业务费专项资金"的支持，特此感谢！

李旭平

2024 年 3 月 23 日于紫金港

目　　录

第一章 绪 论

第一节 方言语法调查的出发点

汉语方言语法研究是现代汉语语法研究的重要组成部分。"一般认为方言研究传统上都是以语音为主,其实,从刘复《中国文法通论》(1920)、黎锦熙《新著国语文法》(1924)、赵元任《北京、苏州、常州语助词的研究》(1926),到吕叔湘《中国文法要略》(1942),已经'形成了一个在汉语语法分析中运用方言材料进行比较分析的传统'。"(胡明扬 1998)①经过一个世纪的研究,我们对汉语方言语法的探索从原先的点状(单方言点)和线状式(个案研究)的认识发展为对汉语方言语法面貌更为立体和全面的把握,步入了精细化研究阶段。

赵元任(1968/1979:13)在《汉语口语语法》里提到,"在所有的汉语方言之间最大程度的一致性是在语法方面。我们可以说,除了某些小差别,例如在吴语方言和广州方言中把间接宾语放在直接宾语后面(官话方言里次序相反),某些南方方言中否定式可能补语的词序稍微不同,等等之外,汉语语法实际上是一致的。"赵先生对吴语、粤语等南方汉语方言的认识不仅激起了大家对方言语法研究的兴趣,而且也是方言对比研究和类型学研究关注的重点之一。例如,桥本万太郎(1976)将直宾和间宾的语序差异作为区分南北汉语方言的重要参数之一。但是,随着方言材料的不断发掘和方言语法研究的不断深入,我们会发现,尽管语序可能是最容易被捕捉到的语法特点之一,但是汉语方言与标准语普通话之间或者不同方言之间的语法差异远远不限于此。当下,汉语方言语法研究的内

---

① 这段话引自《胡明扬先生语言学成就和贡献》一文(作者为石锋和贺阳),收录于商务印书馆 2013 年出版的《烛照学林——胡明扬先生纪念文集》一书。

容涉及语法的方方面面。大量的研究发现,标准语和方言之间的语法差异体现在虚词、短语结构、句式、语序等不同方面。

越来越多的学者认识到汉语方言语法的复杂性和学术价值。朱德熙从20世纪80年代开始,相继发表了《潮阳话和北京话重叠式象声词的构造》《北京话、广州话、文水话和福州话里的"的"字》《汉语方言里的两种反复问句》和《"V-neg-VO"与"VO-neg-V"两种反复问句在汉语方言里的分布》等方言语法论文,让方言语法的深入研究有了可能。该系列研究至少有两方面的意义。一方面,这拓展了汉语语法研究的广度和深度,让我们看到了方言研究对揭示汉语语法普遍规律的意义所在。另一方面,朱先生将"横向的各种方言之间的比较研究、纵向的古今语法之间的比较研究和对标准语的研究结合起来,为汉语语法研究开拓了一条新路子,使汉语语法研究走上了全方位研究的道路,从而给汉语语法研究带来了新的突破,而且具有深远的理论意义和方法论意义"(陆俭明1993)。

语法调查是汉语方言调查不可或缺的一部分,但是我们不能否认过去几十年以来,语法调查的深度和广度都不及语音和词汇调查。汉语方言语音、词汇和语法的调查各有特点,也各有各的难度。语音和词汇调查是语法调查的基础,语法调查是对方言知识的一种综合运用能力的体现。

语音具有较强的系统性,而且它的研究任务也相对明确。一个方言语音的调查可以是简单任务,比如确定某个目标方言的音系。它也可以是制定同音字表,或者与中古音对照、确定其语音演变规则等各种复杂任务。我们也可以针对某个问题进行专题语音调查,比如20世纪80年代为确定汉语方言的边界进行了专题性调查。

词汇是一个开放的系统,但是在方言词汇调查中,我们通常对词汇做选择性的研究。我们可以基于斯瓦迪士(M. Swadesh)100核心词或200核心词进行研究,也可以选择覆盖面更大的词汇表。比如,20世纪50年代丁声树和李荣直接参与和指导下编纂的《方言调查词汇表》(1958)收录了有关天文、地理、时令时间、农事、植物、动物、房屋器具、人品、亲属、身体、病痛医疗、衣服穿戴、饮食、红白大事、迷信、讼事、日常生活、交际、商业、文化教育、游戏、动作、位置、代词、形容词、副词、次动词、儿化、量词、数字、语法等31类方言词语,词汇条目达到3 000多条。

相较于语音和词汇,一个语言或方言的"语法规则"(grammatical rules)通常被认为是最为稳定的。但是对于这些"稳定性"规律的调查并非易事。语法调查任务的难度至少有以下三方面的原因。

第一,语法的调查对象是各种抽象和隐性的语法规则,我们需要在大量例句的基础上对相关规则进行提取和归纳。但是,如何选择相应的语法例句并非易事。语法例句不仅在不同方言中存在多种变体,而且如何提取规则又因人而异,因此我们不能通过具体的条目机械地固定下来。这或许是造成语法规则并不容易被捕捉的直接原因之一。

第二,语法本身具有高度复杂性。语法规则,狭义上的"句法规则"(syntactic rules),体现为句子成分之间的组合性规律和层级关系。但是,汉语方言中制约这些句法层面的组合规则的因素有很多,如(1)语法标记的词汇语义对语法的限制,(2)多个语法标记之间的功能分化和竞争,以及(3)标准语语法规则对方言语法调查的干扰等。

第三,方言语法的内部差异要比我们想象的大得多。很多时候,同一辖区内方言之间的内部差异也很大,包括城区和乡村的区别,山区和平原的区别等。例如,绍兴话的东埠和西埠方言也有一定的区别(王福堂1959);象山城区方言(丹城话)和西南角西周镇的方言之间在语法层面有明显的城乡差异;富阳话的上头话(龙门、场口、湖源等山区)和外畈话(市区、江南、青云等平原地区)区别则更具有系统性(盛益民、李旭平2018)。方言语法如果要做到细颗粒度的调查,既需要我们对语言事实的把握能力,也需要我们具备对"规则性差异"(parametric differences)的敏感性。

从语言描写的角度来看,方言语法调查的目标之一是尽量真实全面地呈现一个方言的语法面貌。我们要做到既能体现一个方言的自身特点,又能概括出方言之间的共性。

第二节 吴语语法调查的四个阶段

吴语语法的调查与研究不仅历史悠久,而且名家辈出、成果丰富。吴语语法研究至少可以追溯到19世纪中叶以艾约瑟(J. Edkins)为代表的欧洲传教士对吴语语法的研究工作。他们从印欧语的视角入手,对上海话的语法进行了较为深入的研究。艾约瑟 1853 年出版的《上海方言口语语法》(*A Grammar of Colloquial Chinese , as Exhibited in the Shanghai Dialect*)是"研究中国方言语法的第一部语言学著作"(钱乃荣 2006：43)。虽然这是一部语法著作，但它也记录了语音和词汇等内容，其中语法部分涉及了韵律(节奏)和句法两部分内容。该书不仅研究内容系统，而且研究水准也是非常之高。①

现代意义上的吴语语法研究当以赵元任《现代吴语的研究》(1928)的问世为开端，这也是整个汉语方言语法研究的开始。从研究对象和研究范式来看，吴语语法调查和描写大致可以分为以下四个阶段：

第一阶段：基于词汇差异的语法调查

第二阶段：基于特殊句式的语法调查

第三阶段：单个语法范畴的专题调查

第四阶段：综合性语法调查

2.1 基于词汇差异的语法调查

吴语语法研究的第一阶段主要是基于词汇差异的语法调查与研究。这里所说的"词汇"主要指表示语法功能和语法关系的各种功能词类，包括人称、指示和疑问等各类代词，以及介词、助词等各种虚词。基于词汇的语法调查有利于进行大范围的调查和大规模的跨方言对比研究。但是，该研究范式也有明显的弊端。比如，它往往只关注虚词本身的语音形式或词汇来源，而不注重挖掘相关语法成分在短语或句子层面的语法功能。

赵元任(1928)的《现代吴语的研究》对吴语 33 个方言点的语音和词汇进行了深入细致的调查。其中第五表"词汇"和第六表"语助词"，对吴语虚词用法进行了详细记录，是吴语语法研究的关键内容，具有重要的参考价值。下表节选自第五表"词汇"(赵元任 1928：103)。②

---

① 1941 年上海土山湾出版的《上海方言语法》(*Grammaire du dialect de Changhai*)，该书为外国传教士等群体学习上海方言提供了语法课本。全书共分为词法和句法两部分。第一部分的词法，从欧洲语言的角度，用经典语法的分类法，逐一介绍了上海方言各个词类和它们的用法。第二部分的句法，分析了上海话与法语等印欧语言的不同之处，详细阐述了上海话如何通过语序规则、助词的使用和平行现象来完成句义表达。

② 此处节选的方言点依次为宜兴、溧阳、金坛西岗、丹阳、靖江、江阴、常州、无锡、苏州、常熟、昆山。

表1-1　《现代吴语的研究》节选

国	25. meiyeou 没有(无)	26. meiyeou 没有(未)	27. heen 很
宜			
溧	m-m'eq 呒没阴入皆音		
坛西	mbeq 呒不, mdeq 呒得全皆音	veqzhing 物音□(曾字)	
丹	ntzeq 唔则, mtzeq 呒则少,全皆音	feqdzeng 勿曾	m'ä 蛮阴平音 shi 希音
靖	meqdeq 没得	beng 奔不曾切	m'an 蛮阴平音
阴	mbeq 呒不皆音	feng 分音	m'ä 蛮阴平音 shi 希音
常绅	mbeq 呒不, mdeq 呒得人少,全皆音	veng 份音	shi 希音, zenq 甚, oq 恶音
常街	mbeq 呒不, mdeq 呒得人少,全皆音	veng 份音	shi 希音, zenq 甚, oq 恶音
锡	mbeq 呒不皆音	feqdzin 勿秦音	man 蛮阴平音, man 蛮音
苏	mbeq 呒不皆音	fen 分音	m'é 蛮阴平音
熟	mbeq 呒不皆音	feng 分音	m'ä 蛮阴平音, häwäh 哈患皆音
昆	mbeq 呒不, ndeq 唔得少,全皆音	feng 分音	m'ä 蛮阴平音

　　《现代吴语的研究》第五表"词汇"记录了75个词在30个方言点的词汇形式,其中前36个词主要涉及人称代词、指示代词、量词、疑问代词、介词等与语法直接相关的词汇(见表1-2)。第五表中剩余的39个主要为名词,也有零星几个动词和副词等,此处不作罗列。

表1-2　《现代吴语的研究》第五表中的语法词

词　　类	词　　汇
人称代词	1我,2我们,3咱们,4你,5你们,6他,7他们,8自己
数　量　词	9个轻(一│这),10一个人独自,11俩代
指示代词	12这个,13这火注:会儿,14这里,15这么(程度),16这么(方法),17那个,18那里

词　类	词　汇
疑问代词	19 什么,20 谁,21 哪(一)个,22 哪里、哪儿,23 怎末
否定副词	24 不,25 没有(无),26 没有(未)
程度副词	27 很,28 太
时间副词	29 还(=尚,犹)
介　　词	30 跟、和,31 在,32 在那儿,33 上,35 给(动),36 给(介,=为)
结果补语	34 掉

　　《现代吴语的研究》第六表则记录了"语助词"的词汇差异。赵元任(1928:118)认为,"中国方言的文法,在句子的结构上差不多是全国一样……中国方言的文法差不多就是讲语助词"。根据赵元任(1928),"中国的语助词非但是表示口气的轻重信疑的态度,有好些更具体一点的关系,像领格、过去、程度、假设等等关系,也是必须用或可以用语助词表示的"。与普通话相对应的相关语素包括"的、了、得、着、呢、吗、吧、呢、阿、嚟、咯、罢、罢了"等。

　　傅国通等(1985)出版的《浙江吴语的分区》主要讨论吴语的内部分区问题。虽然语音是方言分区采用的主要标准,但是《分区》也兼顾了词汇和语法标准。《分区》"从七十个点的《浙江方言调查语法例句》(80 多条)中选取并抄录十六条,全部绘成地图,然后经过筛选,挑选具有分区意义的条目"。根据我们的重新梳理,《分区》一文中与语法特征相关的条目包括以下九条,主要涉及构词词序、语法标记的词汇差异以及副词语序等三个方面。因此,我们还是将《分区》归为语法研究的第一阶段"基于词汇差异的语法调查"。

　　（一）豆腐<u>生</u>　　　　　（构词）

　　（二）人<u>客</u>　　　　　　（构词）

　　（三）好好<u>儿</u>走　　　　（形叠+儿+动）

　　（四）<u>没有</u>来　　　　　（否定副词+动）

　　（五）吃<u>得</u>　　　　　　（助词）

（六）大**粒**些　　　　（形+量）

（七）**走起**　　　　　（副词后置）

（八）**走起先**　　　　（副词连用后置）

（九）**先走起**　　　　（副词前后置连用）

　　《浙江吴语的分区》是方言学界率先使用地图、同言线等地理语言学的方法来呈现内部差异的先驱，尤其是将该方法应用于词汇、语法参项。例如，语法特征第五条"吃得"在浙江吴语的分布如下所示（其中○表示用"得"、●表示不用"得"）。

图1-1　浙江方言"吃得"的地理分布

　　到了新世纪，曹志耘主编《汉语方言地图集》于2008年出版，该地图集调查了全国范围内汉语方言的语音、词汇和语法三大块内容。其中《汉语方言地图集·语法卷》共编制51幅语言地图，包括语法词图39幅和综合图12幅。

《语法卷》共涉及相关语法条目 102 条,可分为词汇差异 37 条(无底色)、形态差异 20 条(灰色,043—062)、语法关系 29 条(浅色横线)、语序差异 16 条(浅色竖线,076—091)。

表 1-3 《汉语方言地图集·语法卷》所涉及的语法条目及其例句

语法条目	例 句	语法条目	例 句
001 我	~姓王	020 很	今天~热
002 你	~也姓王吗?	021 形+程度副词	热很(方)
003 他	~姓张	022 形+得+程度副词	热得很
004 咱们	他们不去,~去吧	023 最	弟兄三个中他~高
005 人称代词复数表示法		024 就	我吃了饭~去
006 俩	你们~	025 又	他~来了
007 我爸	~今年八十岁	026 也	我~去
008 自己		027 反正	不用急,~还来得及
009 大家		028 不	明天我~去
010 这	~个	029 没有	昨天我~去
011 那	~个	030 没有	他~孩子
012 指示代词的分类		031 别	你~去
013 指示代词作主语	这是我的	032 否定词的分类	
014 量词定指	只鸡死了(方)	033 否定语素的分类	
015 哪	~个	034 从	~今天起
016 谁	你找~?	035 在	他~家
017 什么	这个是~字?	036 在	他~城里工作
018 多少	这个村儿有~人?	037 在	他坐~椅子上
019 怎么	这个字~写?	038 是	他~老师

8

语法条目	例 句	语法条目	例 句
039 "是"表"在"的用法		058 亲属称谓重叠式	
040 和	我~他都姓王	059 单音节名词重叠(方)	
041 的	我~东西	060 单音节动词重叠	问问(方):你去~
042 上	桌子~	061 单音节动词重叠加补语	你看看清楚(方)
043 名词前缀,用于名字前	阿(方)	062 单音节程度副词重叠	今天很很热(方)
044 名词前缀,用于亲属称谓前	阿(方)	063 完成体	我吃了一碗饭
045 名词前缀,用于亲属称谓前	老(方)	064 了和了	他来了三天了
046 前缀	圪(方)	065 了	他来~
047 "洋"类词头		066 进行体	他吃着饭呢
048 名词后缀	头(方)	067 持续体	你坐着!别站起来
049 名词后缀,用于数量后表钱币	头(方)	068 着	路上停~一辆车
050 名词后缀	息、仔(方)	069 将然体和已然体助词的异同	
051 名词后缀	团(方)	070 可能补语"得"	吃得
052 名词后缀和儿化	儿	071 可能补语"不得"	吃不得
053 小称形式		072 可能补语肯定式	吃得饱
054 "叫花子"的后缀		073 可能补语否定式	吃不饱
055 "桌子"的后缀		074 起来	你站~
056 "鸟儿"的后缀		075 "掉"是补语	"鸡死掉了"的"掉"(方)
057 源自亲属称谓的后缀		076 动物性别表示法	

语法条目	例　句	语法条目	例　句
077 语序	不知道	090 "过"是后置成分,表示重复	"换一件过"的"过"(方)
078 "去"的位置	我买菜去	091 "看"是后置成分,表示尝试	"问问看"的"看"(方)
079 "有"用于动词前	我有去(方)	092 处置句	他把碗打破了
080 宾语和可能补语肯定式的顺序	打得过他	093 把	~衣服收回来
081 宾语和可能补语否定式的顺序	打不过他	094 被动句	碗被他打破了
082 宾语和趋向补语的顺序	下开雨了	095 被	衣服~贼偷走了
083 宾语和数量补语的顺序	叫他一声	096 祈使双宾句	给我一支笔
084 语序	你先去	097 "给—把—被"说法的异同	
085 "先"是后置成分,表示领先	"你去先"的"先"(方)	098 比较句	我比他大
086 "着"是后置成分,表示等做完某事(再进行下文的动作)	"歇一会儿着再说"的"着"(方)	099 比	我~他大
087 语序	再吃一碗	100 比较句否定式	我没有他大
088 "添"是后置成分,表示追加	"吃一碗添"的"添"(方)	101 反复问句	去不去? 明天你~
089 "添"是后置成分,表示剩余	"还有十里路添"的"添"(方)	102 反复问句	去没去? 昨天你~

2.2　基于特殊句式的语法调查

　　吴语语法调查的第二阶段是基于特殊句式的调查。这很大程度上得益于 20
世纪 50 年代中国社科院语言所出版的《汉语方言调查简表》(1956)和《汉语方

言调查词汇手册》(1989)。这两份词汇调查表都包含了一些语法例句,前者包括 37 个例句,后者的例句有近 60 个。

广义上的语法研究包括自然语言中词和短语等语法单位的组合关系和规则,即所谓的形态和句法两大块内容。

谈及汉语的形态,我们更多时候在讲"构词"形态,很少谈及"构形"形态,其直接原因在于在汉语里前者比后者更为发达。普通语言学将构词和构形形态分别称为"派生形态"(derivational morphology)和"屈折形态"(inflectional morphology)。在生成语言学等语法流派里,屈折形态也属于句法研究的范围,它可以看作是相关句法特征的语法表征。本研究不考虑派生形态的相关研究,侧重汉语中可能存在的屈折形态和短语组合规则等句法相关研究内容。

第一,印欧语屈折形态所表示的语法关系和功能很多时候由汉语的虚词(或附缀成分)所承担,所以虚词研究成为汉语语法研究的主要内容之一。

"时/体/态"(tenses/aspects/voices)是英语动词短语最为重要的屈折形态表现。汉语的动词缺乏"时制"(tense system),我们使用"体"这一语法范畴来构建谓词所表示的事件的发生时间关系。在实际语法调查中,我们往往关注各种标记体意义的虚词或附缀成分在实际句子中的使用,如"了""着""过"等。在这个阶段的调查中,调查者往往会关注吴语中对应于普通话完成体标记"了$_1$"的相应标记是什么,或者吴语中进行体和持续体标记是什么。这个时期方言语法的研究也逐渐从名词域(nominal domain)转向动词域(verbal domain),因此语法例句的使用在方言语法调查中显得尤为重要。

同样,对于英语来说,"态"往往通过形态变化来体现,比如"被动态"。但是,汉语的被动态则主要是通过被动标记"被"类标记来实现。因此,汉语方言关于"被动态"(passive voices)的调查变成了"被动句"(passive sentences)的调查。一方面,我们关注相关方言中被动标记的词汇形式是什么。诸如北部吴语的"拨",温州话的"丐"等。另一方面,我们会关注被动句相关的谓词特征和句子的整体意义,比如汉语的被动句往往带有"消极义"。

第二,在汉语方言语法中的短语组合规则的研究侧重于语序研究。相较于具有较强隐蔽性的语法规则,方言与普通话语序的差异总是更加容易引起我们的注意。这一阶段基于例句的特殊句式的调查,很多研究着眼于吴语的各种语序问题。

颜逸明(1994)的《吴语概说》一书,在第六章"吴语语法特点例示"中有专门的"语序"一节,讨论了状语、补语、双宾语和受事宾语的语序。

(1) 双宾语结构的语序

	给我一张纸	送我一本书
上海	拨张纸头我	送本书我
嘉兴	拨张纸头我	送本书我
绍兴	拨张纸头我	送本书我
温州	哈张纸我	送本书我
平阳	客张纸我	送本书我

(2) 受事宾语的位置

上海 嘉兴	温州 平阳	
迭只烂香蕉掼脱伊	该个烂香蕉待佢掼脱	(这个香蕉把它扔了)
迭眼青菜吃脱伊	该点青菜待佢吃掉	(这些青菜把它吃了)
迭碗汤倒脱伊	该碗汤待佢倒掉	(这碗汤把它倒了)
迭扇门锁脱伊	该扇门待佢锁掉	(这扇门把它锁了)

上海 嘉兴	温州 平阳	
迭只烂香蕉掼掼脱	该个烂香蕉掼掼掉	(把这个烂香蕉扔了)
迭眼青菜吃吃脱	该点青菜吃吃掉	(把这些青菜吃了)
迭碗汤倒倒脱	该碗汤倒倒掉	(把这碗汤倒了)
迭扇门拆拆脱	该扇门拆拆掉	(把这扇门拆了)

(3) 补语的位置

上海 苏州	温州 平阳	
看伊勿起	眚佢弗起	(看不起他)
碰伊勿起	撞佢弗着	(碰不到他)
拿伊勿动	掇佢弗动	(拿不动它)
打伊勿过	打佢弗过	(打不过他)

12

（4）后置副词

吃碗添/再吃碗添！　　你洗先。

喝杯添/再喝杯添！　　你走先。

坐下添/再坐下添！　　你讲先。

新时期,刘丹青(2017)《语法调查研究手册》(第二版)以科姆里(Bernard Comrie)和史密斯(Norval Smith)所编制的《Lingua 版语言描写性研究问卷》(1977,刘丹青、吴可颖译)为提纲,对问卷的内容进行详尽的注释、例示、补充和分析。《手册》全书共五章,分别为句法、形态、音系、象声词和感叹词以及词汇等内容。全书提供了较为丰富的例句,是新时期以例句为语法调查基本单位的一个典范。它为语言学研究者提供了一套通用和全面的形态句法研究框架,是汉语方言和中国境内民族语语法调查的重要参考和指导。

2.3　单个语法范畴的专题调查

赵元任(1926)发表的《北京、苏州、常州语助词的研究》是吴语单点语法研究的一个范本。此后的近一个世纪,吴语单个方言点的语法论文和论著不断涌现,其中上海话、苏州话、温州话和绍兴话等地域强势方言的研究成果积累较多。很多单方言点描写的语法论文已经成为吴语研究的经典论文。

朱德熙先生于 20 世纪八九十年代先后发表一系列方言语法的文章,其中 1985 年的《汉语方言里的两种反复问句》和 1991 年的《"V-neg-VO"与"VO-neg-V"两种反复问句在汉语方言里的分布》两篇文章中谈到了苏州话、嵊县话等吴方言中相关问句的构成,包括"阿 VP"和"吃不吃饭"等。这不仅向学界展示了吴语语法的一些句法类型特点,而且也让我们看到了方言语法的研究空间。

这里特别值得一提的是,自 1993 年起,研究东南诸方言的学者们先后就"体""动词谓语句""代词"等语法范畴进行了深入研究,并汇编成册,于是就有了我们今天看到的"中国东南部方言比较研究丛书"。除了第一辑《吴语与闽语的比较研究》(1995)侧重吴闽语的综合比较研究之外,其他的每一辑我们都能看到吴语研究者对相关语法范畴的精彩描写和论述,各辑所收录的与吴语相关的研究文章列举如下:

第二辑：《动词的体》(1996)

温州方言的体和貌	潘悟云
金华汤溪方言的体	曹志耘
绍兴方言的体	陶　寰
杭州方言动词体的表达法	游汝杰
苏州方言的体	石汝杰

第三辑：《动词谓语句》(1997)

苏州方言的动词谓语句	刘丹青
高淳方言的动词谓语句	石汝杰
金华汤溪方言的动词谓语句	曹志耘
温州方言的动词谓语句	潘悟云
温州话里带"起"的补语句	游汝杰

第四辑：《代词》(1999)

论吴语的人称代词	陈忠敏　潘悟云
吴语的指代词	潘悟云　陶　寰
北部吴语的代词系统	钱乃荣
苏州方言的代词系统	石汝杰
吴江方言的代词系统及内部差异	刘丹青

第五辑：《介词》(2000)

苏州方言的介词体系	石汝杰
苏州方言的"辣""勒海"和"勒浪"等	汪　平
上海方言中的介词	钱乃荣
温州方言的介词	潘悟云
金华汤溪方言的介词	曹志耘

　　该系列丛书中收录的相关文章在方言语法研究领域具有重要地位,其中有关吴语的相关论文更是涉及吴语研究中的诸多经典问题。

此外,我们还能看到,在同一时期,许多学者在新的理论框架下对吴方言的语法范畴进行了细致描写和深入研究,并提出相应的研究范式,其中具有代表性的是陶寰(1995)和刘丹青(2003)。

陶寰的博士论文《吴语的时间结构》(1995)着重考察描写了吴语各个方言片中表达"完成"(completion)、"实现"(realization)、"已然"(perfect)等时体意义的标记情况,结合普通话与汉语史,综合讨论了吴语乃至汉语里这些语法意义及其标记的关联与差异,归纳了汉语时间表达的基本方式。

刘丹青(2003)的专著《语序类型学与介词理论》从类型学的角度讨论汉语介词的语序类型,将吴语置于世界语言的类型特征范围内来考察,尤其对吴语苏州话、上海话和绍兴话三个方言点介词的类型学特点进行了深入研究。

2.4　综合性语法调查

20世纪90年代以来,出现了一些综合性的语法研究,比如李小凡的《苏州方言语法研究》(1998)、阮桂君《宁波方言语法研究》(2009)、王洪钟《海门方言语法专题研究》(2011)等。这一类研究的作者往往是吴语母语者,他们选择自己母语中一些特点比较鲜明的结构或语法范畴组合在一起,因而在语法研究的内容上具有一定的综合性。

《苏州方言语法研究》	《宁波方言语法研究》	《海门方言语法专题研究》
构词法	体	副词
指代词	重叠	程度的表达
语气词	否定句	否定与疑问
疑问句	比较句	体貌的表达
体貌系统	疑问句	定指的表达
	被动句	

这些专著可以让我们清晰地观察到某个特定方言中某些语法范畴的特性。然而,一旦把这些专著放在一起进行比较,我们就会发现,它们对于语法专题的

选择似乎缺乏明显的共性。例如,在上述三本专著中,只有"疑问"和"体(貌)"这两个范畴是它们所共同关注的,而其他语法范畴并无交集。我们很难知晓为什么只有这些范畴被作为研究对象,而其他范畴未被考虑。这背后各自的理据何在?

进入新世纪之后,在语言学理论蓬勃发展的背景下,吴语语法研究呈现出多元的发展趋势,涌现出许多新的研究框架和范式。无论是描写语法、类型学视角下的吴语研究,还是形式框架下的方言语法研究,都取得了丰富的成果。

对于上述这类语法专题组合式研究,其中一种"弥补"方案是采用"参考语法"(reference grammar)这一描写范式。参考语法力求语法描写能够相对全面地反映一个方言的整体面貌,并且描写能够尽量贯彻"理论中立"原则、做到客观描写。

朱晓农(2006)在 LINCOM 出版的 *A Grammar of Shanghainese Wu* 是对上海话语法进行综合描写的第一本专著。该专著呈现了上海话的基本语法面貌,在框架上已经非常接近参考语法的框架了。全书共分七章,其中第二章描写了上海话的音节结构和音系,第三章描写了上海话的变调,第四章讲述了上海话的构词和形态,第五章讨论了复合词的结构,第六章则主要研究上海话的句法,包含的主题包括语序、短语结构、句子类型、复杂句,以及被动句、处置式和话题结构等特殊结构,第七章提供了两个上海话的标注文本。

盛益民(2021)年出版了《吴语绍兴(柯桥)方言参考语法》。该书根据语言类型学的参考语法框架,在前人研究和实地调查的基础上,对吴语绍兴市柯桥区柯桥街道方言的语法面貌进行了系统全面的描写分析。全书一共分成三十一章,绪论之外,包括七大部分:音系、词和构词法、名词性短语、动词性短语、小句及其构造、复杂句和复合句、句子的功能类型、语义范畴。该书也是国内首批汉语方言参考语法专著之一,为汉语方言学界提供了一个可资参照的参考语法描写框架。

盛益民和李旭平合著的《富阳方言研究》(2018)大幅提高语法描写在综合性方言著作中的比重,打破了以往方言专著"重语音词汇、轻语法描写"的局面。该专著的语法部分有七个主要语法范畴,包括人称代词和领属结构、指示词、数量词、介词、时体系统、否定词和否定句、疑问句等。该专著语法部分的描写为"吴语语法重点研究系列丛书"后续专著的出版提供了一个"轻量级"的语法描写模板。这里的"轻量级"指的是,该语法描写框架包含了构建一个语言所需的基本语法范畴,但是在例句的丰富度和某些范畴的语法刻画的精细度上不及专门性的参考语法。

第三节　语法调查的目标、任务与方法

在进行语法调查之前,我们要首先明确调查现象、预期调查内容以及可能达到的调查深度。例如,我们的调查目标是确定某个特定语法标记,以及归纳该标记的分布和用法,还是考察某种语法意义(范畴)的句法形态表现,或是要验证某条语法规则? 只有明确了调查目标和任务,我们才能选择合适的调查方法。

3.1　调查目标与任务

早在 20 世纪初,在美国土著语言面临快速萎缩的背景下,以 Edward Sapir 为代表的结构主义语言学家们就开始对这些语言进行调查和描写。Sapir 的老师 Boas(1896)曾作出过这样的论断,"每门语言都应该用它自己的方式去描写"(Each language should be described in its own terms)。结构主义语言学注重对语言形式的描写和归类,严格按照"语音—音位—语素—句子"这样的顺序细致地分析和记录每种语言独特的音位系统、语音结构和语法结构,希望描写和记录一个语言本来的面貌。这一类型的语言描写和记录在当下仍旧有顽强的生命力。到了 20 世纪后期,"语言记录"(language documentation)甚至成为一个专门的学科,以迎接世界语言多样性萎缩带来的挑战。[①]

20 世纪六七十年代开始,语言描写与类型学研究相结合是语言调查和描写的另一次发展。寻求语言共性是类型学研究的学科任务之一,它与语言调查和

---

① 从世界范围看,具有影响力的大规模语言记录和存档项目主要包括(1)德国大众基金会支持的 the Documentation of Endangered Languages 项目(DOBES,2000 – 2013);(2)英国 Arcadia 信托支持的 the Endangered Languages Documentation Programme 项目(ELDP,2002 – 2016);(3)美国的 the Documenting Endangered Languages 项目(DEL)。此外,中国语言资源保护工程对中国境内语言资源进行了多模态、全息化、标准化的记录与保存,一期工程已完成所有省份 1 700 多个调查点的调查保护,覆盖国内 120 余种语言和方言,建成世界上规模最大的语言资源库。

描写相辅相成。一方面,语言描写为类型学研究直接提供了一手材料,使得大样本的语言结构调查和抽样成为现实,也为语言共性的提取和规律的抽象提供了可能。另一方面,语言类型学也可以反过来指导语言调查和描写。对(世界)其他语言结构多样性的了解有助于我们了解陌生语言,也能让语言描写更具有可比性和"透明度"(transparency)(参见 Haspelmath 2024 相关论述)。在语言类型学指导下的语言调查和描写,以语言比较研究为目的,所以无论是专题调查还是综合性调查,都力求结构的可比性。

上述两种语言调查都以语言记录和"存档"(archiving)为直接目的,因此追求全面性也是其目标之一。此外,自从 20 世纪 90 年代以来,也有一批形式语言学家加入了田野调查的队伍,他们对印第安语言和非洲语言等相对研究较少的语言或者"未被深度研究过的语言"(understudied languages)开展了各种形式的专题调查。他们更加关注以"普遍语法"为代表的生成语言学理论如何经受这些"未被研究过的语言"的挑战,从而进一步完善语言学理论(详细讨论参见第四节"理论中立"部分的讨论)。一些学者除了开展语言学调查和研究以外,他们也为当地语言的保护和活力维护献计献策,发挥了重要作用。

本专著所开展的语法调查与研究旨在揭示吴语区别于其他汉语方言的语法特点以及吴语语法的内部差异。为了实现这两个研究目的,以往语言类型学提出的语序类型之类的语法参数对于汉语方言研究来说,尤其对于一个大方言的内部差异来说,可能过于粗放。我们需要结合汉语方言和吴语的语法特点,找到颗粒度更小的语法参项,来制定调查问卷。我们将在本章第五节讨论调查问卷制定的相关原则。

3.2　调查方法

在进行调查之前,我们需要针对调查的语法现象和语法点提前准备好调查提纲,设计出调查问卷,然后选择合理的方法有针对性地开展调查。

一份好的调查问卷应该能够基本预测并涵盖一个语言或方言中可能出现的语法情况。很少有哪个语言是孤立地存在的,它或多或少与周边方言有着某种关系;对于汉语方言来说,尤其如此。因此,有时要调查的某个方言未必有直接的前期调查资料和文献,但是我们可以通过了解其周边相关的方言来获取信息。

笔者在 2010 到 2013 年期间,对赣语宜春(袁州)方言做过三年多的综合调查和参考语法撰写。该方言不是笔者的母语,前期对其了解并不多。正如大家预期的一样,不是每个方言都有足够的资料供我们查询和参考。为了更好地了解该方言,笔者先后对宜春方言、宜浏片赣语、赣语,乃至客家话和湘语等周边的汉语方言进行了

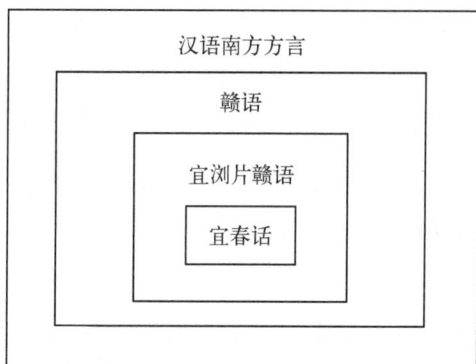

图 1-2 宜春话及其外围方言的关系

资料的检索、分类和阅读。在整个资料的梳理过程中,逐渐对具体方言点,它所归属的方言小片和赣语的整体语法概况有了初步了解,甚至对南方汉语方言的整体面貌都有了一个基本了解。只有这样,才可能在具体调查一个陌生语言时尽可能全面地预测可能出现的语法现象,从而设计出"因地制宜"的问卷。

有了调查问卷之后,我们就可以针对具体的方言展开调查。这时我们就需要选择一定的调查方法,想方设法去问到我们想要的表达和结构。语言田野调查中较为常用的调查方法主要有"直接问询法"(调查包括发音人的判断)(direct elicitation including gathering of speaker judgments)、"引导调查法"(调查有针对性但自发的结构)(elicitation of targeted but spontaneous structures)和"文本调查法"(examination of textual materials)。

第一,我们最熟悉的调查方法就是"直接询问法"。直接询问法对发音合作人有较高的要求,因为需要合作人能听懂并理解调查人的相关问题或相关例句。直接询问法很容易陷入"翻译"的陷阱,发音人很容易将相关的提示例句逐字翻译成目标语言或者对译成相关句式,然而这样的表达可能在目标语中并不自然或者并不是使用频率最高的句式。当然,这对调查人的提问技巧也有一定要求,并要求调查人有一定的鉴别"真伪"的能力。

对译是大规模田野调查中最为直接便捷的一种方法,但是这种方法很多时候会失效。例如,当调查领属结构时,我们往往会直接问发音合作人"我的书"之类的例句,这时我们可能会得到两个结果。第一种结果,发音人直接将"我的书"对译为吴语的"我格书"。事实上,有可能该方言并没有"我格书"的说法,发音

人提供的说法完全是"翻译"普通话例句的结果。第二种结果,发音合作人提供了"我本书"之类的表达。这时我们需要思考的是,这里的"本"的性质是什么?"本"是否可以分析为结构助词还是别的成分? 因此,语法调查在确定基本表达后,还需要对相应表达进行定性。一旦把这些问题考虑进去,我们就会发现直接对译在这里其实已经失效了。

直接问询法不等于"对译法"。针对问卷上的问题,调查人可以采取场景描述等方式呈现具体的语境,然后要求发音人给出符合场景要求的具体语句。这也是问询法的一种。其实这种调查方法与形式语义学所说的"真值条件"(truth conditions)的精神是一致的,都是在探究一个例句在什么样的语境中才能使用。换言之,我们找出它们使用什么标记可能只是研究的其中一个环节,我们也需要理解这些例句的具体语义是什么。

第二,为了避免调查过程中各种主观影响(如翻译腔),我们可以针对具体的研究问题和特定的语法范畴设计一定的手段来获取自然语料。比如,心理语言学常用的"青蛙的故事"(frog story)的图片连环画(如下图1-3),描绘了一只青蛙上蹿下跳的各种活动,它就特别适合用来研究汉语的"位移事件"(motion

图1-3 青蛙的故事

events）。调查人可以让发音合作人进行看图说话等任务，从而观察位移表达、动趋结构等各种相关表达。

加拿大的英属哥伦比亚大学 Lisa Matthewson 教授团队也在 Totem Field Storyboard 网站提供了可用于语法测试的多组图片。[①] 目前，网站可供使用的图片有 33 组，用于测试不同的语法范畴，每组图片都会提示具体的测试范畴。下图中所示为"What Matters"主题下的照片，主要用于测试比较级和最高级。

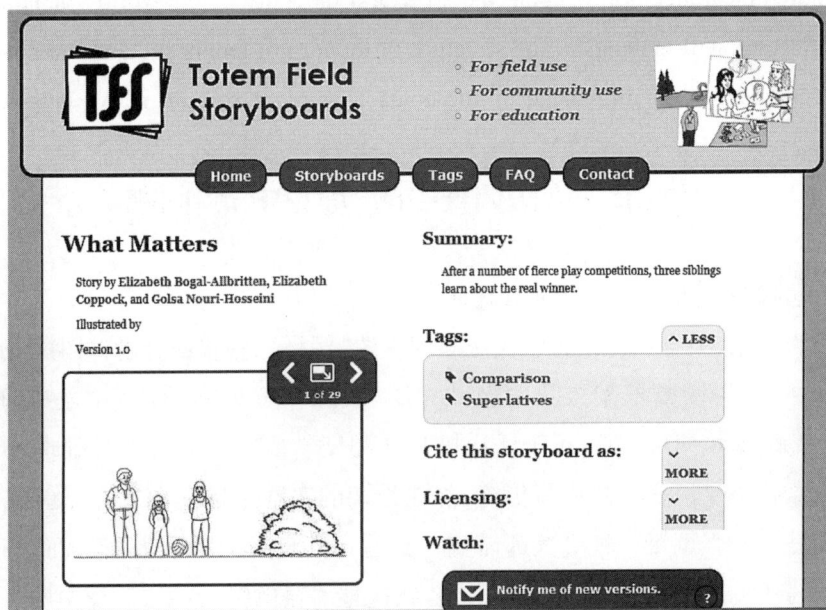

图 1-4 Totem"田野故事"图示

第三，有些语法现象的调查往往需要借助长篇语料的文本调查，比如句末语气词、信息结构、话语标记等。这些语法范畴不仅其表现形式多样，而且其表意功能在不同语境中表现出非常细微的区别。这种现象的调查很难通过直接询问发音合作人来知道具体信息。我们需要观察和分析足够量的文本，才有可能明确其意义或结构限制；然后在此基础上，进一步构建不同的语境去测试发音合作人。

总的来看，语法调查没有统一的方法，大多数情况下我们需要针对不同语法

---

① 该网站具体网址为：http://www.totemfieldstoryboards.org/。（本次登入日期为 2022 年 1 月 12 日）

范畴的特点,选择合适的调查方法。

最后,我们想要强调的是,无论你采取哪种调查方法,语法调查的顺利开展跟调查人自身掌握或构建的语法知识库的大小密切相关。一个人所了解的世界语言中的语法知识越多,他在调查其他语言时受自己母语的影响就会越小。正如 Mosel(2012:74)所言:研究者对世界语言多样性了解得越多,他们对最大语言结构的理解就越深,同时他们受到接触语言或母语的无意识影响也就越少(the more researchers know about the structural diversity of the world's languages, the better they will understand the structure of the largest language, and the less they will be unconsciously influenced by the contact language or their native language)。

第四节　语法调查中的"理论中立"问题

语法描写和语言学理论的关系如何?

一直以来,为了避免语言学流派和理论的"污染",很多研究者试图建立一个"理论中立"的调查框架或描写范式。Dixon(1997)提出"语言学基础理论"(Basic Linguistic Theory),用于语法描写和类型学研究。语言学基础理论起源于早期结构主义语言学的描写传统,并在长期的实践中逐渐形成并完善成为一套元语言。它强调每一种语言都需要一套适合其自身的术语去描写,而不是用其他语言中的相关概念和术语生搬硬套到这种语言的描写中去。使用语言学基础理论作为描写工具的语言学家常常自称自己的研究是"非理论的(atheoretical)、理论中立(theory-neutral)或者理论折中主义(theoretically eclectic)"。

事实上,我们很难做到真正的理论中立。正如类型学家 Dryer(2006)指出,"压根儿就没有理论中立描写这回事儿,因为没有不带任何理论假设的描写"(there is really no such thing as a theoretical or theory-neutral description, since one cannot describe anything without making some theoretical assumptions)。任何研究都会带有研究者的"偏见"(bias),这种偏见大则见于研究者自己所持的语言观和问卷设计的理论指导,小则见于研究者对例句的选择和编排。我们在不同的方言调查报告或方言志中看到的各种语法汇编,少则看到二三十句语法例句,多则上百句。这些具体例句不也是调查者和编撰者"选择"的结果吗? 不过,自从

20世纪六七十年代开始,越来越多的田野语言学家开始兼顾类型学视角下的语言调查和描写。该方法论的意义在于,它让语言调查和记录更具有系统性,语料更具透明度,使得大范围的语言结构比较有了可能(Haspelmath 2024)。

如果放眼整个语言学界,语言描写的其中一个目的是描写和记录语言的多样性。这曾经一度被认为是结构主义或功能主义语言学的使命,而形式语言学则一度被认为是"轮椅语言学"(armchair linguistics),后者的例子是研究者"内省"出来的,而不是通过所谓的田野调查所得。Levinson和Evans(2010)将语言学家分为两个阵营,"D-语言学家"和"C-语言学家",其中D代表多样性(Diversity),C代表乔姆斯基学派(Chomskian);并且认为,只有前者适合发现语言多样性,而后者则追求"普遍性"。Davis、Gillon和Matthewson(2014)也对Levinson等人的观点提出了反对意见。他们认为,生成语言学所构建的语言学理论可以从不同的具体语言上得到预测和验证,同时语言多样性也有助于完善形式语言学理论。加拿大形式学派特别重视语言多样性和对濒危语言的研究保护,他们对北美土著语言进行了大量的调查。

一方面,形式语言学派所追求的语法规则普遍性需要到不同的语言中去验证,这就需要我们去进行相关语言事实的调查。另一方面,形式语言学很多时候在探寻语言的"临界状态",也就是探求语言表达合法(grammaticality)和不合法(ungrammaticality)的界限在哪里。这种边界问题的探讨是建立在我们对相关语言事实进行调查和核验的基础之上的。

不管我们持有何种"偏见"或"理论框架",我们的调查需要明确我们的调查目的和出发点。任何的调查都旨在解决一定的问题、服务于一定的研究目的,从而最终推动学术的发展。

第五节　语法问卷的设计

目前学界已经有一些针对汉语方言语法调查的问卷,其中比较有代表性的包括刘丹青2017年编著的《语法调查研究手册》(第二版)和夏俐萍、唐正大2021年出版的《汉语方言语法调查问卷》。本研究提供的问卷主要针对吴语的语法特点设计,我们将在介绍完上述两份调查问卷后,详细介绍我们问卷的设计方案和理念。

5.1 语法问卷的内容

刘丹青（2017）的《语法调查研究手册》（第二版），在科姆里（Bernard Comrie）和史密斯（Norval Smith）编制的《Lingua 版语言描写性研究问卷》的基础上作了详细的说明，汇集成书。该书除引言外，共分为五章：第一章《句法》；第二章《形态》；第三章《音系》；第四章《象声词和感叹词》；第五章《词汇》。其中《句法》和《形态》为全书的核心部分。

第一章《句法》涉及句法研究的各个方面，共分十六个专题，大致按语言单位从大到小的顺序排列（不同于国内语法书多为从小到大的顺序）。"一般问题"介绍句子的功能类型和结构类型，包括各类从句关系。"结构问题"介绍句子的内部结构及各组成部分，如名词短语、形容词短语、状语短语，等等。"并列关系"介绍广义并列关系下的句子并列和短语并列，与从句关系分属不同的两类。其余部分涉及各类句法、语义操作手段，包括否定、回指、反身代词、相互关系、差比、等比、强调、话题、重成分移位，等等。最后一节为词类，要求根据各语言、方言的情况寻求不同词类的操作性定义。

第二章《形态》包括"构形法"和"派生构词形态"两大部分，一般也称为"构形形态"和"构词形态"。形态手段包括词缀、形态音位交替、附缀、派生构词等，实际拓展到前/后置词、语序等语法手段以及多种手段的综合运用。"构形形态"是该章的核心部分，涉及与不同词类相关的形态现象。如名词句法功能的表现手段以及数、性、格的形态表达；各类代词的形态表达手段；动词时、体、态、式以及人称、数等一致关系的形态表达手段；形容词与中心名词一致关系的表达、程度范畴的各种表达；副词级范畴与程度范畴的表达，等等。"构词形态"主要涉及派生名词、动词、形容词、副词等各种派生手段以及其他词类间的派生。

夏俐萍、唐正大（2021）出版的《汉语方言语法调查问卷》是指导汉语方言语法调查的又一力作。全书共分四章。第一章《基本概况及调查规范》，包括调查点概况、发音人概况、调查人信息、记音规范以及录音方案；第二章《音系调查表》，包括方言音系声韵调例字、二字组连读变调表；第三章《语法调查问卷》，这章是调查的重点，包括22个范畴的711句语法例句（具体范畴如下所示）；第四章《话语语料》，包括叙事体和对话体，给出了《牛郎织女》《北风和太阳的故事》

的参考文本。

01	构词	12	双及物结构
02	构词生动形式	13	连动结构
03	名词复数	14	处所存现领有判断
04	重叠	15	语序与话题
05	代词	16	复杂句与复合句
06	数量名结构	17	疑问否定
07	定名结构	18	祈使感叹
08	状语性成分	19	时体
09	趋向动补结构	20	情态语气
10	介词与连词	21	反身相互
11	处置被动致使	22	比较比拟

这两份调查问卷具有很强的综合性和全面性,它们至少有以下三个共同之处。

第一,它们都是面向所有的汉语方言来设计的,甚至也可用于民族语的语法调查。事实上,《语法调查研究手册》(第二版)的母版是针对世界语言的语法调查设计的,后来刘丹青出于汉语(方言)的适用性作了一些调整。

第二,两者均包括了形态和句法两部分语法调查内容,其中形态部分专门包括了构词的调查。

第三,从问卷的体量来看,上述两份调查问卷的例句数量都较为庞大:夏俐萍、唐正大(2021)的问卷有700多条例句,刘丹青(2017)的则有上千之多。这个体量对于调查者来说,要完成整个调查任务以及后续的整理归纳,需要耗费较长的时间。

我们调查研究的目标语言是吴语以及与其相邻或相近的南方汉语方言,如徽语、湘语和闽语等,因此在相关例句条目的设计上,试图尽可能反映吴语等方言的语法特点。同时,我们区分形态和句法,即本书问卷主要针对吴语的句法和语义进行调查,不涉及构词形态的问题。这个设计的一个效果是显著减少例句数量,从而提高调查效率。在精简调查例句的前提下,我们希望尽量展示目标方言的语法特点,达到"短、平、快"的调查效果。

我们将设计的调查例句条目限制在 200 句,①并围绕以下 10 个语法范畴展开。

（一）人称与数

（二）指称

（三）限定、领属与关系化

（四）程度

（五）及物性与论元配置

（六）题元标记

（七）体

（八）情态与否定

（九）疑问

（十）话题与焦点

这 10 个范畴的架构受到曹茜蕾（Hilary Chappell）教授欧洲研究理事会（ERC）重大项目"The Hybrid Syntactic Typology of Sinitic languages"（汉语方言混合句法类型学）的启发。该项目是全球首个大规模汉语方言语法调查和参考语法编写项目,笔者负责其中"赣方言语法调查与研究"这一子项目,并于 2018 年出版了《赣语参考语法》（*A Grammar of Gan Chinese: the Yichun Language*）。根据项目设计,汉语方言参考语法的写作可以分解为四个模块:（1）名词性结构（nominal structure）;（2）谓词结构（predicate structure）;（3）小句结构（clausal structure）和（4）复杂句（complex sentences）。本书所设置的 10 个语法范畴大致对应前三个模块（详见下表,"复杂句"模块暂不涉及）。

表 1-4　本书的 10 个范畴及其对应模块

名词性结构	（一）人称与数 （二）指称 （三）限定、领属

① 在"吴、闽、徽音像资源语料库建设与综合比较研究项目"（负责人:庄初升）中,笔者在庄初升教授原先的 100 个闽语例句基础上,增补了 100 个例句用于语法调查（庄教授的 100 例句也曾用于《六省区及东南亚闽方言语法调查表》一书,香港中文大学,2003 年）。本书使用的 200 个例句在结构上基本沿用了最初设计,但作了两处调整:（一）按十大语法范畴重新编排;（二）根据吴语语法特点,调整了部分调查条目和例句（与庄教授的 100 个例句重合 44 句）。

谓词结构	（四）程度 （五）及物性与论元配置 （六）题元标记（空间介词） （七）体 （八）情态与否定
小句结构	（三）关系化 （六）题元标记（非空间介词） （九）疑问 （十）话题与焦点

本书设计的语法调查问卷仅有 200 个例句,但这些例句的编排和语法范畴的设定具有一定系统性。故我们可在此基础上,将其进一步扩充为一份详细的参考语法调查问卷。

5.2 语法问卷的设计理念

我们在上文第四节的讨论中提出,一个语言的语法调查没有真正意义上的理论中立。任何调查都有其研究目的。我们的调查问卷目的是提炼吴语的语法特点,并勾勒吴语的内部语法差异。第一个目的是"对外"的,即回答"相较于其他汉语方言,吴语的语法特点是什么"。第二个目的是"对内"的,即我们希望能够进一步明确吴语不同片区之间或者地理单元之间的内部差异。

相较于其他汉语方言,吴语有着一系列突出的类型特点。此外,吴语内部各方言之间也有明显的语法差异。具体请分别参见第二章的第四节与第五节。

本书所设计的调查问卷贯彻以下理念:

（一）词汇对句法的制约

本书的语法调查问卷基本不涉及构词形态,主要考察吴语的句法特点。具体而言,我们关注吴语中相应语法范畴实现的语法形式,此处所谓的"语法形式"指的是表达语法意义的形式标记,包括语序、虚词、词缀等显性语法标记。

汉语方言间的差异,尤其是同一方言内部不同地域变体之间的差异,很大一部分是由词汇差异造成的。例如,吴语中的复数标记有着不同的词汇来源,而这些复数标记的不同词汇来源会制约其与代词/名词的组合关系。因此,在本书的

27

调查中,我们强调并注重考察词汇差异对语法的制约关系。

（二）从语义到句法

我们调查表中提供的调查例句均为汉语普通话,这事实上意味着将普通话视为一种元语言。也就是说,我们调查的是,方言中如何真正表达"普通话例句"相应的语义。

以调查表的第 17 句"杨梅树快死了"为例。其中,普通话的光杆名词"杨梅树"表示定指,该例句表示与话双方都熟悉的某一棵杨梅树快死了。因此,当我们在调查吴语的时候,不能简单地发问,"你们方言能不能说'杨梅树快死了'?"或者"你们方言怎么说'杨梅树快死了'?"这都不是正确的调查方法。

我们的调查应当从语义范畴出发,如"有定性"这一概念如何在主语位置实现为不同的表达形式。调查人可以给发音合作人做如下描述:假如你家院子里有且仅有一棵杨梅树,有一天你发现它快被晒死了,然后你要跟家人讲述这件事时,该如何表述? 这时发音合作人可能会提供多种不同的答案,或是使用光杆名词,或是使用指示词短语,或是使用量名短语,如例(5)—(7),这些都是我们调查时应当记录的表达。在调查出相应的句法形式之后,我们还可以进一步考察它们之间有无语义区别。

（5）杨梅树快死了。　　　　　　　（光杆名词）

（6）棵杨梅树快死了。　　　　　　（量名短语）

（7）这棵杨梅树快死了。　　　　　（指示词短语）

（三）语境的重要性

我们的问卷设计以普通话例句的语义为基础,然后结合备注中的提示进行相关测试,以此来揭示多种表达之间的区别性问题。换言之,语法调查不是简单地对例句进行翻译。我们需要考察和关注的是,针对该例句表达的语义,如何才能构造一个合乎语法的句子,以及合乎语法与不合乎语法的边界在哪里;还有当方言中存在多种表达形式的时候,它们之间的区别是什么?

同样是"杨梅树快死了"这个例句,调查人也可在该例句基础上举一反三。假如与话双方都在言谈现场,并且被讨论的杨梅树都在大家的视野范围之内,这时倾向采用的语言形式是什么? 其实这种描述与上文所提及的描述是两种不同的语境,前者为认同指,后者为现场指。它们或许会对具体语言形式的选择有所影响,这都是我们在实际调查里需要注意的地方。

第六节　方言点的选择

　　所有的语言都是平等的,它们都有其独特的文化价值和语言学价值。同样,所有的汉语方言都一样重要,它们都值得被研究。不过,我们不能否认不同方言的典型性是不同的。我们在选择方言点的时候,需要选择具有代表性和典型性的方言。例如,富阳方言(即老百姓口头所说的"富阳说话")大致可以区分出三个有明显区别的变体——外畈话(城区、江南和青云等平原地区)、上头话(场口、龙门湖源等山区)和新登话(原新登县)。狭义上的富阳话主要指外畈话;不过哪怕是对于外畈话来说,不同乡镇也存在一定差异,尤其很多边界乡镇的方言靠近邻近县市。例如,渔山镇、虹赤镇的方言接近萧山话,导岭话接近余杭话。如果我们要研究富阳话,靠近城区的江南江北两岸等核心地区的富阳方言就比这些边界方言更具有典型性。如果要研究方言接触的话,那么这些边界方言则会是更好的选择。

　　浙江境内吴方言的分区跟明清时期的府治有很大的关系。《浙江方言分区》(1986:29)明确提出,"我们根据语言材料排比结果得出来的方言片或小片的范围,多数与旧时的州府或今天的行政区相吻合"。明清时期的浙江下辖11个府,包括下三府(杭州府、嘉兴府、湖州府)和上八府(宁波府、绍兴府、台州府、金华府、衢州府、严州府、温州府、处州府丽水)。目前浙江境内的吴语所包括5个片的9个小片大致对应于浙江先前的10个府治范围(原严州府所使用语言为徽语,因此我们不将其考虑在内)。①

---

① 吴语的这9个方言(小)片中,"临绍小片"和"处衢片"均为两个府的组合形态。原杭州府的杭州城区(钱塘县和仁和县)和周边县市分别组成了现在的太湖片杭州小片和临绍小片的"临"的部分。不过,原属杭州府的余杭县的方言属于苕溪小片。处在浙西南同一地理单元的处州和衢州被归为"处衢片"。
　　关于甬江小片也有几点需要说明。第一,舟山明清时期一直属于宁波府,岛上也多为宁波地区移民,因此其方言也属甬江小片。第二,慈溪清朝以来虽属宁波府,但是其方言与余姚更近,同属临绍小片。第三,现属于宁波的宁海县一度属于台州府,因此其南部诸镇的方言有很多台州片的特点。

府治的行政边界大致与方言片边界重合,这一方面体现了府治中心对地方县市乡镇的文化和语言向心力;另一方面,府治的行政边界很大程度上以山川等地理屏障为界限。不过,根据王轶之(个人交流),浙江省内不同府治内对地方县市方言的辐射力存在一些区别,其中绍兴府属于"向心型",而嘉兴府属于"离心型"。具体来看,在绍兴地区,绍兴府城话属于一种"优势语言"(prestigious language),各县市对绍兴方言的认同感很高。但是,嘉兴城区的方言(如秀洲话)对下属各县市的方言影响力就要小很多,这里有几个现实的原因。第一,嘉兴地区方言系属复杂,虽然嘉兴大部分地区属于苏沪嘉小片,但是海宁、桐乡很多乡镇的方言属于苕溪小片。第二,嘉兴话外围有上海话和杭州话两大优势方言,它们对嘉兴地区有较大的牵引力,这在一定程度上分散了嘉兴话对周边的辐射力。

我们前期共调查了23个吴语方言点,除了"临绍小片"和"处衢片"这种组合片区设4个点以外,其他每个(小)片设1—2个方言点,如下表1-5所示。选

表1-5 前期调查的方言点

片	小 片	方 言 点
太湖片	杭州小片	杭州
	临绍小片	富阳 临安 余姚 嵊州
	苏沪嘉小片	苏州 海盐
	毗陵小片	常州
	苕溪小片	余杭 安吉
	甬江小片	宁波北仑 象山
台州片		临海 温岭
瓯江片		瑞安 文成
婺州片		东阳 兰溪
处衢片		丽水 庆元 衢州 常山
宣州片		芜湖

点时尽量考虑(小)片内的南北差异或东西差异等因素,以求最大限度呈现其差异,这些吴语方言点的地理格局如图 1－5 所示。不过,出于体量的考虑,本书第四章收录并呈现其中 10 个点的调查结果,表中以加框标示、图中以★标示。

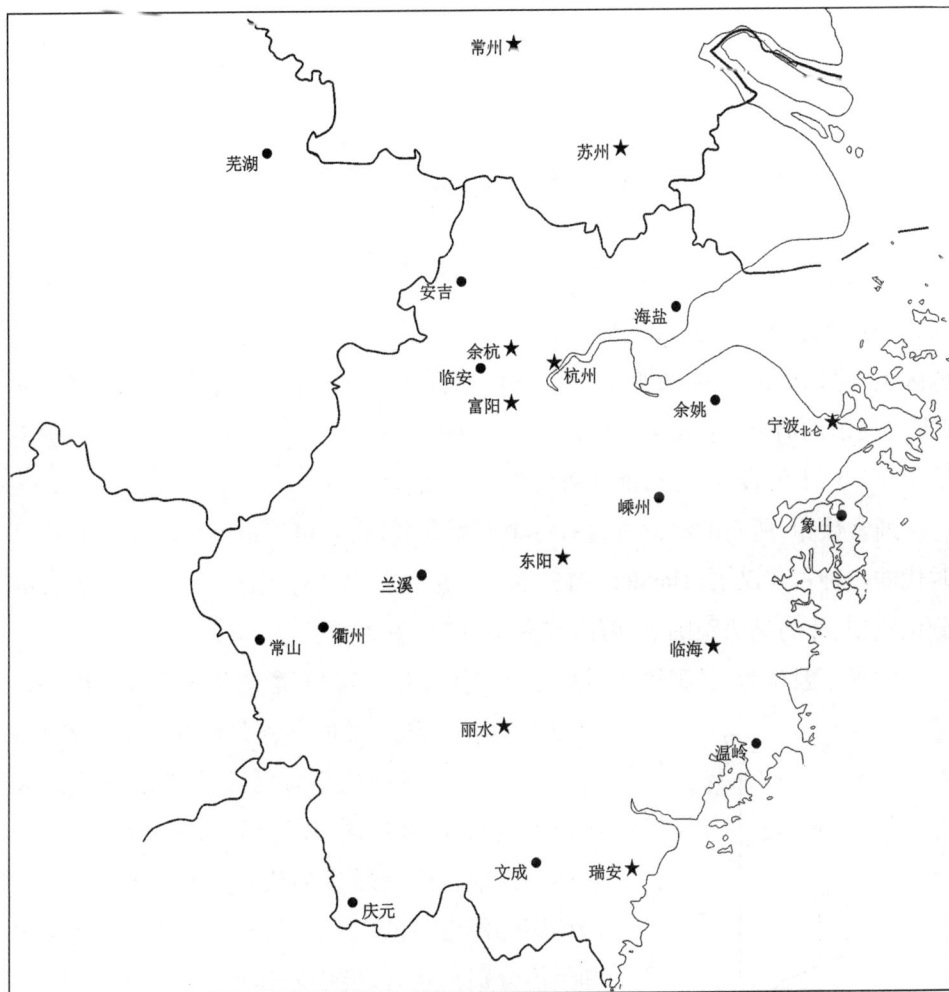

图 1－5　调查方言点的分布格局

第二章 吴语形态句法类型

第一节 何 谓 吴 语?

吴语属于汉藏语系汉语族的语言,是汉语十大方言之一。它主要分布在浙江、上海和江苏南部地区,在毗邻的赣东北和闽北一角也通行吴语,另外在皖南地区也"穿插吴语"(颜逸明 1994:15)。吴语的分布也可从赵元任(1928)所著《现代吴语的研究》中窥见一斑,该书共调查了 33 个吴语方言点,其中江苏省内设 15 个点,上海设 5 个点,浙江省内设 14 个点。

通常认为,所有的汉语方言有一个原始共同语,它可以追溯到汉朝或者更早时代的一种古代汉语(Handel 2015:34)。游汝杰(2018)提出了以下汉语方言的分化模型,认为吴语跟闽语、徽语有密切关系(图 2-1)。

学界一般认为,吴闽语共同起源于古代江东方言,而徽语从吴语分化出去是

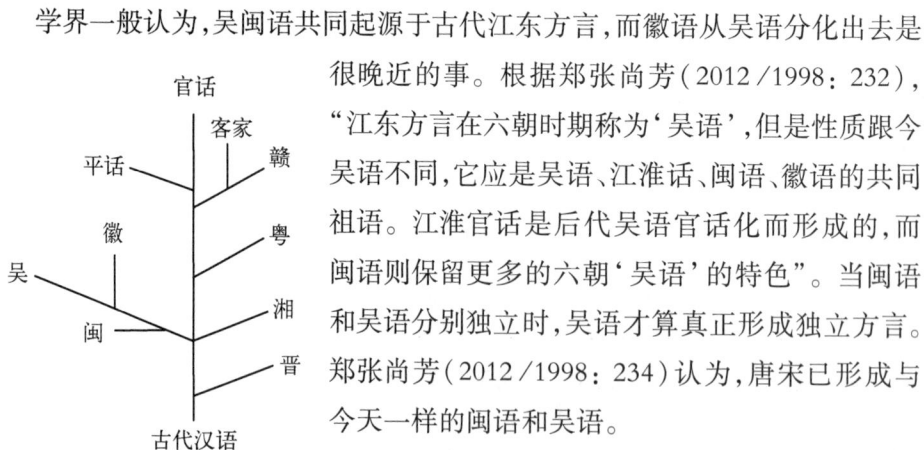

图 2-1 汉语及其方言的
分化模型图
(游汝杰 2018:10)

很晚近的事。根据郑张尚芳(2012/1998:232),"江东方言在六朝时期称为'吴语',但是性质跟今吴语不同,它应是吴语、江淮话、闽语、徽语的共同祖语。江淮官话是后代吴语官话化而形成的,而闽语则保留更多的六朝'吴语'的特色"。当闽语和吴语分别独立时,吴语才算真正形成独立方言。郑张尚芳(2012/1998:234)认为,唐宋已形成与今天一样的闽语和吴语。

按照汉语方言学的传统(如李方桂 1938),语音特征是汉语方言分区的主要依据,如全浊声母的演化、古入声的演化等。吴语最突出的语音特

征就是它还保留着中古全浊声母,具体来看,就是吴语的塞音／塞擦音保留清浊送气三分(赵元任 1928)。

吴语的内部有不同的小片,关系复杂。根据《中国方言地图集》(1987),吴语分为六个片,包括太湖片、台州片、瓯江片、婺州片、处衢片和宣州片等。吴语通常被分为北部吴语和南部吴语两大内部变体。北部吴语指太湖片吴语,内部基本可以通话,而南部吴语则包括台州片、瓯江片、婺州片和处衢片等,内部"互通度"(mutual intelligibility)较低。此外,皖南地区的宣州片吴语通常也被称为西部吴语。

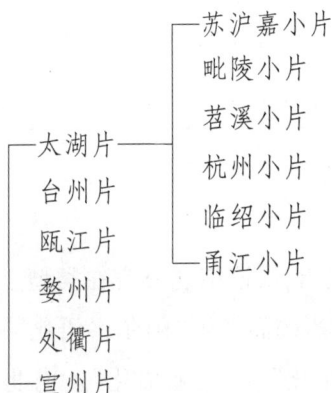

```
                            ┌── 苏沪嘉小片
                            │
                            │   毗陵小片
                            │
                            │   苕溪小片
           ┌── 太湖片 ──────┤
           │                │   杭州小片
           │  台州片        │
           │                │   临绍小片
           │  瓯江片        │
           │                └── 甬江小片
           ┤  婺州片
           │
           │  处衢片
           │
           └── 宣州片
```

我们在前文提到,赵元任《现代吴语的研究》(1928 年)的出版标志着现代吴语语法研究的开始。本章将主要从"对外"和"对内"两个方面讨论吴语的形态句法特点。第一,吴语跟其他汉语方言相比,它有何类型特点? 第二,吴语内部的方言之间有何形态句法上的差异?

第二节　吴语作为一种过渡方言

在李方桂(1938)的基础上,袁家骅(1961)将汉语方言分为七大方言,包括官话、吴语、湘语、赣语、客家话、粤语和闽语。《中国方言地图集》(1987)在七大方言的基础上进一步将汉语方言区分为十大方言区,其中晋语从官话中析出,徽语从吴语中析出,而且广西境内的平话也认定为一个独立的汉语方言。

吴语作为十大汉语方言之一,我们该如何对它进行定位? 相较于其他方言,它自身有何特点？吴语跟其他汉语方言处于何种关系之中？

关于汉语方言的地理区域，目前学界有三种分区方案，其中包括桥本万太郎（1976）和罗杰瑞（Norman 1988）各自的"三分说"以及曹茜蕾（Chappell 2016）新近提出的"四分说"。具体区别见表 2-1。

表 2-1　汉语方言的地理分区

作　者	方言分区方案			
桥本万太郎（1976）	北方汉语		过渡方言	南方汉语
罗杰瑞（1988）	北方汉语		中部过渡方言	南方汉语
曹茜蕾（2016）	北部方言	东南部方言	中部方言	远南地区方言

2.1　过渡方言说

桥本万太郎（1976）提出，汉语南北方言在类型上存在系统差异——其中汉语北方方言受阿尔泰语的影响而发生"阿尔泰语化"，汉语南方方言则受东南亚语言的影响而发生"壮侗语化"与"南亚语化"。南北汉语方言的具体差异见表 2-2（参见 Chappell 2016：17）。

表 2-2　南北汉语方言的分化

阿尔泰语化（北部）	壮侗语化（南部）
有轻重音（stress-based），声调数量少	声调数量多
多音节词占比高	单音节词占比高
音节结构简单	音节结构复杂
量词数量少	量词数量多
"修饰语—核心"，包括动物名词的性别标记	允许"核心—修饰语"，包括动物名词的性别后缀
副词前置	允许副词置于动后或句末

阿尔泰语化(北部)	壮侗语化(南部)
双宾结构：间宾—直宾	双宾结构：直宾—间宾
比较结构：标记—基准—形容词	比较结构：形容词—标记—基准
被动标记：源于致使言说动词	被动标记：源自给予动词

　　根据桥本万太郎(1976、1986)提出的"汉语方言从北到南组成了类型学上的连续统"这一假设,吴语处于南北之间的过渡地带,其语音(如声调)和形态句法特征也表现出了南北过渡区方言的特点。

　　岩田礼(2009：14—15)提出,汉语方言在汉代以前分布的格局是以"东西对立"为主轴,从六朝开始到唐朝的三百年间,经历了从"东西对立"到"南北对立"的转换。南北对立的形成与汉族人口从北向南一次次的迁移密不可分。这里所说南北对立的最重要的两条分界线就是"秦岭—淮河线"和"长江线"。长江流域处于华北和华南的中间,在语言方面表现出两个特点：一是"过渡性",二是"创新性"。岩田礼(2009：15)认为,过渡性是每个过渡地区方言都能看到的,而创新性则是长江流域方言的特点,并且语言的创新也会在封闭的地区产生,很少传播到外地。我们认为,长江流域过渡地带的方言不仅在词汇上有创新,在语法上也是如此。在本章第五节,我们会看到很多仅在吴语区才集中出现且不见于周边方言的语法现象,这或许也与吴语作为一个长江流域的过渡方言,其语法的高度创新性有关。

2.2　中部过渡方言说

　　罗杰瑞(Norman 1988：182)对南北汉语的对立做了精细化处理,他提出了10个标准,其中包括语音、词汇和形态句法标准,如下所示。据此,汉语方言可以分为三个区域：北部方言区、南部方言区和中部过渡方言区。

　　(一)第三人称代词为"他"或其同源词

　　(二)修饰语标记为"的"或其同源形式

　　(三)基本否定词为"不"或其同源词

（四）动物的性别标记前置，如"母鸡"的"母"

（五）只有平调分阴阳

（六）舌根音在 i 介音前发生腭化

（七）表示 stand 的词为"站"或其同源形式

（八）表示 walk 的词为"走"或其同源形式

（九）表示 son 的词为"儿子"或其同源形式

（十）表示 house 的词为"房子"或其同源形式

当我们用这十个标准去判定汉语方言，具备相关特征的用(＋)表示，不具备的则用(−)表示，那么可以得到三个语言区域：北方方言区（北京官话 Bj、西安官话 Xa、昆明 Km 官话），中部方言区（苏州吴语 Sz、温州吴语 Wz、长沙湘语 Cs、双峰湘语 Sf、南昌赣语 Nc）和南方方言区（梅县客家话 Mx、广州粤语 Gz、福州闽语 Fz、建瓯闽语 Jo），如下表 2－3 所示。

表 2－3　汉语方言分区的十大标准及方言表现

	Bj	Xa	Km	Sz	Wz	Cs	Sf	Nc	Mx	Gz	Fz	Jo
1	＋	＋	＋	−	−	＋	＋	−	−	−	−	−
2	＋	＋	＋	−	−	−	−	−	−	−	−	−
3	＋	＋	＋	＋	＋	＋	＋	＋	−	−	−	−
4	＋	＋	＋	＋	＋	−	−	−	−	−	−	−
5	＋	＋	＋	−	−	−	−	−	−	−	−	−
6	＋	＋	＋	＋	＋	＋	＋	＋	−	−	−	−
7	＋	＋	＋	−	−	＋	?	＋	−	−	−	−
8	＋	＋	＋	＋	＋	＋	＋	＋	−	−	−	−
9	＋	＋	＋	＋	＋	−	−	−	−	−	−	−
10	＋	＋	＋	±	−	±	?	−	−	−	−	−
	北方方言			中部过渡方言					南方方言			

根据罗杰瑞(Norman 1988),吴语、湘语和赣语均属于中部方言,即处于南北方言的过渡地带。岩田礼(2009:14)对上述 10 条规则中的 8 条做过方言地图,地图显示基于这些标准所得到的地理结果并不是完全一致。具体来看,标准(1)"他/渠"、标准(2)结构助词"T/K"、标准(7)"站/倚/立"的分界大致与长江线一致;标准(4)"母鸡"和标准(9)"儿/儿子"在长江线的东部越过长江侵入吴语区,这种类型称为"北方方言江东侵入型",是南北对立的一种变异;标准(8)"走"不仅突破了长江边界而且还深入进攻南方地区。

2.3　东南部方言说

曹茜蕾(Chappell 2016)则主要从语法证据入手,主张将汉语方言区分为四个语言区域,其中吴语属于东南部方言。吴语在类型上最突出的特点就是其 SOV 语序比 SVO 语序更加凸显。四个地理区域具体如下:

(一) 北部方言:北方官话、晋语和部分中原官话。具有 SOV 特征,因为与北亚的语言接触。

(二) 中部方言:部分中原官话、江淮官话、西南官话、湘语、乡话、赣语和客家话等。

(三) 东南部方言:吴语、徽语和闽语。最具 SOV 特征,是自身系统发展的结果。

(四) 远南地区(Far-Southern zone)方言:粤语、平话、雷州半岛和海南岛的汉语方言。最具 SVO 特征,因为与侗台语和勉语接触。

曹茜蕾(Chappell 2011)提出的"东南部方言"这个区域概念也跟前面提到的岩田礼(2009:16)提出的东西对立有一定联系。岩田礼指出,长江以南的方言分为东西两块,以自天目山至武夷山脉的一线为其界限,其西边有赣语和湘语,其东边则有吴语和闽语。

综上,虽然通行吴语的地理单元处于地理意义上的南方地区,但从语言学上来看,"南方汉语"这一术语则留给了粤语、客家话等更南地区的汉语方言。吴语则被认定为中部方言,具有明显的南北过渡特征。不过,我们在前文提到,吴语内部可以进一步区分为北部吴语和南部吴语。大量的研究显示,南部吴语具有较多跟闽语相似的地方,而北部吴语则具有较多的不同时期的官话成分,这其实也证明了处于南北之间的吴语的过渡性质。

就吴语的过渡性质而言,它对于北方话的部分吸收来自北方方言一次又一次地覆盖,而南方方言的性质则是源于"古"吴语。正如郑张尚芳(2012/1998:234)推测,在江东方言时期,"当时在双重语制下有两种'吴语':一种官话性,一种土著南方语。那么或者太湖周边的'吴'语受官话同化而成今吴语,再向南扩展,而古'吴'语则保留在浙南山区,更远地进一步分化为闽语、徽语"。

第三节　吴语的形态

汉语通常被认为形态不发达,它是一种分析性语言。事实上,这一表述不是十分准确。汉语(包括吴语)的派生形态十分发达,不发达的只是其屈折形态而已(Packard 2000)。本小节我们首先讨论吴语的派生形态和屈折形态,然后还将介绍"表达性形态"(expessive morphology),作为与派生、屈折相并列的第三种形态。

3.1　屈折形态

屈折形态通常用来表示性(gender)、数(number)、格(case)、时体(tense/aspect)等语法范畴。汉语方言通常屈折形态不很发达,吴语也是如此。Traugott和Heine(1991:8)认为,对于汉语这种分析性语言来说,"语法化不大可能发展出屈折形态"[①]。汉语或许有一定的语法手段表示性、数、体等语法意义,但是这些手段往往不是一种严格意义上的形态手段。以下分别介绍吴语中的性别标记、数、格和有定性等语法范畴的具体表现。

3.1.1　性别标记

在形态发达的印欧语中,"性别标记"(gender marking)是经常被谈论的一种形态范畴。诸如俄语、法语、德语等印欧语,其名词有阴性和阳性的区分,并且很多时候名词的"性特征"(gender feature)也会触发形容词、冠词等其他词类表现

---

① 英文原文为"In isolating languages, grammaticalization is unlikely to lead to the development of inflectional morphology"。

出"一致关系"(agreement)。在汉语方言的研究中,性别标记也是一个广受关注的对象。我们认为,汉语方言中所谓的性别标记不能被看作是一种屈折形态。

桥本万太郎(1976)和罗杰瑞(1988)等学者都曾主张,汉语方言中性别标记居前还是居后可以作为区分南北汉语方言的标准之一。

官话和晋语这些北方汉语方言普遍使用形容词"公/母"作为性别标记,并且它们通常前置处于修饰语的位置,构成"性别标记+名词"。相反,粤语、客家话等南方汉语则普遍使用后置性别标记,构成"名词+性别标记"。

(1) a. 普通话：公鸡/母鸡　　公猪/母猪

　　 b. 粤语：　鸡公/鸡乸　　猫公/猫乸

桥本万太郎(1979)认为,吴语的性别标记在名词中出现的语序跟粤语一致,跟官话相左,即吴语的语序为"名词+性别标记"。然而,吴语的实际情况远比这个论断复杂。

袁家骅(2001：86)指出,温州话动物名词的性别有两种表达方式:一种使用前附标记,如"雄"和"草",接近北方话;另一种使用后附标记,如"牯"和"娘"(通常指做种的家畜家禽或下蛋的家禽),接近东南各方言。例如:

表 2-4　温州方言的性别标记(参见袁家骅 2001)

雄 性			雌 性		
普通话	温州话		普通话	温州话	
公猪	雄猪	猪牯	母猪	草猪	猪娘、猪母娘
公牛	雄牛	牛牯	母牛	草牛	牛娘
公马	雄马		母马	草马	
公狗	雄狗		母狗	草狗	草狗娘儿
公猫	雄猫		母猫	草猫	猫娘

北部吴语富阳话的性别标记使用也不对称。它有前置标记"雄/牯",与之对应的是后置标记"婆/娘"。但是总体来看,无论前置还是后置,两者都不发达。

表 2－5 富阳方言的性别标记

雄 性			雌 性		
普通话	富阳话		普通话	富阳话	
公鸡	雄鸡		母鸡		鸡娘
公鸭	雄鸭头		母鸭		
公羊		牯羊	母羊		羊婆
公牛		牯牛	母牛		牛娘、牛婆
公猪	雄猪	走猪	母猪		猪娘
公狗	雄狗		母狗	雌狗	
公猫			母猫		猫娘

在粤语、客家话、闽语、赣语等南方汉语方言中,"娘/婆"和"牯"等成分往往被分析为性别标记(武巍、王媛媛 2006)。然而,这种分析可能不适用于吴语。我们认为,这些语素在吴语中不宜被分析为性别标记,而是一种表示与生育相关的实语素。主要有如下三条证据。

第一,根据构词的"右向核心原则"(Right-Hand Head Rule),这些后置性别标记为核心,而非修饰语;从语义上看,后置的"婆/娘"也更加适合被分析为语义核心。例如,"猪娘"并非单纯指母猪,而是指专门用于产仔繁殖的母猪,因此此处的"娘"保留了它作为一个名词性语素的基本词汇意义。郑张尚芳(2008:264—265)明确指出,动物名词后加"娘""牯"表配种,如"猪娘""鸡娘""牛牯""猪牯""狗牯"等。

第二,很多时候雌性和雄性动物之间的表达存在不对称现象。例如,富阳话只有"猪娘",但是没有"猪牯"之类的说法;富阳话没有"牛牯",只有"牯牛"。

(2) 富阳话

    a. 猪娘   ＊猪牯   走猪 配种公猪

    b. 牛娘   ＊牛牯   牯牛 公牛

最后值得一提的是,吴语太湖片毗陵小片的一些方言,比如宜兴话和常州话,它们的性别标记分别是"雄"和"婆"。"雄"和"婆"可以用作形容词,如构成"婆佬",其中"佬"相当于"的"。

(3) 宜兴话:鸡么,婆佬母的弗会叫,雄佬会打鸣的。

　　常州话:蟹么,婆佬母的比雄佬好吃。

3.1.2　数

人称代词区分单复数是世界语言中比较普遍存在的现象。尽管吴语里没有特别发达的名词复数标记,但是其三身代词普遍有单复数的对立。吴语的复数标记通常采用附缀形式,如温州的"俫"、上海话的"拉"等。盛益民(2013:209)指出,在一些北部吴语中,人称代词复数可能采用屈折形式来表示。具体如下表2-6所示。

表2-6　北部吴语人称代词的单复数形式(参见盛益民 2013)

	第一人称		第二人称		第三人称	
	单数	复数	单数	复数	单数	复数
湖州	ŋ	ŋa	n	na	dʑi	dʑia
德清	ŋu	ŋa	n	na	ɦi	la
绍兴	ŋo	ŋa	noʔ	na	ɦi	ɦia
嵊州	ŋɯ	ŋa	ŋ	ŋa	ɦi	ɦia

如果我们仔细观察上表中材料,不难发现,单复数人称代词的区别在于复数人称代词都以 a 结尾,此处的 a 实际上是复数标记 la 脱落声母后的结果,并与单数人称代词的形式发生了合音。

人称代词复数形式来自合音的这种现象不限于吴语,在闽南话中更为常见。例如,漳泉闽南话的三身代词复数形式分别记为"阮[$guan^2$/gun^2]""恁[lin^2]"和"□[in^2]",它们分别是"我侬""汝侬"和"伊侬"的合音形式。此外,在中原官话关中方言里,人称代词的复数形式除了使用加缀这一策略以外,也普遍会使用变调或变韵等形式(孙立新 2002),如西安方言人称代词的复数形式如下所示:

表 2－7　西安方言人称代词的单复数形式（参见孙立新 2021：3）

	第一人称		第二人称		第三人称	
	单数	复数	单数	复数	单数	复数
西安$_1$	我 ŋɤ^{52}	我 ŋæ^{31}	你 ni^{52}	你 ni^{31}	他 tʰa^{31}	
西安$_2$	我 ŋɤ^{52}	我的 ŋæ^{31}ti	你 ni^{52}	你的 ni^{31}ti	他 tʰa^{31}	他的 tʰa^{31}ti
回民$_1$	我 ŋɤ^{53}	我 ŋæ^{21}	你 ni^{53}	你 ni^{21}	他 tʰa^{21}	他 tʰæ^{21}
回民$_2$	我 ŋɤ^{53}	我的 ŋæ^{21}ti	你 ni^{53}	你的 ni^{21}ti	他 tʰa^{21}	他的 tʰæ^{21}ti

　　然而,汉语中的合音、变韵等语音现象究竟应该看作是屈折形态还是单纯的"词缀合并"（suffix coalescence）或者"音节融合"（syllabic fusion）,学界对此一度也有过不少争议（参见 Lamarre 2015）。

　　就吴语的人称代词而言,除了表 2－6 所示的规则表现外,还有很多方言的复数附缀并不规则。由于语音条件的限制,一些方言中只有部分代词发生了语音融合,没有达到屈折形态变化的程度。如表 2－8 所示,富阳话只有第二和第三人称代词发生了语音融合,宁波话只有第二人称代词发生了语音融合,宜兴张渚话则保留了融合前后的两套代词形式。

表 2－8　吴语人称代词单复数部分语音融合

	第一人称		第二人称		第三人称	
	单数	复数	单数	复数	单数	复数
富阳	ŋɯ	ʔa-la	n	na	ɦi	ɦia
宁波	ŋo	əʔ-lɐʔ	ɦiŋ	nɐʔ	dʑi	dʑiʔ-lɐʔ
宜兴张渚	ŋu	ŋu-ko	ɲi	ɲi-ko	tʰo	tʰo-ko
		ŋo		ɲio		

3.1.3　格

　　一些学者指出,古代汉语中的人称代词有主格和宾格的区分,如"吾"和

"我"(高本汉 1920)。但是,现代汉语(包括方言)的人称代词通常被认为不存在专门的主宾格对立。

肖萍和陈昌仪(2004)指出,鄱阳湖流域的赣语其人称代词单数形式有主宾格的区分。也有学者提出,客家话的人称代词有专门的领格形式。例如梅县人称代词的一般格(主格、宾格)是"ŋai²(我)、n²/ŋi²(你)、ki²(他/她/它)",其领格是"ŋa¹(我的)、ŋia¹(你的)、kia¹(他的/她的/它的)"。袁家骅等《汉语方言概要》(1983)认为,梅县话领格形式是"通过词形的变化来表示的"。罗杰瑞(1988)也提到客家话的这一现象,认为 ŋa¹ 是"ŋai"(我)与"个"(的)的合音形式。

在吴语中目前并没有观察到与之类似的现象,具体来说,吴语的代词既没有主宾语的区别,也没有专门的领格代词。后文将讨论到吴语的强调式人称代词呈现出主宾语不对称的现象(具体请参见本章的 3.3 节),胡明扬(1954)也提到海盐话中的单、双音节人称代词有着一定程度的主宾语不对称表现。不过,这些现象主要是由语用因素或其他语法因素所导致的,还不足以视为"格"范畴。

综上,吴语在"性/数/格"三方面并没有出现严格意义上的屈折形态。吴语中所谓的"性"标记更像是一种词汇性成分,而所谓的复数形态可视作是一种语音融合的结果,而"格"在吴语里基本没有痕迹。

3.2　派生形态

吴语最常见的派生形态包括变调、附缀、重叠等。这些形态操作往往具有一定的"特性"(idiosyncratic properties),并且它们受到不同的制约条件影响,表现出不同程度的能产性。

3.2.1　变调

吴语中很多字可以变读,这些字带不同声调时往往有词性的区别,故这种变调可以看作是一种派生手段。例如,许多南部吴语中"毒"字可以读作阳平调或者阳入调,其中前者为名词的"毒",后者为动词的"毒",如表 2-9 所示。通常认为,动词的"毒"是从名词的"毒"派生而来,即"毒$^{8 \to 6}$"。

表 2-9　吴语名词和动词"毒"的区分（游汝杰 2019：74）

	开化	常山	玉山	龙游	遂昌	云和	庆元	龙泉	松阳	宣平	丽水	青田	缙云
毒[8]N	dɡʔ	doʔ	doʔ	doʔ	doʔ	doʔ	toʔ	duaʔ	dɤʔ	daʔ	doʔ	doʔ	dʌuʔ
毒[6]V	duo	dua	dua	du	duɤ	du	tɤ	tɤui	duʌ	du	du	do	du

在南方汉语方言中类似"毒"的例子比北方汉语常见得多。很多时候,我们将这些现象视为古代汉语的残存。又如吴语婺州片方言中表示站立义的"徛"和表示倚靠义的"隑"也通过变调来区别(曹志耘、秋谷裕幸 2006,王文胜 2012)。①

表 2-10　"徛"和"隑"的区分

	金华	汤溪	浦江	磐安	武义
徛"to stand"	ke[3]	ge[4]	ga[4]	gei[4]	ga[4]
隑"to lean"	ge[6]	ge[6]	ga[6]	gei[6]	ga[6]

游汝杰(2019)也报道了一系列温州话的例子,其中最为常见的是名词和动词之间的语音派生:

(4) a. 油:jiau[2] 含油脂的液体(名词)　　jiau[6] 上油漆(动词)

b. 上:ji[6](方位词)　　ji[4] 上去(动词)

c. 盐:ji[2] 盐巴(名词)　　ji[6] 用盐等腌制(动词)

d. 会:vai[2] 能够做　　vai[4] 理解,懂得

在富阳话中,有部分字可以通过上声变调表达使动意义。这也可以看作是一种派生形态。

(5) a. 养:iaŋ[3]　　饲养　　养猪、养鱼

a′. 养:iaŋ[5]　　使…保养　　头发养长来。

---

① 汪维辉、秋谷裕幸(2010)指出一部分南部吴语中"站立"义词和"靠"义词声母韵母相同声调不同的情况,如温州话的"徛 ge[4]"和"隑 ge[6]",应当是偶合。

b.　荫：iŋ¹　　　树荫　　　　躲勒荫头游里。

b′.　荫：iŋ⁵　　　使…被荫　　葛两株菜要荫煞格。

c.　沉：dzẽ²　　　下沉　　　　渠游水儆勒游，人要沉落去格。

c′.　沉：dzẽ⁶　　　使…沉入　　这件衣裳要多沉两沉，会勒干净。

3.3.2　附缀

派生形态中的词缀具有构词作用，并且遵循"右向核心规则"，即最右边的成分往往是一个词的核心。该规则也适用于吴语，其构词后缀决定了一个词的词性或语义核心。吴语中后缀比前缀丰富得多。常见的后缀包括"-佬""-头""-家""-子"等。不同于前缀，后缀往往决定了所构成词汇的词性，这些词缀可分析为"名词化标记"（nominalizers）。

（一）词缀"-佬"

"佬"是吴语较为常见的一个构词词缀，它可以表示各种职业或者具备其他各种特征的群体，包括籍贯、排行等。例如：

（6）富阳话

　　a.　职业：搭鱼佬　　种田佬　　换糖佬

　　b.　来源：外头佬　　外国佬　　山里佬

　　c.　排行：大佬　　　二佬　　　小佬

（7）a.　上海话：江北佬　赤佬

　　b.　杭州话：僵歪佬　背时佬

吴语宜兴话中的后缀"佬"不仅可以作名词后缀，也可以作形容词后缀。

（8）宜兴话

　　a.　名词词缀：

　　　　大佬_{成人}　　细佬_{小孩}　　男佬_{男人}　　老佬_{老人}　　宜兴佬_{宜兴人}

　　b.　形容词词缀：

　　　　红佬_{红的}　　烫佬_{热的}　　雄佬_{雄的}

（二）词缀"-头"

普通话中"-头"缀的使用较为有限，主要见于"砖头，石头，木头，额头"等词汇。但是在吴语中，"头"缀是一个更为发达的构词词缀，所构成的名词见于身体部位、时间、方位等各个语义场。例如：

(9) 富阳话

    a. 身体部位：手指头   额角头   背脊头   胸孔头

    b. 方位词：前头   上头   屁股头 _{后面}   横头 _{旁边}

    c. 时间词：早更头 _{早晨}   晚头 _{今晚}   黄昏头   小嘠头 _{小时候}

    d. 名词-头：布头   纸头   小人头 _{小孩}

    e. 动词-头：吃头 _{可吃的}   搞头 _{可玩的}   看头 _{可看的}

(10) 汤溪话（曹志耘 1987：91）

    a. 名+头：石头   砖头   鼻头   日子头 _{日子}

    b. 动+头：吃头   想头   来头 _{靠山}   搭头 _{傻气}

    c. 形+头：准头   甜头   酸头儿 _{微酸的味道}   忙头 _{繁忙的时节}

（三）词缀"-子"

普通话的"-子"缀比"-头"缀更为发达，所构成的词包括各个语义场，如"桌子、椅子、凳子、窗子、梅子、石子、领子"等。但是，吴语的相应表达往往不使用"-子"缀。

(11) 普通话   富阳话   温州话

    桌子   桌床   桌

    凳子   凳   矮凳

    窗子   窗洞   窗门

进一步来看，吴语中"-子"缀的使用往往限于部分特定的语义场，比如时间、水果和一小部分人工制品，如例（12）所示。这三类词中，时间词加"子"缀带有明显的吴语特色。另外两类在官话及其他方言中也能见到，或许是官话的接触所造成的影响，因为这两类词在南部吴语通常用小称标记"-儿"表示。

(12) 富阳话

    a. 时间词：上毛=子   昨日子   旧年子

    b. 水果：桃子   橘子   李子   栗子

    c. 人工制品：盘子   车子   杯子   簿子

（四）词缀"-家/客"

吴语中另外两个常见的派生词缀是"-家"和"-客"。就"-家"缀而言，它主要用于构成各种称人名词。例如在富阳话中，"-家"缀用于构成关系名词，在三门话中,"-客"有时还保留着较为实在的意义,可表示各种特征的"客人"。

（13）富阳话:"-家"

> 男人家_{男人}　　　　女人家_{女人}　　　　弟兄家_{哥们儿}

> 小干家_{小男孩}　　　　因子家_{女孩}　　　　小姐妹家_{姐妹淘}

> 自家_{自己}　　　　　　朋=家_{自称"我"}　　　独自家_{独自}

（14）三门话:"-客"

> 鬼叫客_{小孩}　　　过路客_{过路人}　　　亲眷客_{亲戚}　　　卖糖客_{小贩}

3.2.3　重叠

重叠是吴语中普遍使用的一种形态手段,尽管在不同吴方言里的使用范围不完全一样。"重叠"见于不同的词类,包括名词、动词、形容词、量词等。根据能产性的高低,这些词类的重叠存在如下由低到高的等级序列:

名词<形容词<动词<量词

值得说明的是,该等级序列左端和右端的"重叠"实际上是两种不同的语法操作过程。名词的重叠往往是一种形态操作(如构词),而动词和量词的重叠则是一种句法操作——重叠的对象是词,重叠后产生的是各种短语,如动词重叠后产生体短语(Aspect Phrases),量词重叠后产生各种量化短语(Quantifier Phrases)。而处于中间的形容词重叠有可能是形态操作,也有可能是句法操作:前者重叠后产生状态形容词,后者则构成程度短语(Degree Phrases)。

（一）名词重叠

吴语中名词的重叠不是很发达,主要见于亲属名词,非亲属名词的重叠极为受限。我们不考虑儿语重叠的情况,如"水水""饭饭"之类,因为这种重叠在汉语具有较大的普遍性,不是吴语特有的现象。

（15）a. 富阳:爹爹　　　　大伯伯　　　　婶婶　　　　　嬢嬢

　　　b. 上海:爹爹　　　　伯伯　　　　　叔叔　　　　　弟弟

　　　c. 杭州:爷爷　　　　叔叔　　　　　姐姐　　　　　因因

　　　d. 温州:伯伯　　　　舅舅　　　　　妭妭_{姐姐}　　　姆姆

（16）a. 富阳:泡泡_{泡沫}　　奶奶_{乳房或母乳}

　　　b. 上海:洞洞　　　　袋袋　　　　　渣渣　　　　　脚脚

    c. 杭州：鱼脬脬　　　　脚脚（儿）　　　沫沫儿

    d. 温州：兜兜　　　　　嘴嘴　　　　　脚脚

    吴语中名词的重叠其实是语素的重叠,重叠后构成重叠式名词,是一种构词操作。这或许可以说明为什么名词重叠是不发达的。

    （二）形容词重叠

    吴语中形容词重叠需要考虑两个方面。第一,"基式"是单音节 A 还是双音节 AB;第二,无论基式是 A 还是 AB,其"重叠式"都有 AAB 和 ABB 两种形式,但是这两种形式与意义之间不具有一一对应关系。

    总体来说,吴语单音节形容词通常不直接重叠,需要额外附加一些词缀才可以,可以进一步区分为 AAB 和 ABB。例如,郑张尚芳（2008：218）指出,温州话的单音节形容词需要与附加式结合才能重叠,如"-能"缀,从而构成"AA-能"式,表示"……样子",如例（17）所示。单音节形容词也可以构成 ABB 重叠式,其中-BB 形式可以分析为形容词后缀,表示一种程度的弱化意义,如例（18）—（19）所示。

    （17）温州话：AA-B

        大大能　　　　细细能　　　　冷冷能 态度冷落

        重重能　　　　轻轻能　　　　扣扣能 怡怡

    （18）温州话：A-BB

        圆卵卵　　　　矮登登　　　　软冬冬

        冷丝丝　　　　黄霜霜　　　　绿歪歪

    （19）上海话：A-BB

        胖笃笃　　　　长条条　　　　甜咪咪

        粘搭搭　　　　红希希　　　　慢吞吞

    吴语双音节形容词 AB 在吴语中也存在 AAB 和 ABB 两种重叠式,用于表示一种强化意义。其中 AAB 式多见于北部吴语,而 ABB 则主要见于温州、台州地区。傅国通（2010［2007］：33）指出,温州、台州等地方言,双音节形容词通常没有 AAB 这种重叠形式,类似例（20）上海话的例子需要以 ABB 的形式表达,如例（21）。

    （20）a. 上海话：AAB

        血血红　　　蜡蜡黄　　　粉粉碎　　　眯眯小　　　绷绷硬

　　b.　武义话：AAB（傅国通 2008［1961］：104）

　　　　阴阴凉　　　绯绯红　　　稀稀软　　　滚滚壮　　　鲜鲜甜

（21）温州话：ABB

　　　　雪白白　　　笔直直　　　铁硬硬　　　喷香香　　　稀薄薄

　　AAB 和 ABB 这两种形容词的重叠形式在汉语方言中具有一定的普遍性。不过，一些吴语还有 A-X-A 这一特殊的重叠形式。根据颜逸明（2000）记录，温州话有"A-险-A"式，而且该重叠式不限于单音节形容词，也可用于双音节形容词，构成"AB-险-AB"。郑张尚芳（2008）将该形式记作"A 显 A"，其中"显"和"险"应为同一个成分。

（22）温州话：A-险／显-A

　　　　好险好　　　　高险高　　　　　呆险呆

　　　　老实险老实　　难过险难过　　　好吃险好吃

　　根据崔山佳（2006），台州仙居话中有"A 猛 A"这一形容词重叠形式。阮咏梅（2013）也记录了温岭话"A 猛 A"和"A 显 A"两种重叠形式。

（23）温岭话（阮咏梅 2013：270）

　　　　好显好　　　　横显横_{蛮横}

　　　　宽猛宽　　　　好笑猛好笑

　　总体来看，形容词重叠可以分为在词汇层面的重叠和在句法层面的重叠。例（17）—（19）这种重叠更像是构词重叠，是一种派生手段，它们可以构成各种状态形容词，而我们列举的其他形容词重叠形式，如（20）—（23）的例子，则是一种句法操作——重叠的基式 AB 或 A 本身就是独立的形容词，并且重叠后表示特定的程度义，因此重叠后的形容词完全可以视为一种程度短语（Degree Phrases），而非形容词短语（Adjective Phrases）。

　　（三）动词重叠

　　动词重叠见于不同的句法环境中，包括"VV-补语""VV-看"和"VV-渠"等结构。动词重叠是一种句法操作，表达诸如"体""情态"等语法意义。

　　根据申屠婷婷（2021b），东阳方言的动词重叠可以用于表示完整体、持续体、短时体、重行体等。申屠所讨论的动词重叠，从形式上来看可以细分为"VV"重叠、"VV 起儿"重叠和"VV 添"重叠。

(24) 东阳话(申屠婷婷 2021)

    a. 渠每日五更饭<u>食食</u>便去上班。   (完整体)

    b. 渠自行车<u>骑骑</u>去罢。   (持续体)

    c. 你去<u>试试起儿</u>。   (尝试体)

    d. <u>寻寻添</u>都寻弗着。   (重行体)

以下我们分别讨论吴语中动词重叠表完整体、尝试体、完结体的情况。

第一,动词重叠表示完整体。虽然从整个汉语方言来看,VV 重叠表示完整体不是一种普遍的现象,不过这在南部吴语中较为常见。除了东阳,VV 重叠表示完整体意义也见于永康(袁家骅 2001)、金华和汤溪(曹志耘 1987)等地。根据傅国通(2008:34)的记录,婺州片武义话的动词重叠可以表示"动作完成"的意思,"这些例句里的'寄寄'等于'寄了','食食'等于'吃了',如例(25)。这种用法不见于温州、台州、丽水等地"。此外,据汪化云、谢冰凌(2012),杭州话里也存在动词重叠表完整体的情况。

(25) 武义话(傅国通 2008)

    a. 信<u>寄寄</u>便来(寄了信就来)

    b. 饭<u>食食</u>再去(吃了饭再去)

第二,动词重叠表示尝试体。"VV 起儿"表示尝试意义也不是东阳话所独有的,这一现象在浙中金华地区十分普遍(参见方松熹 2002:191—192)。"VV 起儿"除单用以外,该重叠形式也可以带宾语。

(26) a. 试试起儿   讲讲起儿   写写起儿

    b. 做做生意起儿   洗洗衣裳起儿   听听声音起儿

除婺州片的"起儿"外,在其他吴方言点中,动词重叠表尝试义所加的后缀差异较大,其中最常见的后缀来自各种视觉动词,如"看、望、眙、相"等。这些尝试体标记呈现一定的地理分布。初步来看,"看"普遍用于太湖片,"望"见于婺州片,"眙"见于瓯江片,"相"则相对集中见于台州片。

(27) VV-look 表尝试体

    太湖: 吃吃看│闻闻看│看看看│望望看   (富阳、上海)

    婺州/处衢: 问问望│试试望│听听望   (武义、缙云)

    瓯江: 问问眙│想想眙│听听眙   (温州、永嘉)

台州：　　　　寻寻相｜尝尝相｜算算相　　　　　（天台、临海）

第三,VV-R 重叠式动补结构。吴语里动词重叠最常见的结构是"VV-R",即重叠式动补结构。就富阳话而言,常规的动补结构为 V-R,其中补语成分 R 表示动作 V 的结果或引起的状态;VVR 则表示 V 的动作意义的实现形式为小量。例如,(28a)表示"把袋子稍微压扁一下,再拿去"。

(28) 富阳话

　　a. 两只袋压压扁,再驮去!

　　b. 我两只碗洗浪洗干净!

　　c. 夜饭吃吃好再来!

总之,动词重叠已经超出了词的边界,是一种句法手段。从动词重叠式表示的语法意义来看,通常与体有关,因此在句法上应将之分析为各类体短语(Aspect Phrases)。

（四）量词重叠

吴语量词的重叠从形式上可以区分为"量—量"重叠和"量-X-量"重叠两种形式。这两种形式均表示分配意义,相当于"每—量",不过在吴方言中发达程度不一。

从我们的观察来看,只有部分吴方言的量词可以直接重叠,构成类似普通话的"量量"结构。比如,苏州话有"个个、只只、趟趟"等重叠用法(汪平 2011:330—331)。根据郑张尚芳(2008:218),"温州话的量词也可以直接重叠,如'个个、条条、头头、张张、粒粒、间间',都有'每一'的意义。温州话更常用的是在重叠中加一'加'字来强调,说作:'个加个、条加条……'"。不限于温州话,很多吴方言的量词并不能直接重叠,它们往往需要额外的一些成分,包括后缀"相"、中缀"打""加""是"等。

富阳话的量词重叠需附缀"-相",构成"量量—相"这一形式。量词重叠式"量量相"中的量词可以是名量词,也可以是动量词。其中,名量词重叠后往往充当状语,而不直接充当主语、宾语等论元性成分,例如:

(29) 富阳话

　　a. 两本书本本相蛮好看。(这几本书本本都好看。)

　　a′. *本本相书都蛮好看。

b. 阿拉班里格学生个个相蛮用功。（我们班的学生个个都很用功。）

b′. *阿拉班里个个相学生蛮用功。

（30）富阳话

    a. 渠毛毛相迟到。（他每次迟到。）

    b. 外婆拉拜年阿拉年年相正月初二去。（外婆家拜年，我们每年正月
       初二去。）

宁波话的量词重叠使用中缀"打"，如"个打个"。该重叠形式可以表示周遍义"每个""逐一""大量"等不同意义，例如：

（31）宁波话

    a. 个打个新鲜。

    b. 打牌回打回输掉。

    c. 西瓜只打只买弗上算。

阮咏梅（2012）指出，台州片温岭话的量词重叠有"量—加—量"和"量—打—量"两种形式。

（32）温岭话（阮咏梅 2012：185）

    a. 场加场比赛都赢来爻。（每一场比赛都赢了。）

    b. 我拨搭捞题目份加份望过去。（我把这么多题目一道一道看过去。）

    c. 许鸡子要个打个叠起。（这些鸡蛋要一个一个地叠起来。）

根据崔山佳（2018）中第十一章的整理，从分布来看，"量—打—量"主要见于宁波和金华（义乌）等地，而"量—加—量"则见于温州和台州（如天台、温岭）等地（叶晨 2011）。

3.3　表达性形态

Zwicky 和 Pullum（1987）等学者认为，除了派生形态和屈折形态以外，还有与它们平行存在的第三种形态——表达性形态（expressive morphology）。董秀芳（2016）认为，汉语中的构词形态通常具有"表达性"（expressive），反映了说话人的主观评价。我们认为，吴语的表达性形态是与派生、屈折相并列的一种形态，理由有二：第一，吴语大部分的派生形态并无表达性意义；第二，部分表达性形态标记的位置（可实现为前缀）不同于构词词缀（通常实现为后缀）。

表达性形态在吴语里非常发达。本小节我们将讨论以下三类表达性形态标记：（1）前缀"阿-"；（2）后缀"-鬼/卵/胚"；（3）小称标记。

3.3.1　表达性前缀"阿-"

游汝杰（1981）曾指出，"到现代，'阿'在北方话中只是残留而已，而在某些方言，特别是吴方言中仍具有强大的生命力"。前缀"阿［aʔ］/［ʔa］-"是吴语中非常常见的前缀，它对于构造亲属名词、专有名词等各种双音节表人名词起着重要作用，如例（33）和（34）所示。

（33）阿+亲属名词（以富阳话为例）

| 阿哥 | 阿嫂 | 阿姐 | 阿爹 | 阿婆_{奶奶} |

阿哥　　　　阿嫂　　　　阿姐　　　　阿爹　　　　阿婆_{奶奶}

阿嬢_{小姑子}　　阿叔_{小叔子}　　阿舅_{小舅子}　　阿姨_{小姨子}

吴语"阿+人名"这种表达形式在表义时近似于其他方言中的重叠或者"人名+儿"等形式。具体来说，吴语的"阿娟"相当于"娟娟"或者"娟儿"，它们都带有亲昵、熟悉等意义。

（34）阿+人名

阿强　　　　　阿珍　　　　阿明　　　　阿军

上海话的"阿-"缀似乎更加发达，除具有上述所及的相关用法之外，它甚至可以用于表示鄙视或其他消极意义，例如：

（35）上海话

a. 阿大_{老大}　　阿二_{老二}　　阿末头_{老小}

b. 阿土生_{土老帽}　阿曲_{不懂事的人}　阿木林_{笨蛋}

我们认为，不同于派生性或屈折性词缀，前缀"阿-"往往不决定词的词性或其他语法特征，而表达亲近喜爱或者厌恶鄙夷等主观评价意义。因此，"阿-"可定性为是一个表达性前缀。

3.3.2　表达性后缀"-鬼/卵/胚"

派生性后缀"-子"往往只起到构词作用。但是，吴语中还有一类特殊的后缀，它们除了参与构词外，由于其自身词汇意义的影响，当其参与构词后会带有一定的贬义色彩，如"-鬼/胚/卵"等。本文我们也将之界定为"表达性后缀"。

（36）a. 杭州话：讨债鬼　　　　炮煞鬼　　　　潦荡鬼

b. 富阳话：短命鬼　　　　小气鬼　　　　饿死鬼　　　　讨债鬼

(37) a. 三门话：犯贱胚　　　　贼胚　　　　讨债胚　　　　饿唠胚

  b. 富阳话：下作胚_{混蛋}　　　潦荡胚　　　懒惰胚

后缀"-卵"有两个用法，一种用法同"-鬼、胚"，是表达性的（如 38a），而另一种用法则只是单纯的构词，表示圆卵状的个体（如 38b）。

(38) 三门话："-卵"

  a. 矮卵_{矮子}　　　光头卵_{秃子}　　老卵_{经验老到的人}　　木卵_{笨蛋}

  b. 独个卵_{一个人}　　石头卵_{鹅卵石}

3.3.3　小称标记

小称（diminuives）是汉语里最典型的表达性形态之一。小称标记表示各种小称意义，如亲昵亲近、可爱、表小等。小称标记也见于各大汉语方言，包括北方的官话和晋语，南方的闽、粤、客各方言，中部的湘、赣、吴、徽方言也普遍使用小称标记。

就吴语而言，主要是用"儿"缀作为小称标记，不过其具体的语音形式不尽相同，包括［n］、［ŋ］、［ni］、鼻化和高调等（陈忠敏 Chen 1999）。根据郑张尚芳（1980：245），"儿"缀存在以下语音变化过程：

$$
儿[\,n_{i}je\,]
\begin{cases}
n_{i}i \text{——} n_{j} \text{——} n \text{——} ŋ & (\text{鼻音——温州}) \\[4pt]
zi \text{——} z\text{ɭ}
\begin{cases}
l & (\text{边音——杭州}) \\
\text{ɭ} & (\text{卷舌元音——北京}) \\
z & (\text{浊擦音——武山})
\end{cases}
\end{cases}
$$

北部吴语中小称标记主要保留在部分词汇中，具体哪些词保留了"儿"缀在不同的方言中也不尽相同。根据徐通锵（1985），宁波话中有一部分词保留了"儿"缀，如（39）。但在富阳话中，我们只找到了三五个词而已，如（40）。

(39) 宁波（徐通锵 1985）

	本音	变音
鸭	aʔ	ɛ
猫	mɔ	mɛ
帕	pʰaʔ	pʰɛ
牌	ba	bɛ

（40）富阳话（盛益民、李旭平 2018）

筷子：	kʰuã³³⁵	筷ₗ
些：	çĩ⁵³	星些ₗ
冰凌：	u¹¹³piŋ⁵³daŋ¹¹³	胡冰铎ₗ
棠梨：	daŋ¹¹³n̪iŋ³³	棠梨ₗ
乌梢蛇：	u¹¹tsheʔ⁵¹saŋ¹¹	乌赤梢ₗ
婶婶：	mã²¹²⁻¹¹mã²¹²⁻³⁵	妈ₗ妈ₗ

这里需要特别指出的是,并不是所有的"儿"缀都是小称标记。所谓的小称标记需要表示小称意义,如亲昵、可爱等主观意义,并且它们在形式上也需要有跟常规表达的对立。例如,宁波话的"鸭"有常规的发音[ɛ],也有小称音[aʔ],前者表示普通的鸭子,后者表示小鸭之类的小称义。但是,例（40）所列的富阳话的例子并无语音或者语义上的对立,它们只是起到构词作用,也无明显的表小的意义,因此相关语素并不是小称标记。

南部吴语的小称形态比北部吴语发达,在不同方言里分别可实现为小称后缀、鼻声母、鼻化、变调。曹志耘（2002：136）将云和、缙云话中的"儿"尾称为"准小称",因为在这两种方言中"X 儿"的意义相当于"小 X",主要功能是指小,不具有明显的喜爱、亲昵、戏谑等表达性意义。

（41）云和话：小称后缀

鸡儿小鸡	tsɿ³²⁴⁻⁴⁴ɲi³²⁴
鸭儿	aʔ⁵⁰ɲi³²⁴
猫儿	mɑɔ⁴²³⁻⁴⁴ɲi³²⁴
猪儿	ti³²⁴⁻⁴⁴ɲi³²⁴

（42）汤溪话：鼻音声母

细鸡儿	sia⁵²⁻³³tɕie-iŋ²⁴
细刀儿	sia⁵²⁻³³tə-əŋ²⁴
柏儿	pa-aŋ⁵⁵
竹儿	tɕiɔ-ioŋ⁵⁵
饭勺儿	vo³⁴¹⁻¹¹ʑio-iuŋ¹¹³

（43）金华话：鼻化

梨儿	li-ĩ³¹³
兔儿	tʰu-ũ⁵⁵
刷儿	ɕyɤ-yẽ⁵⁵
盒儿	ɤ-ɤ̃¹⁴

（44）永康话：变调

阴平调：小鸡	ɕiɒ⁵⁴⁵⁻⁴² kiːə⁴⁵⁻³²⁴		小刀	ɕiɒ⁵⁴⁵⁻⁴² ʔd-tɒ⁴⁵⁻³²⁴
阳平调：小农	ɕiɒ⁵⁴⁵⁻⁴² nɒŋ³³⁻³²⁴		桃	d-tɒ³³⁻³²⁴
阴上调：鸟	ʔdiɒ⁵⁴⁵⁻⁵⁴		刷	ɕyɑ⁵⁴⁵⁻⁵⁴

　　需要特别指出的是，北部吴语杭州话的"儿"缀极为发达，但是杭州话的"儿"缀也不是小称标记，而只是一个构词词缀。因此，它也不属于表达性形态的范畴。换句话说，杭州话的"儿"缀更像富阳话的类型，而不同于宁波话的类型。

（45）杭州话

瓶儿	bin²² əl⁴⁵
花壳儿	hua³³ kʰoʔ⁵ əl²¹³
帽儿	mɔ¹³ əl⁵³
袜儿	maʔ² əl⁴⁵

　　一些研究（如徐越 2002，游汝杰 2019）主张，杭州话的"儿[əl]"缀是南宋时期汴洛官话带来的。我们认为，吴语本身就有"儿"缀，不需要专门由官话借用，例如在杭州周边的余杭、德清也普遍使用"儿[n]"起到构词作用。这些语言中的"儿"缀也不属于小称标记。

（46）余杭话（徐越 2007）

乌儿幼蚕	u⁴⁴n⁴⁴
袜儿	məʔ²n³¹
猜梦=如儿猜谜语	tsʰɛ⁴⁴moŋ²⁴zʅ⁴⁴n³²

　　综上所述，吴方言的形态主要体现为构词形态和表达性形态，而屈折形态极不发达或者说几乎没有。跟北方话"-儿、子"一统天下的格局相比，吴语构词形态的词汇来源更为丰富，但是其各自的构词能力不如北方话中"-儿、子"发达。

第四节　吴语的句法类型特征

自从格林伯格(Greenberg 1963/1966)提出45条语言共性以来,类型学研究很大一部分工作都在关注各个语法层面的语序问题。Dryer(1992)、Haspelmath(2006)等人的研究则将OV和VO语序视为探索语言类型区别更为重要的参数。目前学界普遍接受SVO语序是汉语的基本语序,但事实上OV和VO语序在汉语里往往并存(金立鑫2019)。这个概括某种程度上也适用于吴语。

金立鑫和于秀金(2012)明确提出,"普通话是一种典型的OV-VO混合语序类型"。刘丹青(2001)认为,吴语是SOV语序比普通话凸显的语言,并提出吴语"是比北京话更不典型的SVO语言",同时也是"比北京话更典型的话题优先类型"。

刘丹青(2001)指出,格林伯格(Greenberg 1963/1966)提出的45条类型学共性中,跟汉语尤其相关的主要是共性2、4、9、22和24这五条。本节将针对这五条共性,讨论吴语的句法类型特征。具体来看,我们将主要关注吴语的基本语序,并对吴语里有代表性的句法结构进行分析和探讨。

4.1　格氏语言共性·第2条

格林伯格语言共性·第2条:在使用前置词的语言中,领格定语几乎总是后置于中心名词;在使用后置词的语言中,领格定语几乎总是前置于中心名词。①

在Greenberg(1963)所测试的30种语言中,14种有后置词,其领格标记前置于中心名词,14种语言有前置词,除了挪威语以外,其他语言的领格标记后置于中心名词。该蕴含共性可以用以下方式呈现:

(47) 前置词(Preposition) ⊃ 名词—领格定语(Noun-Genitive)

后置词(Postposition) ⊃ 领格定语—名词(Genitive-Noun)

---

① 英文原文为:"In languages with prepositions, the genitive almost always follows the governing noun, while in languages with postpositions it almost always precedes."

以法语为例,法语为前置词型语言,如 *à la maison*(在家),但是其领格标记均后置,如 *une mainson de Mari*(玛丽的一间屋子)。然而,英语在介词语序上跟法语基本一致,也是属于前置词型语言,但它的领格定语通常为前置的情况,也有可后置的情况,分别如 *John's mother* 和 *the cover of a book*。因此,英语通常被认为是兼有 Gen-N、N-Gen 两种语序的语言,并且两者没有哪一个具有绝对优势。

若以吴语的表现来检验这条共性,我们会发现,吴语兼有前置词和后置词,但是其领格定语只前置于核心名词。

我们先来看吴语涉及介词(即前置词和后置词)的语序特点。刘丹青(2003)认为,吴语虽然既有前置词又有后置词,但是其后置词比前置词更加凸显。普通话的后置词往往需要跟前置词一起配合使用,但是吴语的后置词往往可以脱离前置词独立使用,例如:

(48) a. 上海话:冬冬刚刚<u>学堂里向</u>转来。

     b. 宁波话:老师<u>黑板上</u>写字。

     c. 绍兴话:我<u>屋里</u>吃饭,伊<u>单位里</u>吃饭。

钱乃荣(2014a)指出,根据 19 世纪传教士文献的记录,上海话曾拥有一个发达的后置词系统,现在的上海话正在经历从后置词系统向前置词系统的转化。例如(49)中的后置词"拉"是一个处所标记,后置词"介"则用于标记路径。

(49) a. 侬<u>老张拉</u>去过伐?

     b. 到城隍庙侬好蹲<u>小路介</u>走,勿要抄<u>远路介</u>去。

钱乃荣(2014a)还提供了后置连词的相关例证来证明上海话曾是典型的核心居后语序(后置词、OV 语序),如表示因果的"唠",表示假设的"么"和"是"等。

(50) a. 我今朝生病<u>唠</u>请假。

     b. 天好<u>么</u>,就照格能做。

     c. 昨日勿落雨<u>是</u>,辫点生活老早做脱了。

再来看领属结构。一般而言,汉语没有专职的领属标记,往往使用结构助词,如普通话用"的"来引导各种修饰语,包括领属成分。这里需要特别指出的是,并不是所有的吴方言都有领属标记。因此,依据领属标记的有无,我们可以将吴语分成两类。

对于有领属标记的语言来说,其领属结构可以表示为"领有者—领属标记—被领有者"。很多南方汉语方言普遍使用 K 系领属标记,其语音形式可以为 [gəʔ]、[geʔ]、[keʔ]等,常用"嫯""格"和"个"等记字来表示。

(51) 海门话(王洪钟 2011：99)

    a. 脱以前比,<u>伊个[gəʔ²]</u>胆子聊些大点特。跟以前比,他的胆子稍微大一点儿了。

    b. <u>小官头子个[gəʔ²]</u>作业逐特赶多特。小孩子的作业越来越多了。

很多吴方言使用零标记形式即∅gen来构成领属短语。比如富阳话就是一种没有领属标记的语言。普通话中常见的"我的书""我的妈妈"等领属短语在富阳话中均不成立,如" ＊我格书"" ＊我格姆妈"。对于亲属名词,富阳话直接使用"并置"(juxtaposition)来表达,如"阿拉姆妈""娜兄弟"。对于普通名词来说,富阳话也使用并置,但是中心名词往往需要使用量词来体现单复数,例如：

(52) 富阳话

    a. 阿拉姆妈　　　　俉阿婆

    b. 我本书　　　　　尔部手机

刘丹青(2013)将类似例(52b)居中的量词分析为"兼用"领属标记,如广州话、苏州话的"张先生只工具箱"中的"只"。我们认为,基于"联系项居中原则"所确定的联系项,其本身未必是一个专职的语法标记。以这组例子为例,一些吴方言中领有者和中心名词之间出现量词很有可能是由于其他独立原因。在这些吴方言中,普通名词不能直接表示个体指,"量—名"才是表示个体指的最小单位,甚至领有者和被领有者都可以以"量—名"形式出现,如例(53)所示。

(53) a. [部脚踏车][只轮胎]

    b. [扇大门上][管锁]要换喋。

然而,无论吴语采用何种不同的手段来编码领属意义,其语序都是领格定语前置于中心名词(即 Gen-N)。如果将法语、英语和吴语进行对比,我们会发现,"一个语言是否使用前置词"并不能很好地预测该语言的领属结构语序。

表 2 - 11　介词语序与领属结构语序

语言/方言	介词语序	领属结构语序
法　语	Prep(前置词)	N-Gen(名词—领格定语)
英　语	Prep(前置词)	N-Gen/Gen-N (名词—领格定语/领格定语—名词)
吴　语	Prep/Post(前置词/后置词)	Gen-N(领格定语—名词)

4.2　格氏语言共性·第 4 条

格林伯格语言共性·第 4 条：具有 SOV 为常规语序的语言,它以压倒性的概率为后置词语言。[①]

基于这一共性表述,我们也可得到与上文类似的蕴含共性表达式,即:

(54) 主—宾—动(SOV) ⊃ 后置词(postposition)[②]

Li 和 Thompson(1976)指出,汉语是一种话题凸显的语言,其主语往往实现为句子的话题。刘丹青(2001)认为,吴语是比普通话更加典型的话题凸显语言,其中 OV 语序被允准使用的语境要比普通话更为丰富。虽然吴语兼有 SVO 和 SOV 语序,但是这两种语序在北部吴语和南部吴语的地位并不完全一样,南部吴语的 SOV 语序比北部吴语更为强势。

根据刘丹青(2001),在上海话中,静态句的基本语序是 SVO,包括惯常句和嵌套子句,但是在别的语境中受事宾语往往会实现为(次)话题,由此导致两种非常规语序 STV 或 TSV(此处 T 表示话题 topic)。

(55) 上海话(刘丹青 2001)

　　a. 伊天天<u>看书</u>,天天<u>写文章</u>。

　　b. <u>吃红烧肉</u>老王顶欢喜。

[①] 英文原文为:"With overwhelmingly greater than chance frequency, languages with normal SOV order are postpositional."

[②] 需要说明的是,这条蕴含共性是一种出现频率上的倾向性,它实际是存在例外的。在 Greenberg(1963/1966)正文所采用的 30 种语言样本中,以 SVO 为基本语序的 11 种语言都是后置词型语言,但在文章附录中,Greenberg 标明了包括波兰语、泰语在内的 5 种 SOV 语言采用前置词语序。

c. 辣_这个买电视机个的人是我个的亲眷。

（56）上海话（刘丹青 2001）

a. 侬台子揩揩。

b. 我伊个情况晓得辣海了。

c. 伊生活辣辣做了。

李旭平（2018a）从富阳话的相关事实出发，指出在事件句（episodic sentences）中，富阳话的光杆名词通常不能直接作宾语，需要使用"量名"形式才能表示个体指示。其中一种允许出现光杆宾语的情形是它们出现在 VO 语序中表示无指，是一种"宾语融合"（object incorporation）现象，如（57）。我们认为，类似例（55）上海话中静态句的 VO 现象，均可以视为是宾语融合。

（57）富阳话

a. 渠早饭只欢喜吃面。

b. 我早五更吃了＊（碗/丢）面。

此外，吴语中事件句相应的否定、疑问形式也普遍要求宾语强制前置于谓语动词（刘丹青 2001，丁健 2014，盛益民、李旭平 2018 等）。例如：

（58）富阳话

a. 你夜饭吃无？

b. 我作业还无写好。

刘丹青（2001）还提出，OV 语序在浙江的沿海吴语比内陆吴语中更为发达，话题位置对话题性的语用限制更为宽松，受事充当话题（特别是次话题）的概率更大，这体现了 TV 结构的进一步句法化和泛化。就我们所观察了解的现象来看，这些 OV 语序发达的方言中，最突出的特征是前置宾语可以是无定短语，这意味着吴语中的前置宾语并不能统一处理为话题，因为这明显违反了话题成分"有定性"的要求。例如（例句来自钱乃荣 2011）：

（59）a. 上海：我一只床搬脱了。

b. 宁波：房间里头啦一盏灯点该。

近年来有不少研究指出，在吴语中，主语 S 与动词 V 之间的位置可以进一步区分为"话题"和"前置宾语"。

丁健（2017）指出路桥话中动前无定受事存在两种类型——"名词+无定数

量短语"和"无定数量短语+名词"。前者是由于无定受事被拆分为两个部分:"光杆名词"占据次话题位置,"数量短语"占据前置宾语位置,两者之间没有语法关系。后者是修饰语与核心名词的关系,整体占据动前宾语位置,分别如(60a—b)所示:

(60) 路桥话(丁健 2017)

    a. 其苹果两只喫爻。

    b. 其两只苹果喫爻。

盛益民和陶寰(2019)提出可以基于饰谓副词来测试和区分前置成分的性质——主谓之间可以插入副词,即 S-Adv-V;不过副词前后都可以容纳一个名词性成分,即 S-O$_1$-Adv-O$_2$-V,其中副词前的 O$_1$ 应被分析为次话题,副词后的 O$_2$ 则为前置宾语,如例(61)所示。因此,我们可以得到吴语中小句完整的基本语序为 STOV,OV 语序可能实现为 SOV 或 STV。

(61) a. 台州话: 我衣裳已经三件缝好爻。我已经缝好了三件衣服。(丁健 2017)

    b. 绍兴话: 伽苹果都皮弗刨嗰。苹果他们都不削皮。(盛益民、陶寰 2019)

吴语小句兼有 SOV 和 SVO 两种基本语序,这与吴语兼有前置词和后置词的介词语序特点是相和谐的。

4.3　格氏语言共性·第9条

格氏语言共性·第9条:当疑问助词或词缀作用于整个句子时,以远高于偶然的频率显示:当该成分位于句首时,该语言是前置词语言;当该成分位于句末时,则该语言是后置词语言。[①]

这条共性可写为如下形式:

(62) 疑问助词/词缀位于句首(Q-S) ⊃ 前置词(preposition)

    疑问助词/词缀位于句末(S-Q) ⊃ 后置词(postposition)

吴语是非问句的构成形式有三种类型:(1) VP+Neg+VP;(2) K+VP(K 指疑问副词,如"可、阿"等);(3) VP+Part(Part 指疑问语气词)(参见袁毓林 1993/

---

① 英文原文为:"With well more than chance frequency, when question particles or affixes are specified in position by reference to the sentence as a whole, if initial, such elements are found in prepositional languages, and, if final, in postpositional."

2013等）。使用"VP+Neg+VP"和"K+VP"策略的语言不适用于验证该共性，因为它们所使用的标记不涉及全句，也不处于句首或者句末的位置。对于使用疑问语气词表是非问的语言（如普通话）来说，疑问语气词置于句末实际上反映后置词型语言的特征。

吴语表示疑问的句末语气词源自否定词，根据其语音形式大致可以分为两类，记作V类和M类。其中，V类来自"勿/弗"类否定词（"勿/弗"分别表示以清浊声母开头的两类否定标记）；M类一般来自"没/未"类否定词，如"无""没有"或者"未"等。① 粗略来看，这两类语气词大致呈现以下分布格局：V类语气词多用于非完成体，而M类则主要用于完成体。

表 2-12　吴语中的否定词与是非问句形式

方言点	否定词		是非问	
	动词	副词	完成体（已然）	非完成体（未然）
富阳	mi⁼ 无有	勿	VP+无	VP+勿+VP
上海新派	呒没	呒没	VP+伐	VP+伐
温州	冇	未/弗	冇+VP+（也）冇	VP+（罢）未/（也）伐

V类语气词常记作"哦/伐勿"或"否/弗"，其语音形式可以是浊声母v或清声母f。从地理分布来看，浊声母的［vaʔ］主要见于上海、宁波等地的方言，而清声母［faʔ］或［fu］见于毗陵小片、瓯江片（游汝杰 2018：218）。这里要指出的是，瓯江片的是非问句，除使用句末语气词以外，还额外需要语助词"也［ia］"。

（63）a. 上海话：侬羊肉要吃哦？

　　　b. 常州话：你吃酒伐？

　　　c. 温州话：你江蟹吃也否？

如果将V类语气词用于完成体的是非问句，那么吴语中往往会使用时间副

---

① 需要注意的是，出现在句末的否定词是否完全虚化为疑问语气词，可以基于其所附接的小句进行判断。例如可以测试该句末成分能否出现附接在否定句之后。温州话的"伐"只能后接于肯定句，而不存在"＊你弗走也伐？（你不去吗？）"类似的表达，这表明"伐"不同于普通话的"吗"，尚未完全虚化为一个语气词，仍带有否定意义。

词"曾[zeŋ]",构成"勘[veŋ/feŋ/fən]"等句末标记,或者借助完整体标记"勒[ləʔ]"。①

(64) a. 衢州话:渠来勘葛? 渠勘去。(游汝杰2018:221)

　　 b. 崇明话:你去勒勿? 无银去。

M系疑问语气词包括否定词"未""无有"等形式,它们也可以出现在句末构成VP-Neg疑问句。

(65) a. 乐清话:渠走来罢也未? 未走来。(游汝杰2018:222)

　　 b. 平阳话:天暗罢未喔? 还未。

存在否定词"没有"除了出现在句末,也可以构成"VP-Neg-VP"正反问句,其中否定词否定第二个VP,如天台话、临海话的相关例子所示。

(66) a. 天台话:你去勒呒去? 呒去。

　　 b. 临海话:尔有讲勒呒有? 呒有讲。

在闽语中"VP+Neg"和"VP+Neg+VP"两种形式在共时平面上均可见,但"VP+Neg+VP"的使用受到更多限制。Yue(1991)指出,"VP+Neg"是闽语中相对更为古老的形式(原文称为"标准闽南话层次"),而"VP+Neg+VP"则是受北方话影响而产生的。游汝杰(2018)也指出,吴语中"VP+Neg"的形式比"VP+Neg+VP"更为古老,后者进入吴语的时间至少可以推至宋代。

关于是非问句,还值得说明的是,是非问句在经历体/完成体上的分化,其形式结构并不总是完全平行的。如上表2-12所示,富阳话中不存在由一般否定词"勿"构成的句末语气词,而是使用"VP+勿+VP"的策略来编码存在完成/经历体的是非问句;但是当句子为完整体的时候,则使用"VP+Neg"的形式,即"VP+无[m]"。例如:

(67) 富阳话

　　 a. 个鸡蛋将刚敲勿敲破? (这鸡蛋刚刚有没有敲破?)

　　 b. 尔上日子读书去勿去? (你昨天有没有去上学?)

　　 c. 尔医生看过无? (你看过医生了吗?)

---

① 根据张惠英(1998:167),"勘[fən]"是"弗曾[fəʔdzən]"的合音,有时也说成"弗宁[fəʔn̪in]"或者"勘宁[fən-n̪in]",两者均为"弗曾"的连读音变。

对于采用句末语气词(/否定词)策略来编码是非问的吴方言来说,这与后置词语序相和谐。不同于普通话,吴语句末语气词的语法化程度并不高,具体体现为它们对"时体"这一语义参数敏感,或是分化出不同的句末语气词,或是只有其中一类是非问句才使用句末语气词。

4.4　格氏语言共性·第22条

格林伯格语言共性·第22条:当差比句的唯一语序或语序之一为"基准—比较标记—形容词"时,该语言为后置词语言;如果唯一语序为"形容词—比较标记—基准"时,大于偶然性的绝对优势可能是该语言为前置词语言。[①]

曹茜蕾和贝罗贝(2015)提出,汉语有两种常见的差比结构(CM=比较标记,NP_A=比较对象,NP_B=比较基准):

　　(i)"比"型:$NP_A - CM - NP_B - VP$　(如普通话"他比我高")

　　(ii)"过"型:$NP_A - VERB - CM - NP_B$　(如粤语"他高过我")

普通话的比较结构常用"比"型,即"比较标记—比较基准—形容词",该语序不见于共性第22条,但该语序被认为与OV语序相关联(Dryer 1991:91),即"比"型结构与普通话的VO语序并不相和谐。曹茜蕾和贝罗贝(2015)指出,很多汉语方言不使用"比"型结构,而使用"过"型结构,它与SVO语言的语序更加和谐(同见Stassen 1985)。

根据傅国通(2008:177—178)对南部吴语武义话比较句的描写,武义话有8种常规的(肯定)差比句。

(68)　武义话

　　a. 类型1:娘比爷健。｜大姐比小姐会做些。　　　　(比字句)

　　b. 类型2:小兰阿个学期比上个学期考得好。　　　　(比字句)

　　c. 类型3:丹丹矮,兰兰长。　　　　　　　　　　　(并列结构)

　　d. 类型4:宁波伙绍兴比,宁波大两三倍。　　　　　(并列结构)

[①] 英文原文为"If in comparisons of superiority the only order, or one of the alternative orders, is standard-marker-adjective, then the language is postpositional. With overwhelmingly more than chance frequency if the only order is adjective-marker-standard, the language is prepositional."

e. 类型5：汽车伙火车，火车快。 （并列结构）

f. 类型6：小姑还大姑好。｜ 金华还义乌兴_{热闹}。 （话题结构）

g. 类型7：日子一年比一年好过。 （比字句）

h. 类型8：日子一年好一年。｜ 洋房一退高一退。_{大楼一幢比一幢高。}（过字句）

我们可以将上述8种差比句重新归置为四类：（i）"比"字句（类型1、2、7），（ii）并列结构（类型3、4、5），（iii）话题结构（类型6），（iv）准"过"字句（类型8）。本节我们将主要讨论"比"字句和（准）"过"字句的情况。在武义话中"比"字句远比"过"字句发达。类似（68h）这类的例子只局限于特定结构，且并不出现比较标记"过"。

结合其他吴方言来看，"比"字句和话题结构是吴语中最为常见的两种形式，绝大部分吴方言通常没有"过"字句。例如，富阳话的差比句通常会使用"比"字句，尽管我们并不能排除"比"型结构可能是受官话影响而造成的，但可以肯定的是，富阳话没有"过"型的说法。

（69）富阳话

　　a. ＊我长过你。

　　b. ＊我胆子小过渠。

（70）富阳话

　　a. 我比你还长。

　　b. 我胆子比渠还小。

据我们目前掌握的材料看，在温州话、温岭话里存在"过"字型比较句，其比较标记分别使用"是"和"如"表示（郑张尚芳2002，见于陈玉洁、吴越2019；阮咏梅2012）。根据阮咏梅（2012：231）的描述，温岭话"如"字句只用于单音节形容词。

（71）温州话（郑张尚芳2002）

　　a. 牛大是猪。_{牛比猪大。}

　　b. 你好是渠。_{你比他好。}

（72）温岭话（阮咏梅2012）

　　a. 渠里格小囡长如大囡。_{她家的小女儿比大女儿高。}

　　b. 我嘈格_{怎么}腾差如尔啊？_{我难道比你差吗？}

吴语中更为原生的比较结构应是话题结构，即"NP_A-还是-NP_B-形容词"，其中 NP_A 为比较基准，NP_B 为比较对象。在该结构中，NP_A 是一个被话题化的成分，句子的主语为 NP_B。李蓝（2003）提到在武义、天台等地也有类似的差比句。阮咏梅（2012）提到温岭话的"还是"可以省略为"还"或者"是"。

(73) a. 天台话：小王是小李高。小李比小王高。

　　　b. 富阳话：上日子，还是今朝暖热。今天比昨天热。

　　　c. 温岭话：剪刀还是小刀好用。小刀比剪刀好用。（阮咏梅 2012：228—229）

　　　　　　　天娘来还是基日来好。今天来比明天来好。

话题比较结构也见于宁波话。在早期的传教士文献中也有相关记录（林素娥、郑幸 2014：21）。

(74) a. 别家还是其好。（《宁波土话初学》1868：24）

　　　b. 昨日还是吉密热。（《宁波方言便览》1910：9）

综合来看，吴语普遍没有"过"字型比较结构，只有"比"字句或者话题型比较结构（OV 语序）。因此，从这一点上来看，吴语更符合后置词型语言的表现。

4.5　格氏语言共性·第 24 条

格林伯格语言共性·第 24 条：如果关系从句前置于名词是该结构的唯一表达方式或可选表达方式之一，那么这种语言是后置词型语言，或者形容词定语前置于名词，或者两者都是。[①]

该共性可以简化表述为：

(75) a. 关系从句—名词（RC-N）⊃ 后置词（Postpositon）

　　　b. 关系从句—名词（RC-N）⊃ 形容词—名词（Adj-N）

"关系从句—名词"是吴语里唯一合法的语序。如果主张吴语是后置词型语言，那么可以认为吴语的表现基本能够验证这一共性。此外，除关系从句外，吴语的形容词定语，甚至所有的名词修饰语都需要前置于名词。以上海话为例：

(76) 关系从句—名词（钱乃荣 2011）

---

① 英文原文为"If the relative expression precedes the noun either as the only construction or as an alternate construction, either the language is postpositional, or the adjective precedes the noun or both."

a. 倪白相过啦有名声个地方当中,今朝日中性里到过拉个座山上个景致,顶好者。

b. 伊打工来养活自家个想法产生了。

(77) a. 形容词—名词(钱乃荣 2011)

我看中侬个全新个设计。

b. 处所成分—名词

天空个颜色慢慢变了。

4.6 吴语的句法类型特点

格林伯格所提出的语言共性不少都属于蕴含共性(implicational universals)。上文所呈现的与汉语密切相关的五条共性,主要涉及各类语序参项与介词语序类型的蕴含共性。用金立鑫和于秀金(2012:24)的话说,"前/后置词是类型学家们测量 OV 还是 VO 语序的最重要参项。因为前/后置词与 OV 或 VO 之间存在几乎是双向蕴含的充要条件关系"。

基于上述五条规则在吴语的验证,我们基本可以得到吴语的语言类型与后置词型语序更为和谐(见下表)。

表 2 - 13　吴语的语序类型与格林伯格语言共性

格林伯格蕴含共性	吴语的语序类型
第 2 条:Preposition ⊃ N-Gen;Postposition ⊃ Gen-N	Gen-N
第 4 条:SVO ⊃ Postposition	SVO
第 9 条:Q-S ⊃ Preposition;S-Q ⊃ Postposition	S-Q
第 22 条:Adj-Marker-Standard ⊃ Preposition;Standard-Marker-Adj ⊃ Postposition	/
第 24 条:Rel-N ⊃ Postposition & Rel-N ⊃ Adj-N	Rel-N & Adj-N

上文 4.1 至 4.5 节讨论格林伯格的语言共性对我们揭示吴语的句法性质,尤其是语序特点,起到了很大作用。当然,从这五条共性所推知的吴语相关语法特征只是吴语语法面貌的冰山一角。

第五节　吴语的内部语法差异

吴语自身拥有许多特有的语法结构,如强调式人称代词、定指量词,这些在其他汉语方言中较为少见。第二章提到长江线的过渡方言具有创新性(岩田礼 2009),本节讨论的这些语法现象一定程度上可视为吴语的语法创新。此外,吴语与其他方言在不少语法范畴上也存在明显的差异,如光杆名词的语义、指示词的构成形式、后置副词等,同时,这些范畴在吴语中也呈现出一定的内部差异。

5.1　强调式人称代词

绝大多数汉语方言中,三身代词除了单复数的区分以外,通常不编码"性""格"等其他的语法特征,因此一个方言使用一套代词"形式"(paradigm)是常态。不过,很多吴语和徽语中的三身代词不止一套,它们可以区分为简单式和复杂式两种构成形式。

根据李旭平(Li 2015),吴语富阳话有三套人称代词形式,其中第二套和第三套是在第一套的基础上通过附缀加上前缀[zəʔ]或[ɦəʔ]构成了复杂人称代词。

表 2-14　富阳话的三身代词及其强调式

	简单式		复杂式 I		复杂式 II	
	单数	复数	单数	复数	单数	复数
第一人称	ŋɤ¹³	a-la¹³	zəʔ¹-ŋɤ¹³		ɦəʔ-ŋɤ¹³	
第二人称	ŋ¹³	ŋa¹³	zəʔ¹-ŋ¹³	zəʔ¹-ŋa¹³	ɦəʔ-ŋ¹³	ɦəʔ-ŋa¹³
第三人称	ɦi¹³	ɦia¹³	zəʔ¹-ɦi¹³	zəʔ¹-ɦia¹³	ɦəʔ-ɦi¹³	ɦəʔ-ɦia¹³

复杂式人称代词也被称为"强调式人称代词"。李旭平(Li 2015)首次将其理解为印欧语中的"emphatic pronouns"(Siewierska 2004:67)。它们通常指一

个语言系统里一套有标记的人称代词,往往具有话语凸显性,表示对比焦点或强化(intensification)等语用功能。

例(78a)中富阳话的强调式人称代词<是我>分别出现在话题和主语的位置。联系上下文语境,它往往出现在典型的话题转移(topic shifting)语境,前文很可能是在讨论别人,而此处忽然转到"我"。因此,它表达一种对比意义。同理,例(78b)不能出现在"自言自语"的语境,只能用于对比语境,比如"我下午上街去,你待在家里"。(注:< >表示两个语素构成一个词。)

(78) a. <是我>哦,<是我>小时光蹲勒富阳。　　　(富阳话)

　　　b. <是我>晚半日街浪上去。我下午上街去。

陈忠敏(1996)指出,很多北部吴语有"是我"这类复杂代词形式,它的使用范围至少包括绍兴、湖州和上海等地区。吴语中强调式人称代词的前缀除了"是-"(钱曾怡 1983,陈忠敏 1996,Li 2015),还有"像-"(史濛辉 2016)和"丐-"(游汝杰 1988,郑张尚芳 2008)等,如表 2-15 所示。此外,绍兴和临平等地还有"让-"作代词前缀的情况(盛益民、吴越 2022)。

表 2-15　吴语的强调式人称代词

前缀	代表方言点	第一人称	第二人称	第三人称
是-	嵊州长乐	zəʔ-ŋo	zəʔ-ŋ	zəʔ-i
	富阳	zeʔ-βu	zeʔ-noŋ	zeʔ-ɦi
	绍兴	zeʔ-ŋo	zeʔ-noʔ	zeʔ-ɦii
像-	象山	ʑiaŋ²ŋo²	ʑiaŋ²ŋ²	ʑiaŋ²dʑieʔ²
	苏州	ʑiã̃³¹⁻²⁴n̩i³¹⁻²¹		
丐-	温州瑞安	kʰɔ⁷ŋ⁴	kʰɔ⁷n̩i⁴	kʰɔ⁷gi²

上述三种强调式人称代词有明显的地理分布差异。大致来看,强调式人称代词"是-pron"在吴语区主要分布于太湖片的苏沪嘉、苕溪和临绍小片等地,以及南部吴语的义乌、松阳等地;"丐-pron"分布在瓯江片;"像-pron"则零星分布在

象山、定海和苏州等地。

虽然这些强调式人称代词的前缀不同,但是它们在句法分布上有着很大的共性。它们通常出现在主语或者句子的左缘结构(如话题或焦点),而往往不出现在动后宾语的位置。(注:用下标F表示焦点成分。)

(79) a. 伊噶讲:"伊欢喜你/＊<是你>。" (富阳话)

　　　b. 伊噶讲:"伊欢喜你F/<是你>F。"

(80) a. 渠/<像渠>打电话搭我做些? (象山话)

　　　b. 渠打电话搭我/＊<像我>做些?

(81) a. 你/<丐你>勤理渠。 (瑞安话)

　　　b. 你勤理渠/＊<丐渠>。

(82) a. <是我>哦,<是我>小时光蹲在勒富阳。(富阳话)

　　　b. 问:渠明朝来伐?　　答:<像渠>是肯定弗来格。 (象山话)

　　　c. 问:渠侬呢?　　答:<丐渠>走归家爻罢。他回家了。(瑞安话)

李旭平和孙晓雪(待刊)认为,这三类强调式人称代词经历了从语用成分到代词前缀的语法化过程,其中前缀"是"来自焦点成分,"像"来自话题成分,而"丐"则直接来自因果连词。

李旭平(Li 2015)提出,强调式人称代词"是-pron"是从焦点句,更准确地说,从光杆"是"字句发展而来。如(83)所示,光杆"是"字句的焦点标记"是"可以有窄焦点的解读(83a)或者宽焦点的解读(83b),其中前者应该是强调式人称代词的直接来源。

(83) a. 是[我]F今日莫逃得此难。

　　　It is me who cannot escape the disaster.

　　　b. 是[我今日莫逃得此难]F。

　　　It is the case that I cannot escape the disaster.

强调式人称代词"像-pron"则是从话题化成分重新分析而来。例如,象山话中"像阿拉"只能作话题成分,不能做主语。

(84) a. 像阿拉因嘛,还勒杭州读书。

　　　b. ???/＊渠拉话他们说,像渠拉因还勒杭州读书。

盛益民和吴越(2020)指出,温州话的强调式人称代词,如"丐我",是从兼语句中的致使动词(允让动词)重新分析而来。

(85) a. 张三干不好,[丐让][我]干。(盛益民、吴越 2020)

　　 b. 张三干不好,[<丐我>]干。

李旭平和孙晓雪(待刊)则认为,温州话的强调式人称代词是从"致使连词"(causative complementizer, Chappell 和 peyraube 2006)重新分析而来,其中的"丐"相当于"以至于"。

(86) 倈学生读书读弗起,丐渠倈老师愁显愁。这些学生书读不好,以至于老师们很发愁。(温州瑞安话)

5.2　定指量词

汉语是典型的"非冠词型语言"(articleless languages),汉语中没有不定冠词或定冠词。汉语普通话的光杆名词可以依据语序或语境信息解读为有定或无定(赵元任 1968,Li 和 Thompson 1976)。但是,这不是汉语有定性表现的全部面貌。包括吴语在内的很多南方汉语方言中,当量词出现在"量名"结构中可以起到表示有定性特征的作用。该现象可以称之为"定指量词"。

5.2.1　定指量词的句法分布

汉语是一种量词型语言,其数词必须有量词的陪伴出现在各种语境中,但是量词可以脱离数词直接构成一个句法成分。例如,光杆"量名"结构就显示量词可以脱离数词直接使用。但是量词出现在"量名"结构时,它的分布和功能体现出很大的差异。

刘丹青(2001)提出,普通话是一种指示词凸显的语言,而吴语是一种量词凸显的语言。吴语的量词承担比普通话更多的句法功能。其中吴语量词最突出的功能就是量名短语表示定指。

(87) a. 普通话:(*个)老板买了辆汽车。

　　 b. 富阳话:个老板买了部车子。老板买了一辆车。

　　 c. 东阳话:本书好看猛。这本书很好看。

根据我们前期的考察,吴方言允许定指量词是一种较为普遍的现象,不过具体方言点的分布似乎没有明显的规律,如表 2-16 所示。

表 2-16　吴语定指量词的分布情况

方言片	小　　片	有定指量词	无定指量词
太湖片	毗陵小片		常州
	苏沪嘉小片	上海、苏州、海盐	
	苕溪小片	余杭	
	杭州小片		杭州
	临绍小片	富阳、绍兴	
	甬江小片		宁波、象山
台州片		温岭、椒江、临海	三门
婺州片		义乌、东阳、永康	
瓯江片		鹿城、瑞安	永嘉、文成
处衢片			庆元、丽水

根据 Li 和 Bisang(2012),定指量词的句法分布以动词为界,动前的量名短语为有定,动后的量名短语多为无定。该规则在很多吴方言得到了验证,包括富阳话、东阳话、温州话等。

话题	主语	处置宾语	**VERB**	宾语
			▲	
有定	有定	有定		无定

东阳话中的光杆量词在主语位置得到有定的解读,在宾语位置默认得到无定的解读,除非量词重读(李旭平、申屠婷婷 2020)。当量词不重读时,量名短语必须强制前置于动词前,才能得到有定解读。

(88) a. <u>把剪刀</u>快猛。这把剪刀很锋利。

b. <u>碗饭</u>满猛。这碗饭很满。

c. <u>群学生</u>昨日来过罢。这群学生昨天来过了。

(89) a. <u>本书</u>你望完未?这本书你看完了吗?

b. 你<u>本书</u>望完未?你这本书看完了吗?

    c. ＊<u>你望完本书</u>未?＊你看完这本书了吗?

（90）a. <u>件衣服</u>我正洗过。这件衣服我正在洗。

    b. 我<u>件衣裳</u>正洗过。我这件衣服正在洗。

    c. ＊我正洗过<u>件衣裳</u>。＊我正在洗这件衣服。

通过重读形式分化宾语位置的有定和无定量名的情况,除了东阳话以外,也见于上海话(潘悟云、陶寰 1999)、诸暨话(魏业群、崔山佳 2016)等。仍以东阳话为例,例(91)中宾语位置的"量名"默认得到无定的解读,如果在该位置要得到有定解读的话,我们需要将量词重读。

（91）a. 我想要<u>张纸</u>。我想要张纸。或我想要这张纸。

    b. 渠来借<u>床被</u>。渠来借床被。或渠来借这床被。

    c. 我来驮<u>本书</u>。我来拿本书。或我来拿这本书。

Wu 和 Bodomo(2009)提出粤语量词的指称功能跟语用信息密切相关。Li 和 Bisang（2012）认为,量名短语的有定和无定跟句法位置密切相关,背后的动因是以动前的位置(如话题、主语、次话题)跟话题性相关,往往会预设熟悉性(familirity)或已知性(givenness),而动后的位置则关联焦点或新信息(Chafe 1987,Lambrecht 1994)。因此,Li 和 Bisang(2012)的相关研究事实上进一步细化了 Wu 和 Bodomo(2009)提出的语用条件的具体实现条件。

5.2.2　两类定指量词

潘悟云(1999:249)指出,上海话表示定指的量词有两种情况,一种是省去了近指词"个"的量词,它既表示定指,又表示距离指示;另一种指示仅表定指,没有距离意义。

（92）a. 本$^{53-55}$书好,哀本勿灵。

    b. 拿本$^{53-33}$书卖脱!

他还提到,这两种情况的变调方式不同,前一种结构里量词的声调与指量短语中的量词声调相同,后一种结构里量词声调中性化,重音在名词上。如例(93)和(94)所示:

（93）本书　　$p\partial\eta^{53-55}s\text{ʅ}^{53}$　　　　个本书　　$g\partial\text{ʔ}^{13-11}p\partial\eta^{53-55}s\text{ʅ}^{53}$

    块田　　$k^{h}ue^{35-55}di^{13}$　　　　个块田　　$g\partial\text{ʔ}^{13-11}k^{h}ue^{35-55}di^{13}$

    部车　　$bu^{13-55}ts^{h}o^{53}$　　　　格部车　　$g\partial\text{ʔ}^{13-11}bu^{13-55}ts^{h}o^{53}$

只鸡　　tsaʔ⁵⁵⁻⁵⁵ tɕi⁵³　　　　个只鸡　　gəʔ¹³⁻¹¹ tsaʔ⁵⁵⁻⁵⁵ tɕi⁵³

两个字　liã¹³⁻⁵⁵ gəʔ¹³⁻³¹ zɹ̩¹³　　个两个字　gəʔ¹³⁻¹¹ liã¹³⁻⁵⁵ gəʔ¹³⁻³¹ zɹ̩¹³

(94) 本书　　pəŋ⁵³⁻³³ sɹ̩⁵³

块田　　kʰue³⁵⁻³³ di¹³

部车　　bu¹³⁻¹¹ tsʰo⁵³

只鸡　　tsaʔ⁵⁵⁻³³ tɕi⁵³

两个字　liã¹³⁻³³ gəʔ¹³⁻³¹ zɹ̩¹³

除了上海话以外,绍兴话和温州话也使用变调机制来区分定指量名的这两种解读。① 在绍兴话里,带有距离意义的量名短语,其量词的声调与指示词的声调一致,即 55 调,而无距离意义的定指量词则统一读作 33 调。

(95) 准指示词型量词变调

支 tsɹ̩⁵³⁻⁵⁵ 笔　　瓶 biŋ³¹⁻⁵⁵ 老酒　　本 peŋ³³⁵⁻⁵⁵ 书　　道 dɔ¹¹³⁻⁵⁵ 题目

块 kʰue³³⁻⁵⁵ 肥皂　面 mie¹¹⁻⁵⁵ 旗　　笔 pieʔ⁴⁵⁻⁵⁵ 债　　盝 loʔ¹²⁻⁵⁵ 月饼

(96) 准定冠词型量词变调

支 tsɹ̩⁵³⁻³³ 笔　　瓶 biŋ³¹⁻³³ 老酒　　本 peŋ³³⁵⁻³³ 书　　道 dɔ¹¹³⁻³³ 题目

块 kʰue³³⁻³³ 肥皂　面 mie¹¹⁻³³ 旗　　笔 pieʔ⁴⁵⁻³³ 债　　盝 loʔ¹²⁻³³ 月饼_{那盒月饼}

盛益民等(2016)将上述两类定指量词区分为"准指示词型"和"准定冠词型"定指量词。前者包含距离信息,可以用于对举等语境,而后者单纯地表示定指。

(97) a. 间⁵⁵屋 / *间³³屋是俚个,亨间屋是俚阿弟拉个。

　　This house is theirs, and that house is their brother's.

b. 些⁵⁵小白菜 / *些³³小白菜诺驮得去,亨些胶菜诺拨我剩咚。

　　You take away these pakchoi and you leave those cabbages for me.

5.3　指示系统

5.3.1　指示词

大多数的吴语里都存在一个 K 系指示成分,在调查研究中常将之记作"个"

---

① 温州话的"量名"表示定指时,量词也有两种变调模式:量词变读为入声调 323 调或者变读为轻声调 0。其中量词读作入声调时,表示近指意义;读作轻声时,仅表定指(吴越 2019:72—73)。

"格""爾""该"等。K 系指示词在有的方言中作近指指示,在有的方言中表示远指。按照方言语法的记录习惯来看,浊声母[g]的标记常用"爾"来表示,而清声母[k]标记用"格"或者"个"来表示。具体来看,K 系指示词表示近指的方言主要集中在太湖片、台州片和瓯江片,而 K 系指示词表示远指的则集中在太湖片的毗陵小片、苏沪嘉小片以及台州片的天台、临海、椒江和黄岩等地(具体参见潘悟云 1999:254—256)。

K 系指示词在吴语中可见于对举,表示远近二分的指示系统;它也可以用于三分的指示系统或一分的指示系统。根据潘悟云(1999:248)的描述,婺州片一些方言有三分的,而沿海的宁波及北部的湖州、吴江等地则为单一标记型。

类型一:二分标记型

根据李小凡(1998:65),苏州话的基本指示语素有三个,分别为"该 kɛ⁴⁴""归 kuɛ⁴⁴"和"爾 gəʔ²³"。小川环树(1981)认为,苏州话的"爾"是一个中性距离的指示语素,即苏州话的指示词是远指、近指和中性指三分的系统。但是大部分的苏州话学者认为,苏州话的"爾"是一个远近兼指的成分,因此苏州话的指示系统仍是远近二分的。

类型二:三分标记型

有别于苏州话的情况,同属苏州地区的吴江话,其指示系统是"近—中远—远"三分的系统。其中"个"表近指,"已"和"哀"都表远指,"已"和"哀"均可以分别跟"个"构成对比。但当三个指示成分并举时,顺序只能为"个、已、哀",如例(98)。

(98) 吴江话

　　个杯茶是热个,已杯茶是冷个,哀杯也是冷个。

类型三:单一标记型

宁波话的基本指示词为"该 kiɪʔ⁵",它在形式上无法区分远近指。如果非要区分,则需要一种非常迂回的表达手段,如例(99)(潘悟云 1999)。

(99) 宁波话

　　a. 该个是我个,该个是渠个。

　　b. 该个是我个,该面一个是渠个。

胡方(2018)指出,现宁波话中虽然出现了近指的"堂"和"该"的对立,但是两者的词汇来源不一样,"堂"是后起的,它并不是一个真正的指示词。例如,"堂"没有指示代词的用法,也不能直接修饰名词,它只能跟量词组合,构成"堂+量"短语,参见(100)。因此,胡方(2018)仍旧支持宁波方言指示词系统一分的观点。

(100) 宁波话

  a. <u>该/＊堂是张三。</u>

  b. <u>该块年糕/＊堂年糕</u>交关好吃。

  c. <u>该块年糕/堂块年糕</u>交关好吃。

5.3.2　指示词的定指性

跟其他汉语方言一样,吴语里没有完全语法化的定冠词。对于无冠词语言来说,指示词通常是表示定指的重要手段。该规律适用于普通话,但是不完全适用于吴语。我们前文提到,普通话是指示词凸显的语言,而吴语是量词凸显的语言(刘丹青 2002)。根据我们的理解,普通话的指示词可以表示定指,但是吴语的指示词并没有定指功能。我们下文将展示普通话和吴语指示词的系统差异。

普通话的指示词"这/那"可以充当指示代词或者指示形容词。这里需要指出的是,普通话中指示词的代词用法在宾语位置很受限(参见李旭平 2018b)。普通话中的指示词充当指示形容词的时候,其补足语可以是光杆名词、量名短语、数量名短语等。因此,我们可以将普通话指示词的各种补足语看作是数量短语的各种省略形式:"指示词+(一)+(量)+名"。

(101) 普通话:指示代词

  a. 这是鲁迅写的小说。

  b. 这是我的咖啡,那才是你的。

  c. ＊我见过这,没见过那。

(102) 普通话:指示形容词

  a. 指+(量)+名:　　这(个)孩子是谁家的?

  b. 指+(一)+量+名:我把那(一)个手机扔了。

  c. 指+一+量+名:　我读过你手上拿的那一本书。

然而,指示词单用的现象在吴语不是很普遍。目前我们观察到,仅有宁波、三门等地方言的 K 系指示词有指示代词的用法。同时,对于这些语言来说,指示词也可以直接和名词组合,构成"指示词+名词"这一短语形式。

(103) K 系指示代词

    a. 宁波:<u>格</u>是年糕。

    b. 三门:<u>葛</u>是东海格带鱼。

(104) K+名词

    a. 宁波:<u>格汽车</u>啥人买滴?

    b. 海盐:<u>个日头</u>打来怕唉,今年<u>个稻</u>是要干煞哩!

        <u>辫小人</u>皮来拆天唉!

    李旭平(2018b)认为,大部分吴方言的指示词只有指示形容词的用法,没有指示代词的用法。例如,富阳话和苏州话的指示词均不能独用表示个体指示,相关例证见(105a)和(106a)。而且,这些语言通常也没有"指+名"结构,如(105b)和(105b)所示。换言之,对于这些方言来说,指示形容词的最小句法成分不能是指示词本身,至少要实现为"指示词+量词",如(106c)。

(105) 富阳话:指+量 vs *指+数+量+名

    a. *<u>葛</u>是新车子。│ *<u>葛</u>,我还未看过。

    b. <u>葛*(部)车子</u>是新车子。

    c. <u>葛两_几个苹果</u>何侬买来格?

(106) 苏州话:指+量 vs *指+数+量+名

    a. <u>辫*(个)</u>是倷葛,<u>弯*(个)</u>是我葛。_{这是你的,那是我的。}

                                        (改写自李小凡 1996:65)

    b. <u>弯*(个)学堂</u>_{那个学校}

    c. <u>哀个一只</u>_{这一只}│ <u>辫个两个</u>_{这两个}│ <u>辫个几本书</u>_{这几本书}

    除了 K 系指示词以外,一些吴方言中还可以使用处所指示词来充任基本指示语素。换言之,一些吴方言里所谓的基本指示形容词实为处所成分,相当于英语的 *here / there*,而不是 *this / that*。因此,"指示词+量+名"实为"处所成分+量+名"。该规律在富阳话、东阳话和椒江话都成立(见表 2-17)。

(107) a. <u>勒里只</u>_{这里只}是杯子,<u>唔搭只</u>_{那几只}是盘子。

    b. <u>唔搭</u>_{那里}<u>两_几张桌床</u>去抹一抹!

表 2-17　吴语近指/远指指示词系统

	近　指		远　指	
	处所指示词	K 系指示词	处所指示词	K 系指示词
富阳	leʔȵi-kɯː 勒里+个	kəʔkɯː 葛个	nta-kɯː 兀搭+个	
海盐		gəʔː 辬		kəʔː 个
椒江	i-pie-ka：以边+个			ka-ka：解个
东阳		ka-ka：个个	nom-ka：哝个	
温州		ki⁷kai：居个		

李旭平(2018b)提出,吴语的指示词不是一个句法原生成分,它们可以被解构为两个部分:一部分是编码指示性,另一部分编码有定性。因此,吴语指示成分本身不编码有定性,它们被分析为限定词短语修饰性成分,实现为 DP 附接语。

5.4　复数标记

根据 Greenberg(1972)等论及的数词和量词互补原则,汉语作为量词型语言,通常认为其名词缺乏发达的复数标记,吴语也不例外。正如我们前文所述,吴语的(强制性的)单复数区分主要还是见于人称代词(见 3.1 部分的屈折形态)。吴语中人称代词的复数标记有着不同的词汇来源。

游汝杰(1993)认为吴语人称代词的复数标记主要有两个词汇来源。第一类是北部吴语常见的"拉",也包括苏州话的"笃"类标记(* la→ta→toʔ);第二类主要见于南部吴语,即它们普遍使用"复数量词+表人名词"作复数标记。例如:

(108) a. 常熟：你笃 nəŋ-toʔ　　　　　渠笃 gE-toʔ　（游汝杰 1993）

　　　 b. 遂昌：你帮人 ȵie paŋ nəŋ　　　渠帮人 gɤə paŋ nəŋ

北部吴语常见的复数标记有四类：ko/ka(家)、li(里)、toʔ(笃)和 la(拉),其中"拉"类标记最常见,有 /la/、/laʔ/、/lɤ/ 等语音变体。刘丹青(2003)指出,北部吴语复数标记"拉"可以表示复数意义或处所意义,例如苏州话：

(109) 苏州话（刘丹青 2003：81）

    a. <u>小明笃</u>走哉。   （复数义）

    b. 妈妈勒隔壁<u>王好婆笃</u>讲闲话。 （处所义）

在游汝杰(1993)和刘丹青(2003)的基础上,<u>盛益民</u>(2013)进一步提出,北部和南部吴语的复数标记类型不同——北部吴语采用处所型,而南部吴语则采用数量型。对于处所型标记,如北部吴语复数标记"拉"等,它们有着如下语法化过程:处所义>家义关联标记>复数标记。

(110) 上海话(钱乃荣 1997：103—104)

    a. 我昨日辣娘舅拉吃饭。   （处所义）

    b. 嗰趟聚会,娘舅拉是勿会去个。   （家义关联标记）

    c. 侬要拿介伤心个事体告诉小王拉? （复数标记）

与北部吴语不同,南部吴语的复数标记主要使用数量型。我们可以进一步把它区分为"集体量词"和"不定量词",前者包括"班、帮"等,后者则包括"些、侪"等。这两种策略的表现如下:

(111) 三门话(黄晓东 2004)

我	o³²³	尔	ŋ²²³	渠	ji²¹³
我尔帮人 o²¹ŋ⁵³pɔ³¹n̩ĩ²¹³		尔帮人 ŋ¹³pɔ³¹n̩ĩ²¹³		渠帮人 ji¹³pɔ³¹n̩ĩ²¹³	

(112) 玉环话(黄晓东 2004)

我	ŋo⁵³	尔	ŋ⁵³	渠	giɛ¹¹³
我班人 ŋo⁵³pɛ⁵³niəŋ		尔班人 ŋ⁵³pɛ⁵³n̩iəŋ		渠班人 giɛ¹¹³pɛ⁵³n̩iəŋ	

(113) 天台话(黄晓东 2004)

我	fiɔ³¹³	尔	ŋ³¹³	渠	gɛi¹¹³
我两个 fiɔ¹³lia¹³kau		尔两个 ŋ¹³lia¹³kau		渠两个 gɛi¹³lia¹³kau	

(114) 瑞安话

该侪 lei³⁵苹果 _{这些苹果}	侪 lei³²³苹果 _{这些苹果}	
我侪 lei⁰	你侪 lei⁰	渠侪 lei⁰

(115) 温岭话

许鸡子_{这些鸡蛋}

渠好看猛爻,<u>许男格</u>_{那些男的}梁横无胆追渠爻。

5.5　题元角色：受益—处置—被动

在很多汉语南方方言(包括吴语)中,使用同一个标记表示"处置"和"被动"是一种较为常见的现象,即所谓的"把—被"同形。陈玉洁和吴越(2019)指出,吴语中"受益"和"处置"义使用同一标记是普遍现象,另外"给予"和"被动"也普遍采用同一形式。不过,曹茜蕾(Chappell 2015)指出,表"被动"和"处置"的语法标记所经历的语法化路径并不相同,其中从"给予"到"被动",需要经历"致使"这一过渡阶段。由此可见,上述题元关系在吴语中呈现出较为复杂的类型。我们至少可区分出以下类型,其中第三类目前缺失,这样符合上文提到的"处置"和"受益"同形这样一个观察。

> 类型 1：受益＝处置＝被动
>
> 类型 2：受益＝处置≠被动
>
> 类型 3：受益≠处置＝被动
>
> 类型 4：受益＝被动≠处置
>
> 类型 5：受益≠处置≠被动

表 2-18　吴语"受益—处置—被动"题元标记的类型

	受　益	处　置	被　动
类型 1：长兴	拨	拨	拨
类型 2：萧山 ｜ 丽水	帮	帮	拨_{萧山} ｜ 丐_{丽水}
类型 3：缺失	——	——	——
类型 4：富阳	拨	搭	拨
类型 5：上海	帮	拿	拨

(一)　被动

吴语的被动标记基本上来自给予动词,其词汇形式包括"拨""得""拿""分""约"和"丐"等。此外,也有零星的几个方言点使用"赚""让"等特殊标记表示被动。

被动标记的这些词汇形式具有明显的地理分布特点,其中源自给予义的

"拨"在北部是一个极为普遍的被动标记,被动标记"约"和"分"主要见于婺州和处衢片,"丐"见于瓯江片。

相较于处置式,吴语的被动式句法表现和语言都比较统一。就其句法结构来看,吴语通常只有"长被动句",没有"短被动句",即被动标记后的施事需要强制出现。它们的语义也有一定的共性,被动句通常只能用于消极事件,而不能用于积极事件。

(二)处置

普通话中处置式主要依据语法标记来界定(如处置标记"把"),因此狭义上处置式也称为"把"字句。从结构上看,处置式是一种典型的 OV 语序,相较于 VO 这种常规语序,处置式的 OV 语序被认为是一种有标记的语序,"把"也被认为是一个"宾格"标记(accusative marker)(曹茜蕾 Chappell 2015)。从语义上看,处置式中的前置宾语需要满足一定的语义要求,比如有定性和特指性等,并且该宾语所指称的对象需要受到一定的"影响"(affectedness),即所谓的处置意义。

曹茜蕾(Chappell 2006、2007、2013)认为,汉语处置标记有三个主要来源:(i)"拿"和"握"义动词;(ii)"给"和"帮"义动词;(iii)伴随格(comitatives)。这三类标记的语法化路径不完全相同,其中"拿/握"义动词需经过工具格这一阶段才发展成处置标记,"给/帮"义动词则需要经过受益格这一中间阶段。伴随格的发展路径如下:

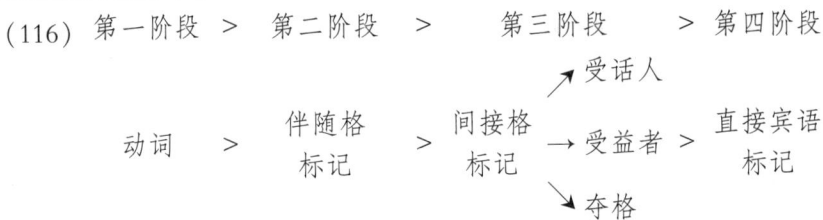

(116) 第一阶段 > 第二阶段 > 第三阶段 > 第四阶段

```
                                      ↗ 受话人
   动词   >   伴随格   >   间接格  → 受益者  >  直接宾语
            标记         标记              标记
                                      ↘ 夺格
```

就吴语内部的处置标记而言,黄晓雪(2018)根据来源归纳为四类:(一)"给"义动词,包括"拨""分""捉"和"搭";(二)帮助义动词,包括"帮""代";(三)协同义介词,包括"搭""同""和"等;(四)"持拿"义动词,包括"拿""担"。以下例子转引自黄晓雪:

(117) a. 绍兴柯桥:我捉苹果吃完哉 我把苹果吃了。

   b. 龙游:渠帮瓶摔破啰 他把杯子摔破了。

c. 舟山：我<u>搭</u>苹果吃嘞 _{我把苹果吃了。}

d. 宜兴：<u>拿</u>衣裳脱落则 _{把衣服脱掉。}（钱乃荣 1992）

在曹茜蕾（Chappell 2015）和黄晓雪（2018）的基础上,我们作了以下调整。第一,"捉"和"搭"应该属于"持拿义"标记;第二,"替代"义标记应从"帮"义动词析出,单列为一类。因此,吴语处置标记的词汇来源类型一共可分为如下五类:

表 2-19　吴语处置标记的词汇来源类型

词汇来源	语法标记	地　理　分　布
"给"义	拨	苕溪小片：安吉、长兴 杭州小片：杭州 临绍小片：嵊州 台州片：温岭、路桥、临海
	则	临绍小片：绍兴
"帮助"义	帮	临绍小片：萧山 婺州片：东阳、兰溪 处衢片：衢州、江山、龙游、开化、云和
"替代"义	代	台州片：天台 瓯江片：瑞安、永嘉
"协同"义	搭	苕溪小片：湖州、德清、余杭 甬江小片：宁波、舟山 台州片：天台、临海
	同	苏沪嘉小片：桐乡、海宁
	和	婺州片：浦江
"持拿"义	拿	毗陵小片：宜兴、溧阳、江阴、常州 苏沪嘉小片：苏州、常熟、吴江、上海、嘉善
	担	启东、富阳导岭
	搭	富阳

大部分吴语都允许 OV 形式直接表示所谓的处置意义,因此在一些方言中如果使用了处置标记,它们往往会带有一些特殊的语义或语用意义。例如,富阳

话里没有一个普遍存在的处置标记,像北部吴语常见的给予/受益标记"拨"在富阳话里也不能用作处置标记,而是直接使用 OV 语序即可。不过,富阳话有一个使用范围很窄的处置标记"搭",它只能用于表示消极事件。

(118) a. 你*(拨)扇大门关好渠! (你把门关好。)

　　　 b. 渠搭我件衣裳洗破了。　　　(他把我的衣服洗破了。)

　　　 c. *渠搭我件衣裳洗干净了。(他把我的衣服洗干净了。)

据盛益民(2010),柯桥话里存在一个处置标记"作",但是以"作"为标记的处置式在语义上存在和富阳话"搭"相类的限制,即只能用于表达说话人主观上不期待的事件。

(119) a. 亨只花瓶阿大作渠敲破哉。(阿大把那只花瓶打破了。)

　　　 b. 我作本书撕破哉。(我把那本书撕破了。)

　　　 c. *作门开开。(把门打开)

小结上述讨论,不难发现,吴语各次方言在题元标记上的差异是多方面的,如标记的"多功能"语义类型,或者视作各方言对不同题元角色的范畴化类型。仅以处置式为例,方言间的差异又体现在处置式的句法表现(有无处置标记、处置式的句法结构等)、处置标记的词汇来源、处置标记所能表达的处置句意义,等等。

5.6　动后限制

我们在前文提到,吴语动词后的宾语易发生前置,形成 SOV/STV 或 OSV/TSV 等语序。本节我们将进一步阐述吴语主语后和动词前之间存在的两个句法位置,其中一个为话题位置(X),另一个为前置宾语的位置(Y)。盛益民和陶寰(2019:184)提出,这两个句法位置可以用副词来区分,具体表现为"S-X-副词-Y-V",其中 X 的位置为次话题位置,Y 为宾语的位置(同见张敏 2012,盛益民2014 等)。

(120) a. 渠[苹果]<u>刚刚</u>[三个]喫落亨哉。

　　　 b. 阿兴[苹果]<u>自</u>[三个]喫弗光咧。

根据丁健(2014),台州方言中宾语前置跟受事论元的可别度有关,在其他情况相同的情况下,受事论元的可别度越高,在语序编码上也越倾向前置于动前充当次话题。同时,该文还指出,可别度受到指称性、信息度和动词的完成性这三个因素的影响,他们之间的优先等级序列为: 完成性 > 信息度 > 指称性。

(121) a. 其<u>个只苹果</u>吃交。　　　　(受事:有定)

　　　 b. *其吃交<u>个只苹果</u>。

(122) a. 我早介<u>两只苹果</u>吃交。　　(受事:无定)

　　　 b. *我早介吃交<u>两只苹果</u>。

(123) a. 我枯星就<u>苹果</u>吃交。　　　 (受事:光杆名词表无指)

　　　 b. *我枯星吃交<u>苹果</u>。

(124) a. 我<u>个只苹果</u>天酿_{明天}吃。　(受事:有定)

　　　 b. 我天酿吃<u>个只苹果</u>。

(125) a. 我每日<u>一只苹果</u>都吃。　　(受事:无定)

　　　 b. 我每日都吃<u>一只苹果</u>。

吴语富阳话的宾语是否实现在动后和动后跟指称有很大关系,而跟谓词的复杂性没有关系。根据 Li 和 Bisang(2012),有定宾语需要强制前置出现在动前的位置,而无定宾语则出现在动后的位置。

(126) a. 我敲破了块玻璃。(富阳话)

　　　 b. 我块玻璃敲破了。

盛益民和陶寰(2019)指出,谓词的复杂性对宾语前置与否起决定性作用。当谓语是广义动结式、重叠式、否定结构等复杂性谓词时,主谓之间有 X、Y 两个句法位置。当谓语为光杆动词等简单谓语时,主谓之间只有 X 这一句法位置。

(127) a. 我[香烟]又戒患掉哉。　　a′. 我又[香烟]戒患哉。

　　　 b. 我[香烟]又弗喫哉。　　　b′. 我又[香烟]弗喫哉。

　　　 c. 我[香烟]又喫哉。　　　　c′. *我又[香烟]喫哉。

根据盛益民和陶寰(2019)的观察,受事宾语的指称前置究竟实现为话题(X)还是前置宾语(Y)跟宾语的指称也有一定关系。X 位置只能允许定指成分或者类指成分,而 Y 位置对指称属性没有限制,无定成分只能出现在 Y 的位置。

(128) a. 阿兴[亨本书]又弗看。

　　　 b. *阿兴又[亨本书]弗看。

（129）a. 渠又［三个苹果］吃落亨哉。

b. ＊渠［三个苹果］又吃落亨哉。

动后限制虽然在吴语是一条普遍存在的规则，但是多大程度上宾语需要前置也呈现出一定的内部差异。根据刘丹青（2001），动后限制在浙江沿海吴语起到的限制作用比内陆吴语更大。根据我们的观察，浙江沿海的台州和温州严格遵守动后限制，但是同为沿海吴语的上海话 VO 和 OV 语序都有，体现了一种弱动后限制的要求。

（130）上海话的 VO/OV 语序

a. 侬动动脚

b. 侬脚动动

5.7　体标记

对汉语普通话体标记的研究主要包括典型的"了、着、过"以及动前的"在"，一般认为它们分别表达完整体（/完成体）、持续体、经历体和进行体意义，还有一些由趋向成分而来的标记（如"起来、下去"）以及动词的重叠形式。学界广泛注意到汉语中不少标记也遵循"结果/趋向补语→动相补语→体标记（→补语标记）"的语法化路径（如吴福祥 2001、2002 等），即典型的体标记往往来自动相补语的进一步虚化。因此，不少关于汉语体范畴的研究也将"动相补语"纳入讨论范围。

吴语体标记在成员数量、词汇来源、虚化程度、句法分布等各方面都存在一定的内部差异。据陶寰（1995）的考察，吴语体标记（原文"时间结构"）呈现由内地向沿海、由南至北逐渐过渡的状态，在一定程度上反映了汉语历时发展的一个侧面。

5.7.1　词尾成分"脱/完/爻"

吴语里较为广泛地存在一类可后接于光杆动词 V（包括达成动词），也可后接于动结式 VR 的"动相补语"，如上海话、苏州话的"脱"、温州话的"爻"等。因此，不少吴方言允准出现"动词+结果补语+动相补语/准体标记+体标记"的句法形式。这两种结构分别如（131）和（132）所示。

（131）a. 苏州话：吃脱一碗冷饭（吃掉一碗冷饭）

　　b. 瑞安话：株树死爻罢。（这棵树死了。）

（132）a. 苏州话：打煞脱仔一只野狗（打死了一只野狗）

　　b. 瑞安话：外皮衣脱落爻罢。（外套脱下了。）

据石汝杰（1996）对苏州话的报道，"仔［tsʅ］"是虚化程度最高的完成体体助词，"好［hæ］、脱［tʰəʔ］、牢［læ］、著［zɑʔ］、过［kəu］"则是表完成体的准体助词。上海话常见接于动词词尾的有"脱、勒"，其他北部吴语还可见"掉、还＝"等，但"脱"可以后接于动结式之后，"掉"等一般不常见于动结式后（陶寰1995）。

　　"爻"是见于台州片、瓯江片的语素。"爻"的本字尚不明确，潘悟云（1996）主张其对应于中古肴韵平声的匣母或群母字，所以用"爻"字来标写。温州话中"爻"的本意为"消失、不再存在"（潘悟云1996），因而它一般需与消失／消极义动词组合。"爻"与"起／来"是一组相对的标记。"起"作补语时，一般只能后接于使成／积极义的动词短语（潘悟云1996，游汝杰1994），例如：

（133）瑞安话

　　a. 渠瘦五斤爻／＊起罢。（他瘦了五斤。）

　　b. 渠壮五斤＊爻／起罢。（他胖了五斤。）

　　台州片中"爻"的虚化程度要高于瓯江片的"爻"，是更为典型的语法体标记。丁健（2020）分别讨论了台州路桥话里词尾成分"爻、完、起"并指出：台州话中的"爻"对动词的词汇意义没有严格的选择限制，它兼有完结体标记和完成体标记的功能，"完"只有完结体标记的功能，"起"兼具有完结体标记、状态补语标记的功能。

（134）路桥话（丁健2020）

　　a. 三场比赛输爻／赢爻（输了／赢了三场比赛）

　　b. 饭烧焦爻／熟爻（饭烧焦了／熟了）

　　阮咏梅（2012）考察台州温岭话的"爻""勒"和"好"，指出"勒"相当于"了₁""爻"相当于"了₁""了₂""了₁₊₂"，用在句中的"勒"比自由的"爻"多一些句法上的限制。

　　处衢片则可见"掉""落"两类词尾成分。据已有研究的描写，"掉""落"兼具完结体与完整体意义；婺州片则可见"落""去""落去""咾"等标记（参见陶寰1993）。据曹志耘（1996）的报道，金华汤溪话里没有专用的完成体助词，由"来

87

[lɛ]""去[kʰəɥ]""落[lo]""落去[lo kʰəɥ]"等趋向动词,"得[tei]"以及"动词重叠(+补语)"结构表示。以"来"为例:

(135) 汤溪话(曹志耘 1996)

　　　 a. 车票买来未?(车票买来没?)

　　　 b. 我买来三张车票罢。(我买来了三张车票。)

汤溪话中的"来"仍然对动词具有一定的词汇选择(与"去"相对),因而还不能视为完整体标记。

5.7.2　体标记"得/勒/仔"

南部吴语,如瓯江片、台州片的许多方言,不具有典型的、出现于句中的完整体标记,不过其完整体意义可以由句末标记,如"罢、爻"等来承担;同时,该句末标记可用以(兼)表完成体意义(详参陶寰 1996,孙晓雪 2023)。北部吴语则常见"得""勒""仔"等词尾标记,用作完整体标记。

不过需要说明的是,汉语中的完整体标记并不总是强制使用的(陶寰 1995,吴福祥 2005,范晓蕾 2020 等),例如在普通话里:

(136)(问:张三昨天做了什么?)

　　　 张三昨天在家看(了)电影。

这种完整体标记倾向隐去的现象在吴语中也十分常见。例如宁波(北仑)话也常倾向不使用完整体标记"勒",例如:

(137) a. 渠一个月瘦/壮五斤。(他一个月瘦/胖五斤。)

　　　 b. 阿明昼饭吃(勒)眼⸗面。(阿明中午吃了点面。)

尽管在语言交际中完整体标记的使用并不强制,但绝大多数的吴语里均具有编码完整体意义的标记或手段。

北部吴语的完整体标记在共时平面可分为三种形式:"得/勒""仔/则""上/浪"。其中,"勒"一般认为由"得"声母弱化而来,"则"和"仔"来源于"著","浪"的本字即是"上"(参见梅祖麟 Mei 1979,郑伟 2010b 等)。陶寰(1995)主张"浪"可能是"得"的变体。郑伟(2010b)对此持反对意见,认为"浪"实际来自"上"的弱化式,是趋向补语语法化的产物,"上"作体标记在早期吴语文献和现代常州话等方言中均有所反映。

绍兴话兼有完整体标记"得"和"浪/上",例如(陶寰 1995):

（138）a. 伊一火子头吃浪［laŋ⁰］五个苹果。

　　　b. 伊一火子头吃得［təʔ⁴⁵/dəʔ¹²］五个苹果。

陶寰（1995）指出，绍兴陶堰话里两者的差别在于"'浪'具有强调意味，突出动作行为的程度重、数量大，等等，超过说话人的预想，有时伴有消极后果，并带有惊讶或责备的语气"，而"得"无此语义。

盛益民（2022）在此基础上对两者的分工作了更为精细的刻画——绍兴柯桥话中标记"上"的使用要求宾语类型必须为数量宾语，且事态类型为现实（即已然）；同时，标记"得"对［±已然］没有要求，但在主句中也表现出数量宾语的要求。当句子同时满足［+已然］与［+数量］时，两个体标记都可以使用，此时，使用"得"表中性意义，使用"上"则表示主观大量。据郑伟（2010b），常州话中兼有完整体标记"则"和"上"，但不存在类似于绍兴话"得、上"的语义区别。

苏州话、上海话、海盐话、宁波话则兼有完整体标记"勒"和"仔"。标记"仔"可见的典型语境为"复杂事件"，即在一个句子里有两个或多个子事件时，"仔"用于标记前一子事件。由于这些子事件之间可以是依次发生的，也可以是伴随性或同时性的，因此标记"仔"的语义有时相当于普通话"了"，有时似乎又可以解读为"着"。例如：

（139）a. 帽戴仔寻帽。（戴着帽子找帽子。）

　　　b. 帽戴仔再穿鞋。（戴了帽子再穿鞋。）

这种现象一般见于可表静态的活动动词（如姿势义、持拿义、附着义动词）等部分动词。汪平（1984）、刘丹青（1995）、王健（2018）等均指出，这种情况下的"仔"仍是完整体标记，而非持续体标记。

5.7.3　体标记"哉/嘚/罢"

吴语里还有一类只用于句末的体标记，北部吴语中常见的语音形式为"哉、嘚"，南部吴语（如婺州片、瓯江片）多为"罢"。

苏州话用"哉［tsᴇ/tsəʔ］"来肯定新情况的出现或事态的变化；兼有表体和表语气的作用，一般用于陈述句末，具有完句功能（石汝杰 1996）。绍兴（陶堰）话的"哉［dze］"的用法也基本一致。陶寰（1995）认为绍兴话"哉"的主要功能有二，一表已然，一表某种时间联系，后者近于英语的完成体。

富阳话以"嘚"作为句末体标记，表达一定的现实相关性（盛益民、李旭平

2018)。杭州市区话用于句末的"得来[tə?⁵le¹³]"所表达的句子往往有歧义,既可以表示某一动作或事件刚开始,也可以表示某一动作或事件已经实现,此外,"得来"常常读成合音"特[də?¹]"(游汝杰 1996)。

据钱曾怡(1988/2002),嵊州(长乐)话中相当于"了₂"的成分有三个,它们不仅区分远近还区分是否"可及可见"。例如:

(140) 长乐话(钱曾怡 1988/2002)

a. 伊来□=[kua⁰]。(他来了。——在这儿,就在眼前。)

b. 伊来□=[lia⁰]。(他来了。——在这儿,就在里间屋里。)

c. 伊来□=[maŋ⁰]。(他来了。——在那儿。)

金华汤溪话由句末的"罢[bɑ]"表示动作或状态已然,但不可以用于句中,也不能单独置于句末表示事态将有变化。"罢"有时会弱化为"哇[uɑ]"。事态变化的将然义,在汤溪话中由"啵 pə"表示(曹志耘 1996)。

温州话以"罢"作为句末标记,潘悟云(1996)将其分为"罢s""罢₀",并指出两者均表示事件已经完成,而"罢s"强调实现,目标的达到;"罢₀"则是简单告诉一新情况。当动词后不接补语成分时,"罢s"表已然,"罢₀"表未然。

5.7.4 动前/动后的"V在+处所成分"

吴语中编码进行体和持续体的形式大多与"V在+处所成分"相关。在不少吴语方言中,这两者形态相同,主要通过不同的句法位置来表达体的意义:作进行体标记时,前置于动词前;作持续体标记时,后置于动词。例如(转引改写自游汝杰 2019:243):

(141) 杭州话

a. 他来东吃饭,你等一等。(他在吃饭,你等一等。)

b. 门开来东。(门开着。)

(142) 上海话

a. 伊辣海吃饭,你等一等。

b. 门开辣海。

(143) 绍兴话

a. 伊来亨吃饭,诺等一等。

b. 门开来亨/来搭/来东。

（144）温州话

　　a. 渠是搭吃饭，你等下儿先。

　　b. 门开是搭。

吴语中"V_在+处所成分"作体标记会有脱落省缩的现象，或只保留前一语素"V_在"，或只保留后面的处所词。例如，庆元（黄田）话中"坐搭"作进行体标记，"搭"作持续体标记。

（145）庆元（黄田）话

　　a. 渠<u>坐搭</u>写信。（他在写信。）

　　b. 门开<u>搭</u>。

"处所成分"和"V_在"两个部分在吴语中又存在一定的内部差异。一方面，不同吴方言中"V+处所成分"里处所成分的虚化程度不同。具体差异表现为：（1）"V+处所成分"之后能否接其他处所词；（2）"V+处所成分"作进行体时是否区分距离远近。例如，瑞安话中"是搭"往往发生合音，读作［zau］，"是搭"不区分远近且可以后接其他的处所成分。

（146）瑞安话

　　a. 渠<u>是搭</u>睇电视。（他在看电视。）

　　b. 渠<u>是搭</u>客厅底睇电视。（他在客厅看电视。）

而富阳话中的持续体和进行体的词汇来源一致，有"勒底""勒搭"，但其中语素"底"和"搭"分别表远指和近指。因此两者不可自由互换。

（147）富阳话

　　外头勒底／＊勒搭落雨。（外面在下雨。）

另一方面，据李旭平、吴剑（待刊）的考察，对于进行体而言，吴语在"V_在"的词汇形式也呈现明显的南北差异。北部吴语多采用 L 系标记（如"辣／勒、来"等），而南部吴语的形式则相对多样，如瓯江片、婺州片使用系动词"是"（如例144a、146a），处衢片使用姿势动词，如"倚、坐、踞"（如例145a），处衢片和婺州片还有使用躲藏义动词的情况，例如（李旭平、吴剑 待刊）：

（148）庆元话

　　你躲搭做恰事？我躲搭帮我姊夫砍竹。<small>你在这做什么？我在帮我姐夫砍竹子。</small>

（149）龙泉话

电视底头□□[xa-çie]_{这时/现在}躲搭放《新闻联播》。_{电视里正在放《新闻联播》。}

除了以上所论及的这些体标记外,语素"过"在吴语中的表现也值得注意。第一,并非所有的吴语都可单独用"-过"来表达经历体意义,而需以"有+V+过"的形式。"有"字与谓词性成分的组合,在粤、闽、客、湘、吴等方言中普遍存在。据我们初步调查,时体标记"有"在吴语区内主要见于南部,除瓯江片外,还见于处衢片和台州片。

第二,除表达经历体意义外,吴语中的"过"可以单独编码重行意义,如(150)。① 在上海话、临海话等方言里,必须额外借助副词"再、重新"等,如例(151)。钱乃荣(2014b)认为此时动词后的"过"仍表重行。

(150) 吴江话(刘丹青 1996)

　　　茶淡脱特,泡过一杯(吧)。_{茶淡了,重新泡一杯。}

(151) 上海话(钱乃荣 2014b)

　　　味道勿好,重新烧过。

据卢笑予和蔡黎雯(2019),临海话中表经历体的"过"和表重行体的"过"有不同的语序位置,还可借助数量成分、副词、情态动词等进行消歧。例如:

(152) 临海话(卢笑予、蔡黎雯 2019)

　　　a. 佢得⁼上海去过。_{他去过上海。}(经历体)

　　　b. 佢得⁼上海(还)要去过。_{他要再去上海。}(重行体)

---

① 据温昌衍(2020),重行体"过"广泛见于客家话、吴语、湘语、赣语、粤语、平话和西南官话等。

第三章　吴语语法范畴调查问卷与任务

　　语法范畴(grammatical category)通常是相对词汇范畴而言的,它指一个语言系统中语法形式所表示的语法特征或者语法意义,诸如性、数、格、人称、时、体、态等常见的语法范畴。在一个特定的范畴里,通常有两个或多个相互排斥的值,比如"数"范畴内往往有单数和复数的对立,"人称"范畴内有三身代词的对立。

　　针对吴语的语法特点,我们的语法调查基于语法范畴和语法关系设计了十大语法专题。其中,人称、数、指称、程度、体、情态、否定、疑问、焦点等都是我们普遍接受的语法范畴。不过,及物性和题元标记不是严格意义上的语法范畴,它们分别体现的是一种特定的句法关系和语义关系。

　　(一)人称与数

　　(二)指称

　　(三)限定、领属与关系化

　　(四)程度

　　(五)及物性与论元配置

　　(六)题元标记

　　(七)体

　　(八)情态与否定

　　(九)疑问

　　(十)话题与焦点

　　针对上述十大语法范畴,我们设计了200个核心例句对吴语的语法特点进行调查。每一份问卷或者每一项调查都有其目的,即总是围绕某个研究任务所设计。我们的问卷并不能解决所有读者期待的语法问题。本书所设计的问卷的目的是希望能用"短、平、快"的方式准确地捕捉吴语的语法特点和整体面貌,并以此作为各种专题研究的起点。

第一节　人称与数

人称代词是世界语言普遍存在的一个基本语法范畴,表示话语角色中的言者与听者(Siewierska 2004:1)。它涉及"性"(gender)、"数"(number)和"格"(case)等语义特征。相较于性和格来说,汉语(包括吴语)人称代词更直接地与"数"这一语义特征相关。

我们的第一项考察内容是吴语的人称代词及其"数"特征。具体来说,我们有以下三项调查任务。

1.1　三身代词

调查任务(一):确定被调查吴方言的三身代词单数的基本形式和复合形式。

汉语方言中三身代词的复数形式是在其单数形式上构造的,因此我们首先要确定三身代词的单数形式。调查吴语三身代词的单数形式,要注意单语素和双语素的区分。

从跨语言的角度看,三身代词彼此之间并不完全对等。斯瓦迪士100核心词表将"我/I"和"你/YOU"分别列为第一位和第二位的词条。通常认为,第一和第二人称代词在世界语言中普遍存在,但并不是所有的语言都有第三人称,或者第三人称的来源有别于第一、第二人称。

吴语第一人称单数形式的基本形式为"我",调查时要注意语音形式的记录,常见的语音形式有/ŋu/(上海市区老派)、/ŋo/(上海市区中派)、/ʔa/(金华)等。其语音变异的参项包括:(i)声母/ŋ/是否脱落,(ii)主元音的高低前后,如/a/和/o/对立等。

调查吴语第二人称单数形式,注意"尔"和"你"的辨别。根据《中国方言地图集·语法卷》002号地图"你",北部基本使用"尔"[n],南部吴语的瓯江片和处衢片等地有使用"你"[n̠i]的情况。

调查吴语的第三人称代词单数形式要注意"渠"和"他"两种词源的区分，后者主要见于毗陵小片和杭州小片等受官话影响较重的方言。第三人称为"渠"，俗字根据声母的清浊和声调的差异，也常写作"伊""夷""其""佢"等字形。

吴语人称代词存在双语素的复杂形式，其中包括"人称代词—后缀"和"前缀—人称代词"两种形式。例如，海盐话和宁波话老派的第一人称单数有"我"和"我侬"共存的情况。在一些方言中类似双音节代词（如"我侬""尔侬"）发生了各种合音，因此它们的存在很隐蔽，如宁波话的［nau］尔侬、上海市区的［noŋ］尔侬、兰溪的［noŋ］尔侬等。另外，松江方言的第一人称有［nu］和［n-nu］的交替（参见陶寰、史濛辉 2016）。

对于一个语言有多套人称代词的情况，我们还需要考察它们在不同句法位置的分布，比如主宾语是否具有对称性。例如胡明扬（1957）提到，海盐方言人称代词的复杂式出现在动词谓语前，而简单式则用在动词谓语后，分别如［ɦio-no］我侬和［n］我。

1.2　复数标记

调查任务（二）：明确人称代词复数标记的词汇类型，同时考察该复数标记在不同名词后附缀的能产性和复数短语的有定性。

我们在第二章提到吴语人称代词复数标记的词源有差异，至少存在"处所型"和"数量型"两种基本类型。例如，"拉"就是北部吴语中最常见的处所型标记之一，而南部吴语则常使用数量性标记，比如婺州片的"两个"，瓯江片的"俫"以及台州片和处衢片的"班人"等（参见第二章 5.4 节）。

除了考察复数标记，我们也可以考察一个语言有无双数标记。通过考察数量成分"两个"能否出现在单数或复数人称代词之后来确定"两个"能否充当双数标记还是同位成分。具体来看，能够出现在"我两个"中的"两个"可以分析为双数标记，而"我们两个"中的"两个"则为同位成分。

考察吴语人称代词的复数标记需要考察复数标记对名词的附缀能力。我们要专门考察名词的复数附缀是否符合 Smith-Stark（1974）、Corbett（2000）等人提出的"生命度等级"（animacy hierarchy）。世界语言中名词被复数化的可能不一

而同,它们需要遵从以下生命度等级:

言者>听者>旁者>亲属名词>其他表人名词>高等动物>低等动物>离散个体>非离散个体

普通名词的复数形式需要考虑其"有定性"(definiteness)。测试有定性的句法手段包括(i)能否跟存在动词"有"共现,如"＊有学生们"之类的表达是否合法,(ii)能否跟数量短语共现,如"＊一些学生们"等(参见李旭平 2021)。

1.3 包括式人称代词

调查任务(三):吴语中包括式人称代词和强调式人称代词等特殊代词形式。

普通话的人称代词有"我们"和"咱(们)"的区别,后者常被称为"包括式人称代词"(inclusive pronouns)。在调查南方汉语方言时,很容易把判断有没有近似"咱"的这一语音形式直接当作判定一个语言有没有包括式人称代词的标准。

我们在调查吴语人称代词的时候,需要从语义结构出发来确定某一方言是否存在相应的包括式人称代词。事实上,很多吴语都有包括式人称代词,它们采取的形式往往为第一和第二人称并列的形式,如"我同你""我同"或"同你"等,或者采用反身代词"自(拉)"(参见李旭平、申屠婷婷 2015)。

1.4 强调式人称代词

吴语有一种汉语方言中较为罕见的"强调式"人称代词,三身代词前往往可以出现一些前缀,具体包括"是""像""丐"等。很多吴语方言有强调式人称代词,如"是我""像我"和"丐我"等,因此我们在调查时需要确认是否有强调式代词的存在。从地理分布来看,"是我"集中分布在富阳、余杭等太湖片方言点,"像我"主要出现在甬江小片的象山和北仑老派,而"丐我"则主要见于瓯江片。

它们的用法通常比普通的三身代词更为限制,这跟它们自身携带的语用意义有一定关系(Li 2015)。对于强调式人称代词的调查,需要考察它们的句法分布,包括主宾语位置的对称与否,对于重音的要求(参见第二章 5.1 节)。

1.5　调查问卷使用及解释

针对吴语人称代词的语法特点,我们共设计了 14 个例句,大致可分为四组:

(a) 三身代词单复数形式:例(1)—(5)

(b) 复数标记附缀的生命等级:例(6)—(9)

(c) 反身代词:例(10)—(12)

(d) 旁指代词和统称代词:例(13)—(14)

(一)　人　称　与　数

1. 我是浙江人,你是哪里人?

2. 他去,我就不去了。

例句说明:例(1)和(2)用来考察三身代词的单数形式。注意有无双语素代词,如"我侬""你侬"。我们构造了一个对比语境,以此来诱导吴语中强调式人称代词的出现。

3. 你们坐车来,他们跟我们走。

例句说明:考察三身代词的复数形式;注意代词复数形式的强调式。

4. 我们/咱们一起走吧。

例句说明:考察第一人称是否有包括式和排除式的对立。虽然吴语中通常没有类似"咱"的语音形式,但这并不代表吴语不存在包括式人称代词。一些吴语可以使用第一和第二人称的复合形式来构成包括式。

5. 阿军和阿亮,他(们)俩同岁。

例句说明:考察吴语有无双数标记。需要注意以下两点:(a) 是否强制要求数量成分,如"两个";(b) 数量成分出现时,代词有无单复数要求。

6. 阿明(他)们在等你。

97

7. 外婆(他)们明天来。

8. 学生们放假了。

9. 保安们都走了。

　　例句说明：例(6)—(9)，我们分别考察了专有名词、亲属名词、关系名词和普通名词在各个方言点中复数后缀出现的可能性，以此分析复数标记所能附缀名词的"生命度等级"。还需注意"名词+复数标记"是否表示真性复数和/或连类复数的情况。

10. 李思只想着(他)自己。

　　例句说明：考察反身代词回指时，需要确定其是否可以单独使用，还是必须与人称代词共现，即是否存在类似"自己"和"他自己"的对立。

11. 你们自己去报名吧！

　　例句说明：考察反身代词的词汇形式以及它有无单复数的对立这两个语法点。吴语中常见的反身代词包括"自家""自己"和"自"三种形式，其中使用"自"的方言往往有复数形式。

12. 自己的事情自己做。

　　例句说明：考察方言中反身代词在定语、状语位置上的表达形式。可能使用的词汇形式包括双音节的"自己"或"自家"和单音节的"自"。

13. 别人的事情别去管。

　　例句说明：考察旁指代词。注意"别"的语音形式。同时，注意旁指代词有无单复数差异。

14. 大家都来看他了！

　　例句说明：考察统称代词。注意此处是否需要与第三人称代词共现。

第二节　指　　称

2.1　指称作为一个语法范畴

"指称"(reference)表示一个特定的语言表达与话语世界中的某个个体之间的一种所指关系(Mill 1843,Frege 1892)。因此,指称可以简单理解为语词(word)和世界(world)之间建立的一种联系(Abbots 2010)。

指称有很多下位概念,至少包括个体指和通指、有指和无指、有定和无定、特指和非特指等四组基本关系。我们首先区分个体指和非个体指,前者包括有定和无定等概念,后者则包括类指和通指。

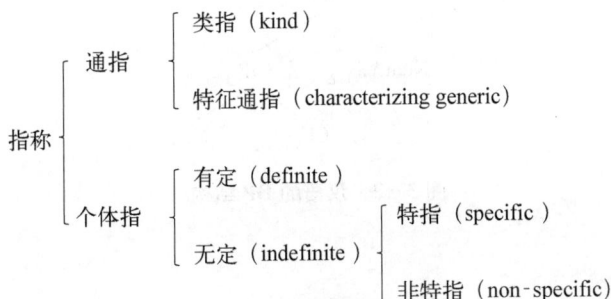

图 3-1　指称的语义分化

我们可以将"所指个体是否为说话人和听话人所熟知"作为参数,即[±说话人,±听话人],对表示个体指的相关概念进行界定(Abbots 2010)。具体来看,有

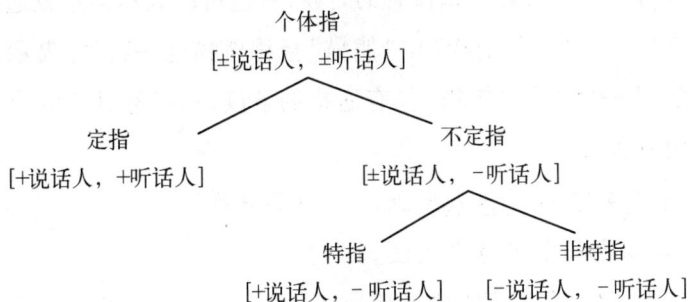

图 3-2　个体指的语义界定

99

定表达表示听说双方都知道的个体,即[＋说话人,＋听话人],无定则表示听话人
不知道的个体,但它对说话人已知与否无要求,即[±说话人,－听话人]。据此,
我们可以将无定进一步区分为特指和非特指这一组对立,其中特指为[＋说话人,
－听话人],非特指为[－说话人,－听话人]。

吴语中表示指称关系的常见语言表达包括代词和各种名词性短语。本节我
们主要讨论吴语的光杆名词(NP)、量名短语(ClP)、数量短语(NumP)以及指示
词短语(DemP)等短语形式的指称特点。这四种短语形式分别对应 DP 结构(限
定词短语:Determiner Phrase)的四个句法层级:

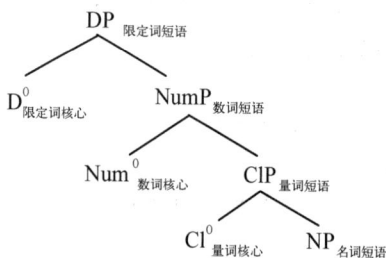

图 3-3　汉语的 DP 结构

2.2　光杆名词的指称

调查任务(一):考察吴语中光杆名词可能表示的指称语义,尤其是要注意
考察光杆名词表示有定或无定时可能存在的限制。

根据图 3-1 中的指称分化,我们首先确定光杆名词表示类指和通指的情
况。吴语的光杆名词出现在主语位置的时候,普遍可以表示类指或通指。例如,
富阳话的例句“熊猫是哺乳动物”中“熊猫”指称熊猫这一物种,表示类指解读,
而“熊猫吃竹子”一例中的“熊猫”具有通指的解读,不指称具体的个体,而是泛
指熊猫这一复数种群。

(1) a. 南方人吃饭,北方人吃面。　　　(富阳话)

　　 b. 鱼蹲勒水里,鸟蹲勒天浪上。

关于特征通指句,我们还需要考察光杆名词前是否可以出现指示词等成分,
如苏州话的例句“个蛇实蛮怕人葛(蛇是挺让人害怕的)”(刘丹青 2002)。

汉语中普遍没有英语中常见的定冠词或不定冠词,所以通常认为光杆名词可以直接表示有定或无定。普通话的情形的确如此。正如赵元任(1968)的经典例子,"客人来了"和"来客人了",其中的"客人"在这两个例句中分别表示有定和无定。

(2) a. 客人来了。　　　　　　　　（有定）

　　 b. 来客人了。　　　　　　　　（无定）

吴语光杆名词的指称特点存在内部差异,并不是所有吴方言的光杆名词都能直接表示有定或无定。我们在调查吴语光杆名词语法特点的时候,需要考察光杆名词是否可以独立出现在主语和宾语位置,以及是否需要使用"量名"形式。

以富阳话为代表的一批吴方言表示有定或无定时,不使用光杆名词,而需要使用"量名"短语,如例(3)所示。这些语言具有所谓的"定指量词",即借助量词来表示定指(Li 和 Bisang 2012 "definite classifiers",李旭平、申屠婷婷 2020)。

(3) a. 只狗只脚断掉喋。（这只狗的脚断了。）

　　 b. *狗只脚断掉喋。

李旭平(2018a)认为,以富阳话为代表的一类吴方言,它们光杆名词作宾语也非常受限制。这些语言中的光杆名词出现在宾语位置的话,只表示特征,不具有个体指,因此可以视作"宾语融合"(object incorporation)现象。

(4) a. 阿拉明朝爬山去！你去勿去？　　（富阳话）

　　 b. 四川人顿顿相要吃辣茄。

　　 c. 你走去还是乘汽车去？

根据我们的考察,虽然不是每一个吴方言都存在定指量词,很多吴方言可以直接使用光杆名词表示有定,但是这些方言表示无定的时候,仍然会有限制。如例(5)所示,在事件句(episodic sentences)中,富阳话光杆名词通常不能直接作宾语表示无定,名词前需要出现一个量词或者量化性成分。这种限制在没有定指量词的宁波话、杭州话等中也是如此。

(5) a. *我吃勒面。

　　 b. 我吃勒碗面。

2.3　量名短语的指称

调查任务(二):吴语中"量名"短语是一种重要的指称表达形式。对于该结构的调查,我们需要考察其句法分布和语义解读的映射关系。

首先,我们需要考察吴语的量词能否脱离数词,直接和名词结合,构成"量名"短语。

为了确定"量名"短语是否是一个合法的短语,我们可以先考察"量名"短语可以出现在哪些语境。除了考察常规的宾语位置,还需要考虑主语、话题等位置以及定中结构。只有这样,才能得到量名短语一个比较完整的句法分布。

(6) a. 主语:<u>本书</u>是我买的。

    b. 宾语:我买了<u>本书</u>。

    c. 定语:<u>部汽车</u>只轮胎破了。

    d. 话题:<u>只狗</u>,我买回来格。

对量名短语的结构考察,需要关注不同类型的量词是否都能出现在该结构里。尤其我们可以考察集合量词、不定量词和种类量词等特殊量词构造量名短语的可能。

(7) 温岭话:许_些学生   (复数量词+名词)

    富阳话:宗_种苹果都烂掉喋   (种类量词+名词)

    温州话:俫_些苹果   (复数量词+名词)

其次,在确定量名短语是一个合法的结构之后,我们还要明确其指称特点。具体来看,我们需要考虑"量名"短语在不同句法位置上的语义解读。Li 和 Bisang(2012)考察了普通话、吴语(富阳话)和粤语中量名短语在不同句法位置的语义解读。

表 3-1　普通话、吴语、粤语量名结构的语义解读(**Li** 和 **Bisang 2012**)

量名短语	话　题	主　语	处置宾语	宾　语
普通话	——	——	？	[-有定]
吴语	[+有定]	[+有定]	[+有定]	[-有定]
粤语	[+有定]	[+有定]	[+有定]	[±有定]

除了在句法层面的区别以外,调查过程中还需注意该方言是否在语音形式上区分有定量名、无定量名。例如,在上海话、绍兴话和温州话等方言中,有定量

名结构中的量词有特定的变调形式（参看第二章5.2节）。

除了吴语以外，粤语和湘语也都有定指量名结构。这里特别值得我们注意的是，湘语量名短语中的量词由通用量词"只"充当时，可以有"通指"的解读，如例（8）为湘语衡东话的用例。我们在调查吴语相应结构的时候，也可以考察吴语的量名短语是否表示类指示解读，尤其要注意通用量词的用法，如例（9）为苏州话的例子。

(8) a. 只邵东人最会做生意哒。邵东人最会做生意。　（衡东话　许秋莲 2007）

  b. 只桂圆也冇哩吗咯没什么味。桂圆也没什么味道。

  c. 只肉我劳_点不眼认喜欢吃。肉我一点都不喜欢吃。

(9) a. 个蛇实蛮怕人葛。　　　　（苏州话　刘丹青 2002）

  b. 个电脑我也勿大懂。

第三，定指量名可以从语义角度进一步区分为准定冠词型和准指示词型（参看第二章5.2节）。

为了确定某个方言的定指量词具体属于哪一种类型，我们在调查的时候可以考察定指量词可否跟远指或近指指示词对举。另外，指示词型的定指量词往往伴有特殊的变调形式——指示词的声调会转移到定指量词上。

2.4　数量短语指称

调查任务（三）：数量短语的调查要兼顾句法和语义两方面。就其句法属性而言，我们需要考察吴语数量短语的使用允准条件以及它跟动词的句法位置；就其语义而言，我们可以考察概数词是否有定指的解读。

汉语中量词最常见的句法环境是出现在数量短语中，构成"数—量—名"这一语序。虽然数量短语在汉语中常见的语序为"数—量—名"，但是在一些方言中也存在"名—数—量"等表达语序。

"数量名"短语通常解读为无定，并且无定短语通常需要被动词或介词允准，即得到相应的"存在封闭"（existential closure）才能有无定解读。因此，我们需要考察吴语的数量短语能否独立作主语，尤其要注意无定主语需要存在动词"有"的允准。

就吴语内部的差异来看，南部吴语瓯江片和台州片在数量短语的句法位置上与北部吴语至少有两个不同之处。首先，瓯江片和台州片数量短语最常见的句法位置是动词短语之前,即"数量短语+V";其次,它们的数量短语也经常出现"名词+V+数量"结构,该结构在瓯江片尤为常见(参见第二章5.6节)。

另外,我们可以考察吴语中概数词"两ⱼ"的相关用法。吴语中使用变调的"两"表示概数"多""几"是比较常见的一种词汇语法策略。根据王洪钟(2011:212)和李旭平(2018a),在一些吴语中,"两ⱼ—量—名"及约量表达的句法分布和"量名"短语基本一致,且可以被解读为无定或有定。

(10) a. 富阳话:两高平调个学生今朝请假。那几个学生请假。

　　b. 苏州渭塘话:点苹果烂脱哉。这些苹果烂了。

　　c. 海门话:多只苹果哪里来个呀?这几个苹果哪来的呀?

2.5　指示词短语的指称

调查任务(四):指示词的考察首先需要弄清指示词的距离指示是几分的,另外,还需要考察某方言中基本指示语素能否作指示形容词或指示代词。

指示词远近二分是吴语的常见类型,但是也有一些吴方言的指示词是三分或者不区分远近的。因此,在指示词的调查中,需要尽可能地考察对不同距离的物体进行对举的情况,关注其中指示词的使用。

在吴方言中普遍有 K 系指示语素,记作"葛""格""辩""个"等字形。对于有多个指示语素的语言来说,我们要考察 K 系列指示语素与其他来源的指示语素的用法是否对称。例如,胡方(2018)提到宁波话"该"和"堂"的用法并不平行,只有"该"是真正的指示语素。富阳话有三个指示语素,分别为"勒里""葛""兀搭",但是这不意味着它的指示系统是三分的。它们的来源不一样,其中是"勒里"和"兀搭"是处所成分,"葛"则无处所用法。它们是远近两分的,其中"勒里"和"葛"是近指,"兀搭"是远指。

从句法形式来看,我们需要考察吴语的指示词究竟是指示形容词还是指示代词。简单来说,看基本指示语素能否独立出现在主语等论元位置,如例(11)。此外,我们还可以考察处所指示词和方式指示词的相应表达。很多吴方言的基本指示语素没有指示代词的用法,只有指示形容词和处所指示词的用法,如富阳话的用例(12)。

(11) a. 这是鲤鱼。　　　　　　　　(指示代词)

　　　　b. <u>这</u>一条鱼　　　　　　　（指示形容词）

　　　　c. <u>这儿</u>是西湖。　　　　　　（处所指示词）

（12）a. ＊<u>尔搭</u>是鲤鱼。　　　　　（指示代词）

　　　　b. <u>尔搭</u>梗鱼_{那条鱼}　　　　　（指示形容词）

　　　　c. <u>尔搭</u>是西湖。_{那儿是西湖。}　　（处所指示词）

　　根据李旭平（2018b），对于没有定冠词的吴方言来说，指示词短语是天生的有定表达；对于有定指量词的吴方言来说，其指示词不起到标识有定性的作用，因而它们更像是一个指示形容词。

　　此外，我们还需考察指示词短语与光杆名词／定指量名短语之间的语义分工。

2.6　调查问卷使用及解释

　　针对上述四个调查任务，我们设计了20个调查问句来探究吴语各类指称表达的句法和语义特点。

　　（a）光杆名词的指称：例（15）—（18）

　　（b）量化表达（数量名、概数词与量化词）：例（19）—（24）

　　（c）指示词短语、量名短语等定指表达：例（25）—（31）

　　（d）方式和处所指示：例（32）—（33）

（二）指　　称

15. 狗在农村很常见。

　　竹子在北方很罕见。

　　例句说明：考察光杆名词表达类指的可能，其中"常见"和"罕见"是典型的类指谓词。

16. 冬笋比毛笋值钱。

　　例句说明：通指句用于描述某一规律性特征。考察在该语境中能否直接使用光杆名词。一些吴方言允许在句首出现指示词，因此调查时需要考察句首可否出现指示词。

17. 杨梅树快死了。

例句说明:考察光杆名词/量名结构能否直接作主语表示定指。调查者在调查时,可以提示发音人:假如院子里有一棵杨梅树,忽然有一天回家发现它快死了,能否说例(17)。这属于 Hawkins(1978)说的"情景指"。调查者也可以构造其他语境,比如"背景指""现场指"等。

18. 阿明中午吃了面,没吃其他东西。

例句说明:需要区分问答的语境和描述性语境。光杆宾语往往可以直接用于回答,但是并不一定能够用于描述句。

19. 刚刚有三个小孩在河里游泳。

　一个保安被打了。

例句说明:考察无定主语句的合法性,调查人需要注意所调查的吴方言是否需要存在动词"有"。同时,需要区分描述性语境和报道性语境。例如"一个保安被打了"可以用于报道性语境,此时主语位置的"有"可以不出现。

20. 有几个小孩在游泳。

　有些小孩在游泳。

例句说明:考察概数词的形式及其用法。吴语普遍使用"两"的变调形式来表示概数。

21. 所有的学生都来了。

例句说明:此句考察全称量化的情况。注意量化词(定语)和量化副词(状语)。"所有"一词偏书面语,很多吴方言使用副词策略,如使用"全部"来表示全称量化。

22. 每个医生都要戴口罩。

例句说明:考察时需关注除了"每个人"以外,有无其他表达全称量化的手段,比如使用代词"大家"或者量词重叠形式,如"量-X-量"。

23. 她买了(一)件新衣服。

例句说明： 本例用来测试宾语位置"一量名"如何表达数量解读(相当于英语的 one)和无定特指解读(相当于英语的 a/an)。根据吕叔湘(1944),普通话区分重读和弱读的"一"。此处需要考察重音是否影响吴语"一"的语义分化。

24. 他想找一个本地人结婚。

例句说明： 该语境中数量短语为非数量解读。我们需要考察为了获得相当于"a/an"的解读,数词"一"是否需要出现或者是否有重读要求。

25. 这是东海的带鱼。

这带鱼是东海的。

例句说明： 考察基本指示语素能否用作指示代词和指示形容词。有两个问题需要特别注意。第一,很多吴方言需要使用"指+量"形式才可以在该语境中使用。第二,K 系指示词(常记作"葛")是否跟通用量词"个"同音。

调查中还需注意"这"和"这带鱼"所表单复数的情况,可以通过提问"如果只有一条带鱼怎么说? 如果有好几条带鱼怎么说?"来进行考察。此外,还要注意指示代词与处所词的关系。

26. 这本书给他,那本给你。

例句说明： 此处为对举语境,主要用来测试指示词系统在距离上是几分的这个语法点。虽然吴语中指示词的两分格局是最常见的,但是我们也不能排除不分、三分等其他的可能。另外,需要留意指示词是否和量词同源。

27. 这个水龙头漏水了。

例句说明： 考察情景指语境下指称单数个体时,使用"指量名"短语还是"指名"短语。

28. 这些苹果是给你外婆的。

例句说明： 考察指示词短语的复数形式,相当于普通话"这些/那些"的表达。

29.（这/那）只狗死了。

例句说明：考察有无"定指量名"结构。如果有定指量名的话,需进一步考察它们能否和远指/近指指示词对举。同时需要注意,量名短语表示定指时,量词有无变调。

30. 那几个苹果烂了。

例句说明：考察概数词能否表定指的情况。调查人除了要调查"指+几量名"的使用情况外,还应询问发音人"几+量名"是否可以用在该语境中。同时,需要注意"几"的词汇形式及其是否有变调这两个问题。

31. 这也不对,那也不对! 你自己来做吧!

例句说明：例(31)为一个相对特殊的对比语境。很多吴语中会存在一组不同于常规指示语素的表达用于该语境。

32. 红烧肉不是这样做的。

例句说明：调查方式指示词(指示副词)的用法。可能一些吴方言在表示方式时不区分距离的远近。

33. 你坐(在)这儿,我坐(在)那儿。

例句说明：调查处所指示词。

第三节　限定、领属与关系化

在传统汉语语法分析的框架下,名词中心语左侧的成分往往都被分析为定语,但是这些修饰性成分的性质并不完全一致。从语义功能看,有的起限定外延的作用,比如指示词、疑问词等,有的修饰性成分则是起到缩小内涵的作用,如关系从句、形容词等。我们至少可以区分限定(determination)、领属(possession)和修饰关系(modification)这三种不同的语义关系,后者接近于"关系化"。

在很多研究中这三者被处理为广义上的"名词修饰结构"(noun modifiying

constructions）。普通话中,这三种语义关系在结构上具有很大的趋同性,修饰语和中心语都可由结构助词"的"来连接,即其形式可以统一为"修饰语+的+中心语"。但是,吴语中这三类语义结构的句法表现有时并不一致,在一些方言里这三种语义关系由三种不同的结构来表示。

3.1　限定关系

调查任务(一):考察吴语中限定词短语(determiner phrase)的结构形式"限定词+核心成分",限定词和名词中心语的性质以及可能的语序。

限定词包括指示词"这/那",全称量化"每/各",疑问词"哪"等,其中指示词是讨论限定短语时最为常见的代表成员。赵元任(1968)区分了普通话中"［戴眼镜的［那个学生］］"和"［那个［戴眼镜的［学生］］］"两类指示词短语,第一种情况中"关系从句"修饰指示词短语,起到"指别"的作用,第二种情况关系从句修饰名词,起到限制的作用。若将赵元任的关系从句扩展到其他修饰成分,比如形容词,我们也可以得到两类修饰短语,如例(1)所示。

(1) a. 新的那本书

　　 b. 那本新的书

在吴语相应结构的调查中,我们至少需要关注两个方面:

一方面,考察"修饰语+指示词+名词"和"指示词+修饰语+名词"这两种语序是否都成立。

富阳话只有"形容词+结构助词+指示词+量词+名词"的语序,没有"指示词+量词+形容词+结构助词+名词"的语序。但是,富阳话的形容词后如果不出现结构助词,"指示词+量词+形容词+名词"这一语序是成立的。

(2) 富阳话

　　 a. 新格葛本书

　　 b. ＊葛本新格书

　　 c. 葛本新书

另一方面,形容词后面是否需要出现结构助词,类似"的"的成分,如富阳话的"格",海盐话的□［ei］。

根据胡明扬(1954),海盐话的修饰结构中,如果中心语是光杆名词,需要出现结构助词□[ei];如果中心语是指示词短语,那么结构助词□[ei]不出现。

(3) 海盐话

    a. 倷□[ei]房子比我拉□[ei]好。<small>你们的房子比我们的好。</small>

    b. 渠奴□[ei]事体你晓得伐?<small>他的事情你知道吗?</small>

    c. 倷<small>你</small>瓣支笔好写伐?<small>你这支笔好写吗?</small>

    d. 我奴瓣件衣裳你看好看伐?<small>我这件衣服你看好看不?</small>

3.2 领属关系

调查任务(二):调查吴语领属结构的构成,它们是否都符合"领有者+领有标记+被领有者"这一基本表层结构语序。

领属结构表示广义上的领有关系,包括拥有(possession)、整体部分关系(part-whole)等语义关系。就吴语领属结构的调查而言,我们需要考察不同被领有者的名词类型对领属结构构造的影响。其中,被领有者的名词类型至少可区分为亲属名词/关系名词、集体名词和普通名词三种。

第一,被领有者为亲属名词/关系名词。

当被领有者为亲属名词或者关系名词时,包括杭州话、富阳话、海盐话等方言在内的北部吴语均要求使用领有者的复数形式,并且不出现领属标记"格"。比如,杭州话的"我们老婆"表示"我老婆","我们阿哥"表示"我哥哥"(汪化云、姜淑珍2024)。

(4) 杭州话:

    a. *我格老婆   *我老婆   我们老婆

    b. *我格阿哥   *我阿哥   我们阿哥

    c. *他格姆妈   *他姆妈   他们姆妈

(5) 海盐话

<u>倷<small>你们</small></u>兄弟今年几岁哩?

<u>我拉<small>我们</small></u>姆妈有起屋里?

第二,被领有者为集体名词。

在吴语富阳话中,当被领有者为"学校"等机构单位时,领有者要求为复数形式,被领有者可以是光杆名词形式或者"量名"形式。同时,采用"并置"

(juxtaposition)的方式连接领有者和被领有者。如例(6)。

(6) 阿拉(个)小区　　　　侬(间)屋里　　　　俚(间)学校

特别要注意的是,此处的量词不是一个专职的领属标记,它们仍应属于名词中心语的一部分。换言之,它们都属于零标记领属短语,即"[领有名词$_{复数}$]+∅$_{领有标记}$+[(量词)+集体名词]"。

第三,被领有者为普通名词。

与上述第二类结构不同,当被领有者为普通名词时,领有者不强制要求用复数形式。同时,被领有者的类型可以区分为光杆名词和量名短语两种情况,其中前者通常需要出现领属标记"格",后者为零标记形式。通常来说,被领有对于有定指量名的语言来说,被领有名词前的量词需要强制出现。

例(7)和(8)中的例子均为富阳话的用例,其中类型(一)只能用于通指语境,类型(二)用于定指语境。

(7) 类型(一):[领有名词]+格+[光杆名词]

　　　[脚踏车]格[轮胎]橡胶做格。

　　　[脸孔上]格[痣]点勿得。

(8) 类型(二):[领有名词]+∅+[量词+名词]

　　　a. [我]∅[部脚踏车]

　　　b. [张老师]∅[宗作业]我都做完喋。

3.3　关系化

调查任务(二):调查吴语修饰结构(关系从句、形容词)的构成,考察结构助词的使用与中心语的形式。

正如前文所述,狭义上的修饰语用于缩小名词的内涵,因此我们主要考虑关系从句和形容词这类定语。修饰结构的基本形式为"修饰语+结构助词+中心语"。在调查中,我们需要关注以下两个问题:第一,结构助词是否需出现;第二,名词中心语的形式。

依据结构助词是否出现,我们可以区分为零标记型和"格"标记型;名词中心语至少可以区分为光杆名词、量名短语和指示词短语三种情况。在一些吴方言中,修饰短语是否出现结构助词"格",跟名词中心语的类型密切相关。具体来

111

看,当中心语为指示词短语或者定指量名时,其修饰结构可以使用零形式。

(9) 类型 1：［我写格］［文章］

类型 2：［我写（格）］［篇文章］

类型 3：［我写（格）］［许篇文章］

此外,作为修饰语的形容词/关系从句（谓词）需要区分 Carlson（1977）提出的"属性谓词"（individual-level predicate）和"阶段谓词"（stage-level predicate）。这种语义对立不仅影响修饰结构本身的构造,还会对多个修饰语共现时的内部顺序起制约作用。例（10）富阳话的例子可以看到,颜色属性的形容词要比关系从句更加靠近中心名词。

(10)［昨日子买格］［黑格］条裤子

＊［黑格］［昨日子买格］条裤子

3.4 调查问卷使用及解释

针对上述的调查任务,我们设计了 16 个调查问句来探究吴语"限定、领属与关系化"方面的句法语义特点。

（a）修饰语和指示词的语序：例（34）—（36）

（b）领属结构：例（37）—（42）

（c）关系从句：例（43）—（46）

（三）限定、领属与关系化

34. 我要那条黑的裤子。

例句说明：考察指示词和形容词等限定成分的句法位置,如是否有"那条黑的裤子/黑的那条裤子"两种语序。

35. 贵的衣服总比便宜的耐穿。

例句说明：考察名词化标记的形式,如常州话的"便宜佬"。

36. 那床新的厚的被子拿出去晒一下。

例句说明：考察阶段属性形容词（"新"）与恒定属性形容词（"厚"）与指示词的语序。理论上类似例（36）的句子存在 6 种可能语序。

37. 他的自行车不见了。

　　例句说明：考察代词作领有者时是否有特定形式、连接项（如"的"）的隐现问题以及量词可否作连接项。

38. 阿明的奶奶是上海人。

　　例句说明：考察被领有者为亲属名词时，是否存在领有者复数表单数的情况。

39. 阿明的学校今天放假。

　　例句说明：考察被领有者为机构单位、表社会所属关系时，领属结构的组成形式，具体包括：连接项"的"的隐现；处所成分是否需要使用后置词，如"里"；领有者是否需要为复数形式。

40. 这辆自行车的轮胎破了。

　　例句说明：考察领有者和被领有者都是无生名词时的形式，具体包括：连接项"的"的隐现；能否以量词作为连接项。

41. 这条鱼不是我的。

　　例句说明：考察名词性物主代词有无特殊形式，如温州话有"我格书"和"我个"的对立。

42. 这里的茶叶很有名。

　　例句说明：名词中心语为不可数名词时，有无特定的连接项。

43. 他小时候住过的那间老屋被拆了。

　　例句说明：考察宾语关系化；可以考察中心名词的不同类型，如光杆名词、指示词短语等；当被领有者为指示词短语时，留意"的"是否需要。

44. 刚刚送你回来的人是谁？

　　例句说明：考察主语关系化；可以考察中心名词的不同类型，如光杆名词、指示词短语等。

45. 我最不喜欢吃的是臭豆腐。

例句说明：名词中心语(如"东西")能否省略。

46. 卖菜的来了吗?

例句说明：中心语能否省略。

第四节　程　　度

我们将程度(degree)看作一个专门的语法范畴,它表示形容词、副词、(心理)动词等词类所体现的对个体的度量功能。比如,当我们说"张三比李四高"时,形容词"高"表示两个个体之间关于彼此身高的比较,此处"身高的高矮"就是一种程度。我们可以利用"程度"这一个概念将汉语(包括吴语)的各类结构,诸如程度副词修饰形容词的相关结构、等比句(equatives)、差比句(comparatives)和感叹句(exclamatives)等,统一处理为程度结构(degree constructions)。

4.1　程度副词

汉语形容词通常区分为状态形容词和性质形容词两类,其中状态形容词可以独立作谓词,而性质形容词在谓词位置则通常需要与程度副词组合。

调查任务(一)：分别从句法和语义两个角度考察吴语程度副词的不同次类,前者考虑的因素包括句法位置,后者包括性质形容词和状态形容词的区分。

我们在调查的时候,首先要弄清一个语言里程度副词的基本成员。吴语的程度副词可以从句法位置区分为前置和后置两类,其中前置的程度副词包括"蛮"(very)、"噶"(so)、"木姥姥"等,后置的程度副词有"猛"(quite)、"煞"(extremely)等。

其次,可以进一步测试两类程度副词的句法限制和表现差异。前置型程度副词修饰形容词后,往往需要加"的"表示确认语气,如例(1)。吴语普遍没有普通话中类似于"好得很"的"得"字结构,其后置型程度副词往往直接后接于形容词,如例(2)。

(1) 前置型程度副词

    上海:上海蛮大格。

    富阳:今年杨梅嗒贵格!

    杭州:葱包烩莫姥姥好吃!

    东阳:今年危险热。

(2) 后置型程度副词

    定海:热猛

    温州:热显(热)

    湖州:好看煞

再者,吴语的状态形容词比普通话更为丰富,可以考察颜色、口味等不同语义场中的状态形容词。同时,注意考察状态形容词是否有 AAB、ABB 和 ABAB 等不同的形态变化。

(3) a. 外头爿天墨黑/墨黑墨黑/墨墨黑/*墨黑黑。

    b. 葛个橘子津酸/津酸津酸/津津酸/*津酸酸。

    c. 今年格新米喷香/喷香喷香/喷喷香/*喷香香。

最后,从语义的角度来看,在北方方言中有一类程度副词跟主观评价有关,例如"可""老"等。在吴语的调查中也可以留意是否有这类特殊的程度副词。

(4) 张三老/可高了。　　　　(主观性程度副词)

4.2 平比句

调查任务(二):调查吴方言平比结构的构成和相关语法标记,注意区分介连词结构和"有"字结构等不同形式。

丁声树等(1961)曾提到平比句的界定并指出,"跟、和、同"也常常用在表示比较平比的句子里,后头的格式很有限,最常见的是"一(个)样、一般、相同、相近"一类。我们在调查吴方言中的平比句时,需要调查介连词的用字,区分"和"类连词和"像"类介词。"和"类连词吴语特别丰富,包括富阳的"得"、绍兴的"则"、上海的"帮"、瑞安话的"搭/代"等。

（5）a. 我<u>和</u>你一样高。

　　b. 我<u>像</u>他那样高。

吴语中的"有"字句也可以用于表示平比关系，即"NP1＋有＋NP2＋程度指示副词＋形容词"，如例（6），其中 NP1 是比较对象，NP2 是比较基准。该结构的直接来源可能是"有＋度量短语"，其中的"有"，相当于英语的 *reach* 或者 *have the height of …*，如例（7）。对于很多吴方言来说，在度量短语后面需要强制出现程度指示副词"噶"。

（6）a. 葛梗蛇有手梗<u>噶</u>粗。

　　b. 葛间房子有两株毛竹<u>噶</u>长。

　　c. 你双脚有无渠<u>噶</u>大？

（7）a. 渠有一米八<u>噶</u>长。

　　b. 葛埭江有两百米<u>噶</u>长。

4.3　差比句

调查任务（三）：考察吴方言中差比结构的类型，其中包括"比"字句、"过"字句和话题结构等小类。

差比句，也就是平时所说的狭义上的比较句。前文第二章提到，汉语中有两种常见的差比句："比"字句和"过"字句，其中"比"字句在吴语是比较常见的一种比较结构，而粤语等其他南方方言中的"过"字句在吴语里不常用（参看第二章4.4节）。

调查吴语中的"比"字句时，需要考察的内容包括：第一，形容词后是否需要出现程度短语，如"两公分"，"丢_{一点}"等；第二，形容词前是否需要出现"还"之类的副词，分别如例（8）和（9）所示。

（8）a. 我比你长<u>两公分</u>。

　　b. 我比你大<u>丢</u>。

（9）宁波比杭州（还）大。

吴语中最为常见的一类比较句是用"还是／还／是"来引导的话题式比较结构。调查时可以考察：（ⅰ）相关的语法标记是什么，如例（10）；（ⅱ）哪些成分可以充当话题，如例（11）和（12）。

（10）渠<u>还是</u>／<u>是</u>／<u>还</u>我大。

（11）a. 这次考试，我还是渠考勒好。

　　　b. 我，这次考试，还是渠考勒好。

（12）a. 我，跑步，还是渠跑勒快。

　　　b. 我还是渠跑步跑勒快。

　　　c. 我跑步还是渠跑步快。

4.4　感叹句

调查任务（四）：考察吴方言中感叹句的构成和类型，至少包括疑问词策略和否定策略等。

带形容词的感叹句也涉及程度。汉语使用 HOW 类特殊疑问词表示感叹是一种普遍策略，如普通话常用"<u>多么漂亮</u>""<u>多漂亮</u>"之类的表达，吴语则使用"<u>多少</u>""<u>几许</u>"等作为一个感叹词。

（13）a. 富阳话：多少热勒勿晓得！

　　　b. 苏州渭塘话：格只菜几许好吃！

　　　c. 瑞安话：几恁好吃也＜晓弗＞得！多么好吃都不知道！

此外，吴语也可以使用否定形式表示感叹，如例（14）。

（14）富阳话：勿太好吃！

4.5　调查问卷使用及解释

我们设计了 16 个例句调查吴语中的程度结构，调查内容涉及程度副词词汇类型、比较结构，以及程度短语出现的句法位置。

（a）程度副词与不同类型谓词的组合：例（47）—（49）

（b）程度副词：例（50）—（53）

（c）比较结构：例（54）—（57）

（d）程度短语作状语和补语：例（58）—（62）

（四）程　　度

47. 他家里干干净净的，住着很舒服。

例句说明：考察状态形容词作谓词时，句末是否需要出现"的"。

117

48. 明天说不定很热。

　　例句说明：考察性质形容词作谓词的情况,考察(a)前置和后置程度副词的情况;(b)是否需要表确认的"的"。

49. 他很会喝酒。

　　例句说明：考察程度副词修饰情态动词的情况,注意副词"很"的位置,以及宾语是否前置等问题。

50. 这碗菜太咸,不好吃。

51. 你这么喜欢吃,就多吃点。

　　例句说明：是否有"这么/那么"的区别。

52. 他数学考得最好。

53. 这件衣服贵,那件便宜。

　　例句说明：考察对比语境中,形容词原级使用情况。

54. 我跟他一样高。

55. 他没有我这么高。

　　例句说明：是否有话题式比较结构。

56. 我比他高。

　　例句说明：形容词后是否需要出现度量成分,如"些、点";除了"比",有无其他介词表示比较,如"拼";注意其他比较级句式,如话题式、A-形容词过-B。

57. 我爸爸比我妈妈高十公分。

58. 他儿子可能有一米八高。

　　例句说明：考察程度副词"那么"是否需要强制出现，表述为"有一米八那么高"。

59. 这条河/江有五十米宽,(不容易游过去)。

60. 他走路走得很快。

61. 他高兴得要死。/他高兴极了。

62. 慢慢走,别急!

　　例句说明：考察重叠副词后有无"叫"类标记,如"慢慢叫"。

第五节　及　物　性

　　及物性(transitivity)是句法的核心概念之一。虽然及物性背后有语义的基础,但说"某个动词在语义上是及物的/不及物的"是没有意义的。这个问题类似于我们讨论词类时,光从语义标准去判定词性是站不住脚的,这是同一个道理。及物性涉及每个小句的核心论元数量以及句中动词与名词性成分之间的语义关系。我们可以依据动词的及物性将其区分为不及物动词和及物动词。根据Dixon 的句法基本理论,不及物动词只带一个论元,实现为句子的主语(S),而及物动词则至少带两个论元,分别实现为主语(A)和宾语(O)。

小句类型	谓词	核心论元
不及物	不及物	主语(S：Subject)：不及物动词主语
及物	及物	主语(A：Agent)：及物动词主语
		宾语(O：Object)：及物动词宾语

5.1　不及物动词的论元配置
调查任务(一)：考察吴方言中非宾格和非作格动词的论元实现的句法位置

和语序等问题。

不及物动词只带有一个论元。不过,从汉语的相关事实出发,不及物动词的唯一论元未必总是实现为主语。汉语可以依据句法位置,区分不及物动词的论元分别实现为主语和宾语两种情况。例如,"下雨了""着火了"这种不及物谓词所带的论元是典型的宾语,而"雨下了""火着了"其中的论元则为典型的主语。

我们可以根据该论元是基础生成在主语的位置还是宾语的位置,区分为"非宾格动词"(unaccusative verbs)和"非作格动词"(unergative verbs)。所谓非宾格动词,它们只带有一个受事论元。例如"下雨了、着火了、玻璃碎了",其中论元的题元角色不能是"施事"(agent),只能是"受事"(patient)。非作格动词则只带有一个施事论元,如例(2)的"笑""跑""走"等。

(1) 非宾格动词:

　　a. 发大水了。

　　b. 玻璃碎了。

(2) 非作格动词:

　　a. 张三笑了。

　　b. 小偷跑了。

　　c. 学生们都走了。

黄正德(Huang 1987:204)讨论汉语的存现句时将其分为四类,其中前三类动词均为不及物动词:

(3) 有:　　桌上有一本书。

(4) 来、死:　村里死了一个人。

(5) 躺、放:　床上躺着一个老人。

(6) 教、选:　我教过一个学生很聪明。

在吴语不及物动词的调查中,我们需要考察常见的不及物动词,如存现动词,是否可以直接出现在对应于普通话的相关句式中。换言之,同一个动词在不同的汉语方言中使用的句法环境可能是不同的。

例如,一些吴方言中的有字句不能直接引介存在宾语,它们需要在句末出现存在动词,构成"有……在"这样的结构,如例(7a);对于例(4)和(5)的句子,吴方言的相关动词不能直接后接于存在宾语,它们倾向使用"有"字句,如(7b)和(7c)。

（7）a. 有：桌床浪<u>有</u>本书勒底<u>在</u>。 （富阳话）

b. 死：上晚头村里<u>有</u>个人死掉嗰。

c. 睡：床上<u>有</u>个人眍好勒底。

5.2 及物动词的论元配置

调查任务（二）：及物动词主要出现在主谓谓语句，在吴语中我们需要考察宾语的性质和出现的句法位置。

在吴语由于话题化以及"动后限制"等特殊条件的制约，很多在普通话中见于常规动后位置的宾语需要前置到动前（具体可参看第二章 5.6 节）。结合第二章的已有讨论，调查时需关注以下几个方面：

第一，宾语的类型。我们需要考察宾语分别为光杆名词、无定短语（如数量短语）和有定短语（如指示短语和人称代词）等形式时，它们分别出现在什么句法位置。

第二，谓词的复杂性。我们需要考虑动词谓词本身的复杂性（如是否是动补结构）、不同时体标记对宾语位置的影响。

第三，句式的影响。我们需要考察疑问句和陈述句（包括肯定和否定形式）时，宾语的句法位置有无影响。

5.3 双及物动词的论元配置

调查任务（三）：调查各类双及物动词的论元配置和语序问题。

吴语的双及物动词非常丰富，根据动词的语义我们至少需要考虑四类动词。

第一，该方言是否有通用给予义动词，即相当于"给"的成分，比如北部吴语普遍使用"拨／把"类标记，温州话则使用"丐"作为给予义动词。同时，我们需要考察通用给予义动词与直接宾语、间接宾语的句法位置，如考察有无类似于"给本书我"和"给我本书"两种语序的对立。

第二，注意寄送类动词的情况，如"寄""送"等。我们也需考察此时直接宾语和间接宾语的配置问题。具体而言，注意这类动词是否有类似英语"send something to somebody"和"send somebody something"等的不同表达句式。

（8）送勒渠本书。 （富阳话）

送勒本书拨渠。

第三类双及物动词为租借类动词,如"借""租"等。它们往往有两个语义,即所谓的"借入"(borrow)和"借出"(lend),以及"出租"(lease)和"向某人租"(rent)等。例如普通话中的"张三借了我一千块钱"就是一个歧义句。此外,在调查过程中,我们还需特别注意间接宾语(旁格论元)的引入方式。

(9)问渠借勒本书(borrow a book from him)

　　借勒本书拨渠(lend a book to him)

第四,考察普通非双及物动作动词(activity verbs)如何引入旁格宾语。比如,在武汉话等一些方言中有类似"买件毛衣(你穿)"之类的表达,通过该结构,普通的及物动词可以进入双及物的构造。考察吴语中的此类结构,我们可以注意是否需要介词"拨"、动词是否需要存在重叠等特殊形式。

(10)买斤香蕉拨阿婆吃吃。

　　香蕉买斤拨阿婆吃吃。

(11)挑件毛线衫拨渠穿穿。

　　毛线衫挑件拨渠穿穿。

上述结构区别于受益结构,受益结构往往通过介词短语"拨+NP"前置,受益的语义可以理解为"替某人干某事"。

(12)拨阿婆买斤香蕉。

　　拨渠挑件毛线衫。

5.4　调查问卷使用及解释

我们共设计了15个例句考察吴语动词的论元配置,根据及物性大致可以分为以下三种情况:

(a)不及物动词的论元实现:例(63)—(64)

(b)及物动词的论元实现:例(65)—(71)

(c)双及物动词的论元交替:例(72)—(77)

(五)及物性与论元配置

63. 客人已经来了。

例句说明:考察主语位置的光杆名词是否获得有定解读。

64. 你们家来客人了。

例句说明：考察非作格动词宾语的位置,注意语调模式的不同可能对宾语有定性的影响。

65. 前面有很多红绿灯。

前面有红绿灯。

例句说明：考察光杆名词和数量宾语对"有"字句的构成有无区别,特别是吴语常常有"有……在"结构。

66. 大门上贴了/着一副对联。

例句说明：考察存在不同存在句式的可能性,如"有"字句语序限制不同。

67. 书卖了。

杯子打碎了一个。

例句说明：考察受事主语句。

68. 我写完作业了。

例句说明：考察动后限制对宾语位置的影响,如"作业写完"和"写完作业"的区别。

69. 她打扫干净了房间。

例句说明：不同于例(68)的消耗性谓词,例(69)为积极性谓词,在一些方言中补语形式有区别。

70. 他逮到了一只鸟儿。

例句说明：南部吴语需要留意考察分裂式数量短语的可能,比如温州话可能会使用"鸟逮着一只"之类的表达。

71. 他今年已经买了两部手机。

例句说明：考察宾语前置时出现在副词"已经"之前还是之后两种可能,并由此来区分动前宾语和次话题两个不同的前置宾语位置。

72. 我送了他一本书。

例句说明：考察是否存在"送他一本书"和"送一本书他"两种语序的可能。

73. 房东给了他一碗饺子。

例句说明：考察通用给予义动词 GIVE 的词汇形式；考察间接宾语和直接宾语的位置导致的语序差异，并且同时考察相关结构是否需要使用与格介词。

74. 买了一件毛衣给她女儿。

例句说明：考察受益格的句法实现，即有无"动词—直宾—间宾"句式，其中与格介词不出现；考察"给+间接宾语"置于动词前和动词后两种情况下的语义区别，如接受者与受益宾语的区别。

75. 他告诉了我一件很奇怪的事。

例句说明：有的吴方言并没有"告诉"一词，因此会使用介词结构来表示，如"……跟讲"等结构。

76. 阿明租了老张一套房。

例句说明：普通话的双及物动词，如"租""借"有物体转移方向上的歧义，可以考察吴语中是否采用不同句式。

77. 老张借了我一千块钱。

第六节　题　元　标　记

句子由谓词（predicate）和相应的论元（argument）组成。论元通常由名词短语或从句充当。谓词用于描述论元经受的动作或状态。在语义学中，题元理论（theta-theory）基于谓词给每个论元赋予题元角色（thematic roles），描述它们在事件中充当的语义角色。

一个题元角色由一个或多个题元关系(thematic relation)组成。最常见的题元关系包括：

施事(agent)：　　　　　〔张三〕打碎了玻璃。

感事(experiencer)：　　〔张三〕喜欢玛丽。｜ 〔张三〕很开心。

受事(theme/patient)：张三打碎了〔玻璃〕。

目标(goal)：　　　　　张三去〔杭州〕了。

接受者(recipient)：　　张三送了一本书给〔李四〕。

地点(location)：　　　我住在〔杭州〕。

来源(source)：　　　　他从〔北方〕来的杭州。

工具(instrument)：　　中国人用〔筷子〕吃饭。

受益(beneficiary)：　　张三给〔妈妈〕买了一件毛衣。

论元的引介主要由动词和介词来实现。其中动词引介的论元具有较强的跨语言一致性,比如施事、感事、受事等题元角色往往由动词引入,而其他题元角色则由不同的介词引入,通常会体现一定的跨语言或跨方言差异。

这也符合类型学上提出的一致关系和格标记之间的互补关系,其中主语更容易通过一致关系(agreement)来体现,而宾语等通过格标记(case)来实现(参见 Siewierska 和 Bakker 2012)：

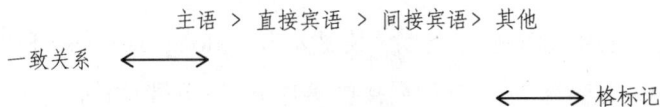

主语 ＞ 直接宾语 ＞ 间接宾语＞ 其他

一致关系 ⟵　　　⟶

⟵　　　⟶ 格标记

图3-4　一致关系与格标记的关系

调查任务：确定各个题元标记的词汇类型,考察不同题元角色的论元可能受到的句法限制。

6.1　受事/处置宾语

处置宾语是一类特殊的受事宾语,普通话中它们需要用介词"把"来引介。通常来说,受事宾语总是出现在动后,前置的宾语需要专门的语法标记,因此一些学者(如 Chappell 2015)将"把"分析为一种宾格标记(object marking)。

吴语处置宾语的调查包括两个具体的任务。第一,如果该方言有处置式,那么该处置标记的词汇形式是什么? 第二,处置式有无特殊的语义要求。例如,富阳话的处置式只能用于消极事件,不能用于积极事件。

(1) a. ＊渠搭我件衣裳洗干净喋。

　　 b. 渠搭我见衣裳洗破喋。

　　 c. 渠搭我打。

6.2　受益

吴语中,受益格标记的词汇来源内部差异特别大。北部吴语最常见的受益格标记为给予义的"拨",南部吴语中相应的标记为"帮""代"等。对于北部吴语来说,受益格标记和与格标记同形,它们的区分主要靠句法位置。

(2) 与格: 买了件衣裳<u>拨拉姆妈</u>。　　　(富阳话)

　　 受益格: <u>拨拉姆妈</u>买了件衣裳。

6.3　被动标记

我们将被动句的调查分解为三个语法点。

第一,方言中相应的被动标记是什么? 比如北部吴语常用"拨",温州话用"丐"。

第二,汉语的被动句通常区分"长被动句"(long passives)和"短被动句"(short passives),前者的被动标记后接施事成分,后者被动标记直接出现在动词前面。我们需要考察方言中是否同时具有这两类被动句。根据我们掌握的资料,不少吴语没有短被动句,而只有长被动句。

第三,普通话的被动句可以表示积极事情(比如"被表扬、被奖励"),也可以表示消极事情(比如"被批评")。我们需要考察吴语的被动句是否在语义上有所分化。

6.4　地点和目标

吴语中引介"地点"的存在介词和引介"目标"的位移介词可以由两个不同

的介词表示,也可以由同一个标记引介。比如,北部吴语虽然也有表示位移的"到",如例(3),但是"勒"通常既可表示地点处所的"在",也可以表目标位移终点的"到",如例(4)所示。以下例子均为富阳话。

(3) <u>渠</u><u>生</u><u>勒</u>屋里。<small>他出生在家里。</small>

　　尔送送娜外婆<u>到</u>屋里。

(4) a. 两本书放好勒<small>在</small>桌床浪。

　　b. 两本书放勒<small>到</small>桌床浪去。

6.5　来源、路径和向格

"来源"(source)可以表示具体的位移起点,也可以是抽象的来源。在普通话中,两者均由介词"从"引介,例如"从上海来""从他那里借来的"。同时,普通话中的"从"还可以引介路径(path),例如"从这条路走"。

吴语引介起点处所(来源)可见三种手段:(一)零标记形式,类似于"我学校回来"。(二)从+处所名词,如"我从学校回来"。其中,介词"从"往往被认为是后起的,一般倾向不用。如曹志耘(2000:65)指出金华汤溪话中用"从",带有强烈的普通话色彩;石汝杰(2000:11)指出苏州话中"从"常可不用。(三)由"地点"处所介词来引介"起点"处所,如象山话的"勒":

(5) a. 张三爬<u>勒</u>山头顶搭。<small>张三爬到山顶。</small>

　　b. 张三(<u>勒</u>)山头顶走落来。<small>张三从山顶走下来。</small>

在经由路径的表达上,多数吴语会使用"走这条路"类似的表达。钱乃荣(2014a)指出,上海话、宁波话等方言也可用后置标记表示路径,如例(6)中的"介[ka]"和"介头"。我们暂不确定"介"或"介头"是后置介词还是副词。

(6) a. 到城隍庙侬好蹲小路<u>介</u>走,勿要抄远路<u>介</u>去。

　　b. 我过街楼<u>介头</u>去寻伊。

"向格"也可以区分为物理位移的方向和抽象动作行为的方向,普通话中一般用介词"向",而吴语中则多用"望",有时也可以使用"问"等标记。例如:

(7) 瑞安话

　　a. <u>望</u>西面走。

　　b. 笔<u>望</u>渠俫借借。

(8) 苏州话(汪平 2011：273)

    a. <u>望里向</u>走。

    b. <u>问俚</u>借本书。

6.6　并列和伴随

汉语表示并列的连词往往跟表示伴随的介词同型,一些学者也因此将相关标记称之为"介连词"(江蓝生 2012),在一些民族语研究中则将相应形式称为"和同格"或"随联格"(张安生 2013)。吴语中常见的标记包括"得""则""搭"等,另外,上海话用"帮"、杭州话用"同"。

并列连词和伴随介词的区分有几种句法测试手段,包括(i) 根据副词的插入位置,如例(9);(ii) 主宾语的不对称现象——宾语位置的"和"类标记宜视为连词,而非介词;(iii) 谓词的形式:当谓语为分配性谓词时,主语位置的"和"通常为连词;当谓语为集合谓词,主语位置的"和"有歧义,如例(10)。

(9) a. A 和 B(去年)结婚了。

    b. A(去年)和 B 结婚了。

(10) a. A 和 B 都是中国人。　　(分配谓词:"和"为并列连词)

    b. A 和 B 是好朋友。　　(集合谓词:"和"为并列连词或介词)

6.7　调查问卷使用及解释

我们设计了 24 个例句用于考察吴语的各类题元标记,具体包括以下五类:

(a) 处所介词:例(78)—(82)

(b) 其他旁格介词:例(83)—(87)

(c) 处置介词:例(88)—(92)

(d) 被动结构:例(93)—(97)

(e) 致使结构:例(98)—(101)

(六) 题 元 标 记

78. 你在哪里干活?

    例句说明:介词能否省略;区分动词和介词的"在"。

79. 书放(在)桌子上。

例句说明:此例可描述状态或动作,分别用于回答"书在哪?"或"书应该放在哪?",一些方言会在句法上区分这种语境。

80. 他等到九点钟才走。

例句说明:考察"到"和"在"的区别,在一些南方汉语中有"在""到"同形的情况。

81. 去他们家,要往东走,不要往西走。

82. 她从外婆家来。

从这条路走。

例句说明:"从"表起点或经由,一些北部吴语可能使用后置成分表示,比如富阳话的"噶"。

83. 阿明拿了一本书给他。

例句说明:此例考察与格标记的形式。

84. 陈宇给弟弟盛了一碗饭。

例句说明:前置的"给"类标记表示替代或受益。

85. 我跟你一起抬。(或:我和你一起抬)

例句说明:注意伴随连词 AND 的不同形式。汉语中表示伴随,常有多个功能类似的标记。

86. 我懒得跟你说话!

87. 跟/向/问同学借一下铅笔。

例句说明:考察伴随介词能否用作来源介词。

88. 把门关上！

    例句说明：考察祈使句能否使用处置标记。

89. 妈妈已经把电费交了。

    例句说明：考察把字句的谓语可否是简单形式，即无补语形式。

90. 你把自行车借我骑几天。

91. 他把我的衣服弄脏了。

    例句说明：处置标记有不同的来源，注意考察积极义和消极义动词的区别是否影响处置标记的使用，如例（91）和（92）的区别。

92. 她把衣服都洗干净了。

93. 他被蛇咬了一口。

    例句说明：考察被动标记的词汇形式。

94. 我的笔被他弄丢了。

    例句说明：考察有无短被动句，即被动标记后的施事能否省略。

95. 村里的大桥被冲垮了。

96. 花盆被人家搬走了好几个。

    例句说明：考察无明确指代的代词的形式，如"人家""他们"等不同形式。

97. 他被老师表扬了。

    例句说明：考察被动标记的使用是否与积极义谓词搭配。

98. 老师让我这个星期擦黑板。

例句说明：广义上的致使可以进一步细分为使动（causative）、允让（permissive），以及任凭等语义。在吴语中它们可能用不同的语法标记表示。

99. 别让他知道了。

100. 你就让他报名吧。

101. 让她哭！别去理她。

第七节　体

7.1　体范畴

经典定义中的"体"（aspect）主要指视点体（viewpoint aspect）。Comrie（1976）提出，（视点）体是"看待情状（situation）内部时间构成的不同方式"①，根据是否将情状呈现为单独的不可分析的整体，将它分为"完整体"（perfective）与"非完整体"（imperfective）。

20世纪90年代，Smith（1991/1997）将通常由词汇表达的情状类型也纳入了体系统的研究范围，提出了双体理论——"情状体"（situational aspect）和"视点体"。情状体一般指由动词语义所包含的时间结构。② Olsen（1997）称之为"词汇体"（aktionsarten/lexical aspect）和"语法体"（grammatical aspect）。

需要注意的是，不同于"时"（tense）对应于"时间"，"体"作为一个语法范畴并不存在与之相应的绝对语义概念（Comrie 1976）。因而，我们会发现，在大多数的语言研究里，被用来表示一般语义对立的"体"，往往受限于（基于个别语言中语义差异的）特定的对立。

---

① 原文：Aspects are different ways of viewing the internal temporal constituency of a situation（Comrie 1976：3）。

② 例如，Vendler（1967）基于英语中动词的时间特征（包括时间上的持续 temporal duration、时间上的终点 temporal termination 和内部的时间结构 internal temporal structure 等），将动词所指的事件情状分为状态（states）、活动（activities）、达成（achievements）和成就（accomplishments）。

基于上述基本理论背景来看吴语的时体范畴,我们发现:

第一,吴语是典型的时态缺位语言(tenseless language),但几乎所有的吴方言都存在完整体与非完整体的形式对立。吴语中动词短语编码的情状类型情况与普通话基本一致,即动词语义编码的情状体基本趋同。

第二,吴语中体标记和体意义之间不总是严格的一一对立关系。一方面,同一标记可对应多种具体意义。例如,不少吴语(如临海话)的标记"过"可用于表经历体、重行体等。另一方面,同一体意义可能存在多个体标记。例如,北部吴语(如绍兴话、富阳话)的标记"得"和"上"都可用于表完整体意义。

第三,吴语中的体标记往往保留着一定的词汇意义。例如富阳话中的进行体标记由"勒+处所成分"构成,由语素"底[远指]"和"搭[近指]"作处所成分,因而其进行体标记区分远近。

(1) 富阳话

    a. 外头<u>勒底</u>落雨,伞带好。(外面在下雨,伞带好。)

    b. 我<u>勒搭</u>写信。(我在写信。)

据钱曾怡(1988/2002),嵊州话中相当于"了$_2$"的成分也区分远近。例如:

(2) 长乐话(钱曾怡 1988/2002)

    a. 伊来□$^=$[kua^0]。(他来了。——在这儿,就在眼前。)

    b. 伊来□$^=$[lia^0]。(他来了。——在这儿,就在里间屋里。)

    c. 伊来□$^=$[maŋ^0]。(他来了。——在那儿。)

除视点体外,在吴语中,情状体意义也可能会由封闭的功能词类充任,这类标记也值得作进一步的考察。如瑞安话中由"起、爻"等成分来充任完结体标记(completive/telicity),同时,"爻"一般需与消失/消极义动词短语组合,"起"一般后接于使成/积极义的动词短语(潘悟云 1996,游汝杰 1994)。例如:

(3) 瑞安话

    a. 狗儿死<u>爻</u>罢。(小狗死了。)

    b. 狗儿醒<u>起</u>罢。(小狗醒了。)

因此,当我们对目标方言的体范畴进行调查时,具体的调查任务可分为:第一,考察方言中对不同体意义的编码方式,从而确定目标方言体系统的基本格局;第二,考察方言中这些体标记的词汇来源及其类型、(特殊的)句法语义表现

等。调查过程中需要注意避免普通话的"干扰",以下我们主要以完整体的编码
手段为例进行简要说明。

7.2 体标记的基本形式

调查任务(一):(从语义出发)考察不同体意义的相应编码方式,确定被调
查方言体系统的基本格局。

我们的调查所涉及的体意义包括完结体(completive)、完整体(perfective)、
完成体(perfect)、经历体(experiential)、进行体(progressive)、持续体
(durative)等。

一方面,对吴语(乃至其他汉语中/南部方言)而言,标记的语音形式与"了
le"相近或相同既不是确定体标记的必要条件,也不是充分条件。在调查中可能
会发现方言里在共时层面上具有语音形式与"le"相同或相近的虚词,但这些标
记的来源和功能极可能与普通话的"了"不同。例如富阳话的"勒[ləʔ]"、余姚
话的"勒[ləʔ⁰]"、丽水话的"勒[lə⁰]"等,尽管它们与普通话的"了"声韵相近,
但并不同源。

(4) 富阳话(盛益民、李旭平 2018:327)

我日中吃<u>勒</u>三碗饭。(我中午吃了三碗饭。)

(5) 丽水话(雷艳萍 2019:121)①

上次只买<u>勒</u>一本书,今日乐多买几本。

(上次只买了一本书,今天要多买几本。)

前人对吴语体标记的来源也作过不少讨论,如梅祖麟(Mei 1979)、陶寰
(1995)等主张太湖片(北部吴语)的体标记"勒""仔"均来自"著",郑伟
(2010b)、盛益民(2022)等指出太湖片的体标记"浪"来自"上",林素娥(2023)、
孙晓雪(2023)等则指出"勒"更有可能来源于"得"。郑张尚芳(1990)、陶寰
(1995)等也均曾指出吴语中普遍存在着虚词语音形式演变的"弱化"现象,②具

---

① 雷艳萍(2019)原文将标记记为"了",本研究统一改记作"勒"。
② 弱化现象不是吴语所特有的。据郭锐等(2017),北京话的虚词"了"在清中叶到民国时期
 发生了语音弱化,体现为不同的写法记录:liao→lo→la→lə,其中可见"咯""啰""喇""啦"
 等不同写法。

体包括声母的浊化、通音化、韵母元音的消失、复元音单化以及在声调上的轻声(/连读变调的中性化①)或促化。因此,吴语中语音形式近于普通话"了"的标记,极有可能是不同成分发生非常规音变后"殊途同归"的结果。因此,尽管在调查中有时不易直接确定标记的本字,但为标示这种差异并避免误导,我们提倡调查时采用记音字,而不记作"了"。

另一方面,句法位置标准不一定适用于方言体标记的调查与研究。普通话常常基于"词尾"和"句尾"两个句法位置进行判断,从而产生了为学界接受最为广泛的"了$_1$-了$_2$"的二分格局(黎锦熙 1998/1924,王力 1985/1944,吕叔湘 1999/1980,朱德熙 1982b 等)。这一句法标准并不适用于吴语的体系统,尤其是浙江沿海吴语。受到吴语自身句法类型(如动后限制、受事宾语前置等)的影响(详参第二章 5.6 节),吴语中围绕动词的体标记往往置于句尾。例如,温州话中动词受到补语等成分修饰时,其后不能再出现受事宾语(潘悟云 1997:65—66)。

(6) 瑞安话

    a. 渠饭吃完罢。(他饭吃完了。/他吃完了饭。)

    b. ＊渠吃完饭罢。

    c. ＊渠吃完罢饭。

往往置于句末的动词,会使得作用于动词短语的体标记也只能置于句末,而非句内。如果简单采用句法位置对应,那么"罢"相当于普通话的"了$_2$",但在语义上又可相当于普通话的"了$_1$"。在这种情况下,"句内(词尾)/句末"的句法位置标准对于吴方言(尤其是沿海吴语)来说,并不存在典型的区别意义。

7.3 体标记的语义

调查任务(二):(从标记出发)考察方言体标记的词汇来源及其类型、(特殊的)句法语义表现。

"完整体标记"是不均质的,即同样用于编码完整体意义的标记,它们的语法化程度、(基础生成的)句法位置、语义表现都可能存在差异(孙晓雪 2023)。例

---

① 连读变调的中性化指某一成分与其他成分发生连调行为时,它的变调与本调不取决于自身的声调,而是受制于其他成分的声调特征,又被称为依附调。普通话中的轻声也可视为是一种依附调(陶寰 1995:13)。

如,北部吴语存在较为普遍的"双完整体标记"的情况,即同一方言内存在两种不同形式且不同词汇来源的完整体标记(详参第二章 5.7 节)。这种"不均质"也同样适用于进行体、持续体等。

此外,对于有着相同词汇来源的体标记来说,在不同方言中的句法语义表现也会有所区别。例如标记"过"可表完整体、经历体、重行体,但往往与其实现的句法位置有密切关系。

(7) 杭州话

  a. 哪个大蒜吃过嘚? (完整体/近过去:谁刚才吃了大蒜了?)

  b. 哪个吃过大蒜? (经历体:谁曾经吃过大蒜?)

(8) 富阳话

  葛个字写错嘿,写过。 (重行体:这个字写错了,重新写。)

7.4　调查问卷使用及解释

基于上述讨论,我们设计了 30 个例句用于考察吴语中的体标记,具体可分为以下七个部分:

(a) 完整体/完成体:例(102)—(113)

(b) 完结体:例(114)—(115)

(c) 持续体/反复体:例(116)—(120)

(d) 进行体:例(121)—(122)

(e) 经历体/重行体:例(123)—(127)

(f) 起始体:例(128)

(g) 短时体/尝试体:例(129)—(131)

（七）体

102. 问:买菜了吗?

  答:买了。

  例句说明:考察单一事件句中完整体标记的形式。注意有的方言会以"V+动相补语"的形式来代替,如"买好、买来"。

103. (别急!)吃了晚饭再回去。

例句说明：例(103)、(104)考察复杂事件句中"先时"意义的标记形式。注意区别完整体和动相补语。

104. 明天发了工资,就把钱还你。

105. 他今天病了。
    例句说明：非自主动词后的完整体标记形式。

106. 孩子大了就不听话了。
    例句说明：与形容词谓语组合的体标记,如温州话"小细儿大起就弗听说话爻罢"。

107. 他去杭州了。
    例句说明：作用于位移事件的体标记。

108. 再过一周,小宝宝就一周岁了。
    例句说明：作用于体词性成分的体标记。

109. 要下雨了。
    例句说明：考察能否省略"要、快"等成分后使用动词短语本身直接表将然事件。南部吴语中句末的"罢"表将然事件时,会发生变调或变韵。

110. 他已经吃了两碗饭了。
    例句说明：考察具有"现实相关性"时的标记使用,以及体标记的共现情况。

111. 他一个月瘦(掉)了五斤。
    他一个月胖了五斤。
    例句说明：考察使成/积极和消失/消极谓词后接的结果补语(动相补语)形式,以及结果补语能否与体标记共现。注意数量成分的相对语序。

112. 他一口气跑了五公里。

　　例句说明：例(112)、(113)考察谓语有数量、时量成分出现时，完整体的使用情况。

113. 那儿很远，我们走了整整三天。

114. 你帮我把这块石头搬掉。

　　例句说明：例(114)、(115)考察完结体标记，并注意"动词重叠+补语"的形式，如"搬搬掉"。

115. 这个厂明年就会拆掉。

116. 门开着，里面没人。

　　例句说明：考察持续体标记的形式。

117. 进去一看，床上躺着一个人。

　　例句说明：例(117)—(119)注意"了/着"交替的可能。

118. 别急！坐着讲。

119. 戴着帽子找帽子。

120. 说着说着他就哭起来了。

　　走着走着就走到西湖了。

　　例句说明："反复体"有没有特定的屈折形式，如动词的多次重叠"讲讲讲讲"。

121. 外头在下雨，带上伞。

　　例句说明：考察进行体标记的语法形式。吴语的进行体标记一般带有处所成分，因此考察时需要辨别类似"在+处所"的进行体标记有无区分远近。例

（121）和（122）分别构建了远指和近指的进行体语境。

122. 我在写信，你先出去。

123. 谁吃过大蒜？

    例句说明：考察体标记"过"是否区分表完整体意义和经历体意义两种体意义，如"吃大蒜过"和"吃过大蒜"。

124. 李老师找过你两回了。

    例句说明：考察完整体的"过"与动量成分的句法位置。

125. 他去过上海，没去过北京。

    例句说明：考察经历体的"过"的肯定形式是否需要"有"同现，如"有买过"；同时，否定形式需要考察"过"与"没""不曾"等成分共现的可能。

126. 他们家买过三台电视机。

    例句说明：考察数量宾语是否影响"过"的句法位置或其他表现。

127. 这个字写错了，重新写过。

    例句说明：考察重行体标记"过"，注意对"重新"等副词出现与否的要求。

128. 天冷起来了。

    天热起来了。

    例句说明：考察起始体标记。例（128）中"冷""热"两个语义维度对相关标记的选择限制，如"起来"和"下来"的对立。

129. 别急，歇一歇再走。

    例句说明：例（129）、（130）考察短时体标记，不同方言中可能的语法形式包括 V 一下，V 一 V 等。

130. 我想一下再告诉你。

131. 你先吃吃看,熟了没?

例句说明: 考察尝试体标记,吴方言表示尝试体的最常见形式为"VV-视觉动词",不过不同方言中"视觉动词"的实现形式或有地域差异,需要仔细考察。

第八节　情态与否定

"情态"(modality)是说话人对句子表示命题的真值或事件的现实性状态表达的主观态度。它是语言"主观化"(subjectivisation)特征比较突出的功能范畴,是一个重要的语义范畴。情态实现的最基本语言手段是情态动词(modal verbs)和情态副词(modal adverbs)。

(1) a. 明天下雨。　　　　　　　(命题句)

　　 b. 明天<u>可能/一定</u>下雨。　 (情态句:情态副词)

　　 c. 明天<u>会</u>下雨。　　　　　(情态句:情态动词)

8.1　情态系统

情态可以分为认识(epistemic)、道义(denotic)和动力(dynamic)三类,其中每一类都可以区分为"可能"(possibility)和"必然"(necessity)。Halliday(1985)将其区分为三类情态强度:除了高、低两个等级之外,还存在中间等级。

(一)认识情态:表达言者对命题为真的可能性与必然性的看法或态度。

(2) a. John <u>may</u> be in his office.

　　　 约翰<u>可能</u>在办公室。

　　　 [可能:命题在至少一个可能世界里为真。]

　　 b. John is <u>probably</u> in his office.

　　　 约翰<u>大概</u>在办公室。

　　　 [盖然:命题在多数可能世界中为真。]

　　 c. John <u>must</u> be in his office.

　　　 约翰<u>一定</u>在办公室。

［必然：命题在所有可能世界中为真。］

（二）道义情态：表达言者对事件成真的可能性与必然性的观点或态度。

（3）a. You <u>may/can</u> go now.

现在你<u>可以</u>走了。

［许可：在至少一个符合道义要求的可能世界中为真。］

b. You <u>should</u> go now.

现在你<u>应该</u>走了。

［义务：命题在多数符合道义要求的可能世界中为真。］

c. You <u>must</u> go now.

现在你<u>必须/得</u>走了。

［必要：命题在所有符合道义要求的可能世界中为真。］

（三）动力情态：表达句子主语使事件成真的致能条件。

（4）a. Your intelligence <u>can</u> help us.

你的智慧<u>能</u>帮助我们。　　　　　　　　［能力］

b. If you <u>will</u> help us, we can finish soon.

如果你<u>愿意</u>帮助我们,我们能很快完成。　　［意愿］

c. He <u>daren't</u> help us.

他<u>不敢</u>帮我们。　　　　　　　　　　　　［勇气］

彭利贞(2007)系统考察了现代汉语中的情态表达,并将情态动词所表达的情态语义乃至语用意义进行了归纳,如下表3－2所示。我们将以基本的语义特征为框架,来考察目标方言中的情态系统。

表3－2　现代汉语情态动词表达的情态语义系统(彭利贞2007)

情态	语义	语用及用词	语义	语用及用词	语义	语用及用词
认识情态	［必然］	［推定］：必然、肯定、一定、准、得、要 ［假定］：要	［盖然］	［推断］：会、应该（应当、应该、当)	［可能］	［推测］：可能、能、能够

140

续　表

情态	语义	语用及用词	语义	语用及用词	语义	语用及用词
道义情态	［必要］	［命令］：必须、得	［义务］	［指令］：应该、要	［许可］	［允许］：能、可以、准、许
		［保证］：肯定、一定、准		［承诺］：会		［允诺］：可以
动力情态	［能力］（无障碍）：可以		［能力］（恒定）：会		［能力］：能	
	［意愿］（强）：要		［意愿］（被动）：肯		［意愿］（一般）：想、愿意	
			［勇气］：敢			

8.2　情态否定

我们将否定也跟情态放在一起考虑,原因有三:第一,汉语的否定词很多时候不是单纯地表示否定,它也带有一定的情态意义,如例(5)。朱德熙(1982:200)提到,"'不'加在表示动作的动词或词组前边往往是对某种意愿的否定(不愿意、不肯、不想)"。

(5) a. 我不喝水。

　　b. 他不考大学。

　　c. 我不跟他一会儿去。

第二,一些情态动词被否定后,它的语义会发生转化。例如"好"用于肯定句的时候,表示动力情态"能力"或者认识情态"允许",否定形式"不好"表示道义情态"不应该"。此外,肯定和否定有不对称的情况。如例(6)中"好"是吴语使用频率很高的一个情态动词,但是一般很少用在否定句。

(6) a. 我有两碗饭好吃。　　(富阳话)

　　b. 我独自家勿好去洗冷浴。

　　c. 问:我感冒了,辣椒好勿好吃?　　答:吃勿得格。

第三,在很多方言中,否定词会和情态词发生合音,构成很多特殊的否定情态词,例如吴语最常见的"覅[fiau]""𢣷[fei]""甮[fong]"等。

8.3 调查问卷使用及解释

我们设计了 29 个例句用来考察三类情态及其否定形式：

（a）动力情态：例（132）—（135）

（b）道义情态：例（136）—（140）

（c）认识情态：例（141）—（148）

（d）基本否定词：例（149）—（155）

（e）情态否定：例（156）—（160）

（八）情态与否定

132. 我从小就会游泳。

    例句说明： *动力情态—能力*

133. 你的话，我听得懂;他的话，我听不懂。

    例句说明： *动力情态—能力*

134. 我敢一个人去。

    例句说明： *动力情态—勇气*

135. 我要出去打工。

    例句说明： *动力情态—意愿*

136. 我可以去游泳吗?

    例句说明： *道义情态—允许*

137. 可以下来吃饭了。

    例句说明： *道义情态—指令/必要*

138. 既然他们来请你了,你得去。

    例句说明： *道义情态—必要*

139. 生病了,应该去医院。

　　例句说明: 道义情态—指令/必要

140. 要讲道理,不应该打人。

　　例句说明: 道义情态—指令

141. 辣椒吃多了,肚子会疼。

　　例句说明: 认识情态—盖然

142. 明天要下雨。

　　例句说明: 认识情态—必然

143. 可能很多人不会来。

　　例句说明: 认识情态—可能。除了副词可能以外,吴方言有丰富的副词表示可能性,如东阳话表述为"S-也无数、无节数",宁波话用"怕勿来",富阳话"讲勿来"等。

144. 这么晚,他可能不来了。

　　例句说明: 认识情态—可能

145. 恐怕他已经来了。

　　例句说明: 认识情态—可能

146. 他也许会来。

　　例句说明: 认识情态—可能

147. 他肯定要迟到了。

　　例句说明: 认识情态—推定

148. 他一定是饿了,才吃了你的饭。

　　例句说明: 认识情态—推定

149. A: 他们说,他不是浙江人。

　　B: 不,他是的。

　　例句说明: "不"能否单独回答问题,如常州话的"弗"。

150. 本地人不吃辣椒。

　　例句说明: 注意否定词和宾语的位置。

151. 无爹无娘/无头无脑

　　例句说明: 考察方言中是否有否定词"无",在一些方言里只存在于构词层面。

152. 我今天没有作业要做。

　　例句说明: 存在否定

153. 老师昨天没有布置作业。

　　例句说明: 考察存在否定词表示已然否定,一些方言使用"未曾"及其合音形式。

154. 这条裤子还没补好,不要穿。

　　例句说明: 表示尚未做某事,但是预计会达成。吴语中存在三类情况:"没""(还)未"或"<不曾>"。

155. 问: 你要不要苹果?

　　答: 不要!

　　例句说明: "不要"或其合音形式能否单独回答问题,是否需要后接其他成分,如富阳话"覅渠"、瑞安话"覅个"。

156. 打雷的时候,不要站在大树底下。

157. 他不会游泳。

　　例句说明:"不会"有无合音形式。

158. 不准说话!

159. 你不用去了!

　　例句说明:"不用"有无合音形式。

160. 你俩别争了!

　　例句说明:"不要"有无合音形式。

第九节　疑　　问

　　疑问是跟陈述、祈使和感叹同等重要的"语气"(mood)或句类。汉语疑问范畴涵盖了用来表达疑问意义的词类和句法结构,包括疑问代词、疑问副词、疑问句的语序和语调等。

　　徐杰和李英哲(1993)指出,"'否定''疑问'和'焦点'是一组跟'主谓''动宾'和'偏正'等句法结构性质完全不同的语法范畴,后者体现的是线性的语法关系,而前者表达的是非线性的、超结构的语法范畴"。"疑问是一种属于全句的功能范畴,可表示为[+WH],疑问范畴的作用域自然也是全句"(徐杰1999:23)。

　　根据传统的分类,汉语的疑问句主要可以分为:

　　(一)是非问:今天星期三吗?

　　(二)特指问:谁昨天去了广州? 他昨天去哪儿了?

　　(三)选择问:你们今天还是明天去?

　　(四)正反问:你去不去? 你喜不喜欢上海?

9.1　极性问句

普通话可以区分是非问句和正反问句,前者使用句末语气词"吗"来表示,后者通过谓语的肯定和否定叠置来表示。但是,在很多方言中未必有这两种形式的对立,它们似乎可以统一称为"极性问句"(polar questions)。

就吴语内部来看,一部分沿海吴语有接近于普通话"吗"的句末疑问词,如上海话、温州话的"伐"等,它们可以构成传统意义上的"是非问句"。但是绝大部分吴语并没有句末疑问词,它们使用"正反问句"表示极性问句。

(1) 上海话:侬饭吃伐?

　　　温州话:渠走来也伐?

富阳话既有是非问也有正反问,但是它们跟谓词的"已然/未然"有一定关系。表示未然事件时,富阳话用正反问"A-NOT-A"的形式表示,表示已然事件时用句末语气词"无"构成是非问句。

(2) 富阳话

　　　你是勿是富阳人?

　　　你夜饭吃勿吃?

　　　你夜饭吃无?

对于 A-NOT-A 问句,对动词 V 进行拷贝还是对动宾短语 VO 进行拷贝,这在方言中有一定的差异,具体而言,存在三种情况(朱德熙 1991):

(3) VO-NOT-VO

　　　类型(一):你吃饭不吃?

　　　类型(二):你吃不吃饭?

　　　类型(三):你吃饭不吃饭?

此外,我们也需要考虑目标方言是否可以独立使用"语调"(intonation),比如升调,来表示极性问句。

9.2　特指问句

汉语的特指问句没有印欧语中常见的"移位"(WH-movement)操作,例如英语中会将特殊疑问词移动到句首的位置。在汉语中,疑问词可以直接替代被提问的句子成分,句法位置保持不变。

　　汉语的特殊疑问词包括"何"系、"哪"系和"啥"系等。吴语的富阳话使用"何"系,杭州话使用"啥"系。

表 3－3　汉语特殊疑问词的系统类型

	"何"系(吴语富阳)	"啥"系(吴语杭州)	"哪"系(赣语宜春)
What	何事	啥西	啥积
Who	何侬	啥人	哪个
Where	何里	啥地方	哪里
Which	何里个	哪个	哪只
When	何事时光、几时	啥辰光	啥么时候
Why	为何事、做何事	为啥	为啥积

9.3　选择问句

　　调查选择问的首要任务是确定选择连词的基本形式。朱德熙(1982b)提供的例子有零标记的形式,如例(4)。朱德熙(1982b:202)还提到,选择问句句末可以出现"呢""啊"等语气词,但是不能出现"吗"。

　　(4)普通话:他们打篮球打排球(呢)?

　　就吴语而言,北部吴语通常需要出现"还是"类连词标记,南部吴语则可以在选择项后出现语音形式同话题标记的"也",而析取连词"还是"可以不出现。注意,富阳话的前句也可以出现话题标记"勒"或者"咛"。

　　(5)富阳话:欢喜苹果(勒/咛),还是橘子?

　　　　瑞安话:你吃饭也,(还是)吃面(也)?

　　朱德熙(1982b:203)讨论将普通话中的"去不去""看得清看不清"这一类选择问句分析为正反问句。因为吴语没有零标记的选择问句,所以这些例子可能本身就是正反问句,而不是选择问句。

9.4 疑问的非疑问用法——虚指和任指

吕叔湘(1985)在《近代汉语指代词》一书中,专门区分了疑问词的两种非疑问用法——虚指和任指。这两种用法可以分别理解为疑问词的不定用法(indefinite reading)和自由选择用法(free choice reading)。

特殊疑问词的不定用法需要特定的句法环境,比如否定词或者情态词的允准。

(6) a. 问:你在吃什么? 答:我没吃<u>什么</u>。

   b. 他好像在吃<u>什么</u>。

吴语特殊疑问词的任指用法需要考察它们是否需要其他语素或词汇的允准,比如富阳话的特殊疑问词必须与"随便"组合才能得到任指用法。

(7) a. 我<u>随便何事</u>都要吃。

   b. 我<u>随便何里</u>勿去。

9.5 调查问卷使用及解释

我们设计了37个例句考察疑问范畴,涉及四类基本问句与附加问,还有疑问词的非疑问用法:

(a) 是非问句:例(161)—(164)

(b) 附加问:例(165)—(167)

(c) 正反问句:例(168)—(172)

(d) 选择问句:例(173)

(e) 特指问句:例(174)—(184)

(f) 疑问词的非疑问用法:例(185)—(187)

(九) 疑 问

161. 你是浙江人(吗)?

例句说明:此例考察一般疑问句是否有中性与偏向(biased)的区别;是否可以用升调表疑问。

162. 你的手表准吗?

例句说明:考察有无使用句末疑问标记表示一般疑问句的策略;如有,则句末语气词是不是否定词本身,如"弗"。

163. 水开了没有?

　　例句说明:句末标记有无已然和未然的区分,对于已然否定可能有"未,没,伐"等不同词汇来源的可能。

164. (我已经告诉他了,)难道他没记住?

　　例句说明:考察构成偏向性问句的副词,如"难道"的使用。

165. 他家被偷了,对不对?

　　例句说明:例(165)—(167)测试附加问的构成。

166. 他的衣服洗干净了,是吗?

167. 你去帮他一下,行不行?

168. 她唱歌好不好听?

　　例句说明:考察有无使用 A-NOT-A 形式表示一般疑问句的策略;该形式的合法性可能与动词类型有关,情态动词比实义动词更容易进入 A-NOT-A 结构。

169. 你打算不打算去?

　　例句说明:对于可以使用 A-NOT-A 形式表示一般疑问句的语言,进一步考察允许进入该结构的动词的音节限制。

170. 我要不要去?

171. 明天你能不能来?

　　例句说明:有无"中性"和"请求"的区别。

172. 明天他会不会来?

　　例句说明: 有无 A-not-A 的缩合形式,如 AA。

173. 你要苹果还是香蕉?

　　例句说明: 考察选择问的构成,要注意考察使用的是连词策略"还是",还是话题标记策略,如温州话的"也"。

174. 李思是谁?

　　谁是李思?

　　例句说明: 考察问人疑问词"指别"和"说明"的不同用法。"谁是李思?"属于指别的功能(张伯江、方梅 1996),"李思是谁?"属于说明的功能。同时,注意考察有无"谁(侬)"这一词汇形式。

175. 村里哪个人年纪最大?

176. 我不去,谁去呢?(即: 非我去不可)

177. 你什么时候去杭州?

178. 哪里能买电饭锅?

179. 你买了什么?

180. 你买了多少鱼?

　　你买了几条鱼?

181. 从这儿到那儿有多远?

182. 这个题目怎么做?

例句说明： 考察方式副词的用法，同时留意此处动词是否要求重叠。

183. 你怎么没来喝喜酒？

　　例句说明： 考察能否用方式疑问词表示原因。

184. 你为什么没来喝喜酒？

　　例句说明： 注意原因疑问词的词汇构成，如"为什么"和"做什么"以及相应的合音形式。

185. 问：你是不是吃了什么？

　　答1：我没吃什么。（虚指）

　　答2：我什么都没吃。（任指）

　　例句说明： 考察虚指和任指的表达形式。需要注意的是，很多吴方言需要使用"随便"等副词才能构成任指解读。

186. 我记得谁跟我说过来着。

　　例句说明： 考察"谁"的虚指形式。

187. 这么简单的问题，谁都会回答。

　　例句说明： 疑问词表任指是否需要出现"随便"等成分，如"随便谁"。

第十节　话题与焦点

　　我们前面讨论的九个范畴基本属于短语或句子的层面，而"话题与焦点"则涉及语篇层面的语法规则。"话题"（topic）与"焦点"（focus）通常被视为"信息结构"（information structure）的重要组成部分。从功能看，话题表示已知信息或是信息的起点，是构建语篇连贯的重要手段；焦点则是新信息，是句子的信息重心所在。

10.1 话题

调查任务(一):调查吴方言中不同类型话题的实现形式,尤其需要考察主谓之间出现的前置宾语的性质。

根据 Erteschik-Shir(2007)等人的研究,每个句子都有一个话题。若将英语视为典型的主语凸显型语言,那么以普通话为代表的汉语则通常被视为是话题凸显型语言。在英语的陈述句中,每个句子都需要一个主语,以满足和动词的"一致关系"(agreement)。相对而言,赵元任(1968)、Li 和 Thompson(1976)等学者认为,汉语中的主语就是话题。因此,对于汉语来说,"话题"这一概念尤为重要。一方面,它涉及与主语的纠缠,汉语的基本语序究竟是 SVO 还是 TVO(注: T 代表话题 topic),抑或是 TSVO 语序,都与之相关。另一方面,对于吴语来说,(次)话题还涉及宾语问题,即 STV 或 STOV 语序。

刘丹青(2001)指出,"吴语是比北京话更不典型的 SVO 类型和比北京话更典型的话题优先型",并且他还观察到以宁波话为代表的浙江沿海吴语的 T-V 结构尤为发达,即次话题结构特别凸显。例如表达"我看了这部电影"(转引自刘丹青 2001a,台州椒江话的 a、c 例来自笔者调查):

(1) 上海话

    a. 我<u>辑部电影</u>看过勒。   b. <u>辑部电影</u>我看过勒。

    c. 我看过<u>辑部电影</u>勒。

(2) 绍兴话

    a. 我<u>辑只电影</u>看过哉。   b. <u>辑只电影</u>我看过哉。

    c. *我看过<u>辑只电影</u>哉。

(3) 台州椒江话

    a. 我<u>葛部电影</u>望过爻。   b. <u>葛部电影</u>我望过爻。

    c. *我望过<u>葛部电影</u>爻。

(4) 温州话

    a. 我<u>该部电影</u>眙爻罢。   b. <u>该部电影</u>我眙爻罢。

    c. *我眙爻<u>该部电影</u>罢。

在吴语信息结构的调查过程中,需要确定句子的"主话题"与"次话题"。如何确定主话题?首先可考察相应成分是否与前文讨论的内容相关联;其次,可以测试是否可以插入话题标记。

吴语普遍存在 SOV 语序,因此我们需要进一步确定表现为"OV"语序中的 O 究竟是前置宾语还是次话题(参考第五节"及物性调查"部分的讨论)。

10.2　焦点

调查任务(二):考察吴方言中焦点成分的实现有无句法表征以及相关焦点标记的实现形式。

焦点从广义上可以区分为"信息焦点"(informational focus)和"对比焦点"(contrastive focus)。

根据徐烈炯(2002),汉语的信息焦点有固定的句法位置,句子最右端的成分即为信息焦点。另外,用来回答特殊疑问词的内容通常被认定为新信息,即焦点成分。如例(5)答句中的"小张"就是一个焦点成分,提供新信息,而剩余部分"今天请假"则为背景成分,默认为与话双方共知的旧信息。

(5) 问:谁今天请假?

　　答:小张今天请假。

对比焦点可以通过对举语境、否定句式等不同的语境来构建。需要注意的是,普通话的 SOV 语序中 O 通常带有对比性,但是吴语的相应语序并不必然如此,吴语中动词前的论元成分是否有对比性需要更多的语法测试。

另外,汉语中还有一系列的焦点关联标记,比如"连""只"等,它们所关联的成分也被视为简单成分。吴语中的焦点关联标记需要综合考察前置标记和后置标记。

(6) 生毛病格时光,粥勒吃勿落。(生病的时候,连粥都吃不下。)

10.3　调查问卷使用及解释

我们设计了13个例句来调查和测试话题和焦点等语篇层面的概念:

(a) 话题:例(188)—(191)

(b) 焦点:例(192)—(200)

(十) 话 题 与 焦 点

188. 问:校长呢?

153

答: 校长啊,他今天去开会了。

例句说明: 测试话题标记。

189. 水果的话,我最喜欢吃香蕉。

例句说明: 测试总括式话题。

190. 作业我早就做完(它)了。

例句说明: 测试移位式话题,是否需要复指代词。

191. 我,那道菜,吃过了。

例句说明: 测试 SOV 语序跟对比焦点的关联性。

192. 阿明客厅扫过了,厨房没扫。

例句说明: 测试对举语境下,有标记的 SOV。

193. 问: 谁让你来的?

答: 村长让我来的。

例句说明: 测试焦点。

194. 问: 书记让你来的吗?

答: 是村长让我来的。

例句说明: 测试对比焦点。

195. 小王是昨天去学校报到的。

例句说明: 测试"是……的"焦点结构。

196. 我们是找小王,不是找小李。

例句说明: 测试对比焦点。

197. 我只去过上海。

　　例句说明：测试焦点标记"只"。

198. 只有我去过上海。

199. 他连泥鳅都吃。

　　例句说明：测试焦点关联标记"连"。

200. 我也吃过泥鳅。

第四章　吴语十个方言点的语法调查与特征描写

　　基于第三章所讨论的十个语法范畴及 200 个核心例句,我们在前期共调查了 21 个吴语方言点(具体信息参见第一章第六节)。囿于篇幅,本章选取了吴语太湖片(包括六个小片)、台州片、瓯江片、婺州片、处衢片中的 10 个代表性方言点,呈现并讨论这些方言点的语法调查结果。

　　每个方言点作为一个单独的小节,每节分为两个部分。第一部分"语法范畴特点"基于田野调查的情况,介绍并说明该方言中语法范畴的基本情况,包括"人称与数""指称""题元标记""体""情态与否定""疑问"六个范畴。这部分为第二部分"语法调查表"提供基本参照,因而着重总结方言里语法标记(功能词)的基本形式及其表现。至于"限定、领属和关系化"等语法范畴,在各方言的形式标记相对较为简单,而"及物性"和"话题与焦点"等范畴表现则主要反映在语序上,故在第一部分不作专门讨论。

　　我们在第一章中提到,语法调查涉及语音、词汇等综合知识的运用。虚词在汉语方言语法研究中占据着重要地位。在虚词研究中,常常通过其语音形式来探索语法的重要信息。因此,我们在语法调查中特别注重记录和考证相关语法标记(功能词)的语音形式。

　　为了便于阅读,在第二部分"语法调查表"中尽可能采用记字的方式进行呈现,对功能词语音信息的记录主要见第一部分。同时,考虑到吴语内部有一些较为常见的基本功能词,如 K 系指示语素、L 系介词等,为了便于不同方言之间的平行比较,我们结合前人研究中的记字习惯,基于标记的语音形式尽可能地对记录的用字作了统一。

　　(一)否定词。第一,读音为清声母[f]的否定词,统一记作"弗";读音为浊声母[v]的否定词,则统一记作"勿"。在有的方言中,以唇齿音[f]/[v]为声母的否定词是一组条件变体。例如,常州话中的基本否定词单用时读作[fəʔ](记作"弗"),但在动补结构中则读作浊声母,如"听勿懂"。第二,统一用"无"来记录自成音节的鼻音[m]、[n]、[ŋ],也包括"无得""无拨""无有"等形式中的前一音节。

（二）K 系指示语素/结构助词。第一,吴语中普遍存在 K 系指示成分(详见第二章 5.3 节),在前人研究中可以看到采用"葛、格、个、猤、该、居、箇"等记音字/近音字来表示这些指示成分。按前人习惯来看,"猤"字用于表示浊声母 g 的标记,"格"或"个"字表示清声母 k 的标记,但尚无严格的统一标准。在本章中,除有明确同音或近音字(如"该、归ᵈ")的情况外,我们主要采用"葛、猤"等字来记录 K 系指示语素/指示词,其中"葛"用于清声母字、"猤"用于浊声母字。第二,本章中 K 系结构助词统一记作"格"。

（三）L 系介词。吴语中的 L 系处所介词常记作"来、勒、辣"等字形,本章中我们将入声的记作"勒"或"辣",非入声的记作"来"或"俫"。与 L 系处所介词有关的进行体/持续体标记也采用相同的记录方式。

（四）句中的完整体标记。前文第二章 5.7 节,我们论及北部吴语的完整体标记在共时平面可分为三类词形:"得[təʔ/dəʔ]/勒[ləʔ]""仔[tsɿ/zɿ]/则[tsəʔ]""上[zoŋ]/浪[laŋ/lɔ]"。前人研究有观点认为这些不同语音形式的体标记均来源于"著"(梅祖麟 Mei 1979,陶寰 1995),我们认为三者的词汇来源可能各不相同。本章暂不涉及本字问题,遵循其实际的语音形式来进行记字。

本章的体例及符号简要说明如下:（1）在记字记音方面,以"< >"表示合音形式,上标"＝"表同音或近音字,有音无字的则使用"□"并加以记音。（2）对于同一测试例句,若方言中存在多种合法的表达形式(尤其是表达形式与测试任务相关)时,一般按照表达形式的使用频次和自然程度由高至低进行排列。（3）下划线"＿＿"和斜杠"/"表示相应部分的几种形式可以较为自由地互换,例如杭州话语法调查表第 27 句"葛只/接ᵈ个/□[tɕiɔ]个/只水龙头漏水嘚(这个水龙头漏水了)",表明"葛只""接ᵈ个""□[tɕiɔ]个"和"只"四种形式在此均可使用。（4）语法调查表中也记录了一些不合法或接受度较低的表达,并辅以必要的说明(以"【 】"表示)。

例句判定常用的符号说明如下:

符 号	说 明	符 号	说 明
*	句子不合语法	(X)	X 可选使用
?	母语者认为句子接受度较低	*(X)	X 强制使用
??	母语者认为句子接受度较差 (一般不这么说)	(*X)	X 禁止使用
#	句子合法,但不完句		

第一节　杭州话

太湖片的杭州小片通常指杭州老城区所使用的方言,而杭州下辖萧山、富阳等地的通行方言属太湖片临绍小片,余杭等地的方言属太湖片苕溪小片。据徐越(2013:2)所述,杭州方言最早仅通行于杭州十城门内,而十城门外则通行余杭方言。① 本节的记音参考鲍士杰《杭州方言词典》(1988)。

1.1 杭州话语法范畴特点

(一) 人称与数

杭州话的三身代词具有明显的官话色彩,第三人称用"他/她"而不用"渠",人称代词的复数标记为"-们"。不过,杭州话中的复数标记"-们"并不发达,"-们"只能用于三身代词,不能直接用于称人名词(包括专有名词、普通称人名词)之后,例如"*阿明们""*保安们"等在杭州话中均不成立。杭州话的人称代词情况如下表 4 - 1 所示。其中,旁指代词"併家"的"併[bəŋ²²]"为"别人"的合音。

---

① 方言点:杭州市拱墅区,调查时间:2022 年 1 月。

表 4-1　杭州话的人称代词

| | 三身代词 | | | 反身代词
（自己） | 旁指代词
（别人） | 统称代词
（大家） |
	第一身	第二身	第三身			
单数	我[ŋo⁵³]	你[ni⁵³]	他/她[tʰa³³]	自家	並家	大家
复数	我们	你们	他/她们	/	/	/

（二）指称

在杭州话中，光杆名词可以表有定、无定或类指。“数+量+名”结构出现在主语位置时需要使用“有”。“量+名”结构可以表定指，但限于零星几个常见量词，如“只、块”等。杭州话的指示系统是基于距离远近的二分格局，如表 4-2 所示。

表 4-2　杭州话的指示表达

	近　指	远　指
方位指示	葛搭、葛首、葛里	那搭、那首、那里
个体指示	葛 葛+量词 接ꜛ个	那+量词
方式指示	介ꜛ[ka⁴⁵]/介ꜛ套	
程度指示	介ꜛ[ka⁴⁵]	

其中，近指的基本语素为“葛[kəʔ⁵]”和“接ꜛ[tɕiəʔ⁵]”，远指的基本语素为“那”。其中，“接ꜛ”是最不发达的指示语素，主要出现于“接ꜛ个”这一结构里且其中的“个”不能被其他量词所替换。指示语素“那”也不能单用，需要与量词或数量短语组合使用。

（三）题元标记

杭州话中常见的题元标记可归纳如表 4-3 所示：

表 4-3　杭州话的题元标记

题元角色	方所				目的	向格	来源	经由	并列	伴随
语法标记	勒	唻	勒哈	唻东	到	问	∅	望	同	同
题元角色	与格	替代/受益		处置		被动		使动		允让
语法标记	拨	拨		拨		拨		讴/让		拨/让

值得说明的是,杭州话中有多个引介方所的介词,其中单音节的"勒"最为常用。至于双音节的"勒哈""唻东",它们也都可以后接处所论元,如例(1)所示,这表明其中的"哈""东"可能为非论元性成分。

(1) 你**勒哈**哪里做生活?(你在哪里工作?)

杭州话中的题元标记"拨"也值得注意,处置、被动、替代/受益等均使用来源于给予动词/与格标记的"拨"。不过在祈使句里一般不使用处置标记,例如:

(2) (⁇拨)门关牢!(把门关好!)

(四) 体范畴

杭州话中常见的体标记可初步归纳如表 4-4 所示:

表 4-4　杭州话的体范畴

体意义	语法标记	体意义	语　法　标　记
完结体	V-掉/坏/好/落[loʔ²]	持续体	V-勒哈[ləʔ²xa³³]/唻[læ²²]/唻东[læ²²toŋ⁵³]
完整体	V-勒[ləʔ]	进行体	勒/勒哈[ləʔ²xa³³]/唻[læ²²]/唻东[læ²²toŋ⁵³]-V
完成体	S-嘚[te]	短时体	V(一)V
经历体	V-过	尝试体	VV 看
重行体	*(再)V 过	起始体	起来

其中,当杭州话中的动词与完结体标记(或称"动相补语")组合时,动相补语表达动作所表事件的终结点,此时完整体标记"勒"往往倾向省去,例如:

（3）他已经两碗饭吃<u>落喋</u>。（他已经吃了两碗饭了。）

（4）夜饭吃<u>好</u>再回去。（吃了晚饭再回去。）

杭州话中的持续体和进行体采用基本相同的形式，通过动前/动后的位置来区分两种语义。杭州话的"过"不能单独表重行体意义，而必须与"再"等副词组合，如"再写过（重新写）"，这与余杭话的"过"一致，而有别于富阳话的"过"。

（五）情态与否定

情态方面，杭州话里常用的情态动词/副词有"好""会得""话不定""涯板（呆板）"等。其中，情态动词所表示的情态意义大致可归纳如下：

表4-5　杭州话的情态

情态动词	道义情态	动力情态	认识情态
好	+	+	+
会得		+	+
要	+		+

否定方面，杭州话的基本否定语素是"不"和"没[mei¹³/məʔ²]"，没有吴语里较为常见的基本否定词"勿/弗"。否定词"不"不能独立成句，而只能用作副词，用于否定"是"字句或一般否定。"没"可用作动词，也可以用作副词。此外，杭州话中还存在"覅（不要）""<不会>[pei⁴⁵]（得）"等合音形式。

（六）疑问

杭州话里不存在形式为"S-疑问小词?"型的是非问（极性问），但可以通过升调表疑问。使用这种语调策略时，该是非问句往往具有偏向性。

在正反问方面，杭州话采用的形式主要包括"A不A""V不V""有没/有没有-V"。当"要"作动词时，其正反问形式可以为"要（不）要"。杭州话使用析取连词"还是"构成选择问句。杭州话的特殊疑问词可归纳如下：

表 4-6　杭州话的特殊疑问词

语　　义	疑　问　词
Where 问处所	哪里
Which 问选择	哪个
What 问事物	啥西、啥东西
Who 问人	哪个(人)
When 问时间	啥时光
Why 问原因	为啥
How many／How much 问数量	多少、几+量词
How 问方式	咋个[tɕiaʔ⁵ gəʔ⁰]

1.2　杭州话语法调查表

序号	测 试 例 句	方 言 表 达
1	我是浙江人,你是哪里人?	我是浙江人,你是哪里人?
2	他去,我就不去了。	如说他去,我就不去唠。
3	你们坐车来,他们跟我们走。	你们(自家)坐车子来,他们同我们去。
4	我们/咱们一起走吧。	我们一道去好唠。
5	阿军和阿亮,他(们)俩同岁。	阿军同阿亮,他们两个同肖。
6	阿明(他)们在等你。	阿明他们勒哈等你。
7	外婆(他)们明天来。	外婆他们明朝来。
		*外婆们明朝来。
8	学生们放假了。	学生子放假唠。
		*学生子们放假唠。
9	保安们都走了。	保安统去唠。
		*保安们统去唠。
10	李思只想着(他)自己。	李思就想着(他)自家。

11	你们自己去报名吧!	你们自家去报名去。
12	自己的事情自己做。	自家(的/格)事体自家做。
13	别人的事情别去管。	佾家(的/格)事体覅去管。
14	大家都来看他了!	大家统来看他嘚。
15	狗在农村很常见。	狗勒农村专门有得看见。
	竹子在北方很罕见。	竹子勒北方蛮蛮少见。
16	冬笋比毛笋值钱。	冬笋比毛笋值铜钿。
		毛笋,还是冬笋值铜钿。
17	杨梅树快死了。	杨梅树死快嘚。
18	阿明中午吃了面,没吃其他东西。	阿明中午吃面(嘚),另外东西没吃。
		阿明中午吃勒碗面,另外东西没吃。
19	刚刚有三个小孩在河里游泳。	刚刚有三个小佾儿勒哈河江里向游水。
	一个保安被打了。	有一个保安拨人家敲勒。
20	有几个小孩在游泳。	有两个小佾儿勒游水。
	有些小孩在游泳。	
21	所有的学生都来了。	学生子统来嘚。
22	每个医生都要戴口罩。	每个医生口罩统要戴好的。
23	她买了(一)件新衣服。	她买勒件新衣裳。
24	他想找一个本地人结婚。	他想寻(＊一)个本地人结婚。
25	这是东海的带鱼。	葛(个)是东海格/的带鱼。【不区分单复数】
		接ᵉ个是东海格/的带鱼。【不区分单复数】
		葛些是东海格/的带鱼。【复数】
	这带鱼是东海的。	葛带鱼是东海的。
26	这本书给他,那本给你。	葛本书拨他,那本拨你。
27	这个水龙头漏水了。	葛只/接ᵉ个/□[tɕiɔ]个/只水龙头漏水嘚。
28	这些苹果是给你外婆的。	葛些苹果是拨你们外婆嘚。
29	(这/那)只狗死了。	只狗死坏/掉嘚。
		＊狗死坏嘚。

30	那几个苹果烂了。	(那)两个苹果烂坏嘚。
31	这也不对,那也不对! 你自己 来做吧!	葛也不对,介⁼也不对。你自家来弄。
32	红烧肉不是这样做的。	红烧肉不是介⁼套做的。
33	你坐(在)这儿,我坐(在)那儿。	你坐(勒)葛里/葛首,我坐(勒)那里/那首。
34	我要那条黑的裤子。	我要那条黑颜色的/格裤子。 我要黑颜色格/的那条裤子。
35	贵的衣服总比便宜的耐穿。	贵的衣裳总比便宜的耐穿。
36	那床新的厚的被子拿出去晒 一下。	那床新的厚棉被驮出去晾(一)晾。 新的(* 那)床厚棉被驮出去晾(一)晾。 * 新的厚的(那)床棉被驮出去晾(一)晾。 ?那床厚的新棉被驮出去晾(一)晾。 ?厚的(* 那)床新棉被驮出去晾(一)晾。 * 厚的新的(那)床棉被驮出去晾(一)晾。
37	他的自行车不见了。	他部脚踏车没见掉嘚。 他那部脚踏车没见掉嘚。 ??他格/的脚踏车没见掉嘚。 他脚踏车没见掉嘚。
38	阿明的奶奶是上海人。	阿明他们奶奶是上海人。 * 阿明格/的奶奶是上海人。 * 阿明奶奶是上海人。
39	阿明的学校今天放假。	阿明所学堂今朝放假。 阿明的/格学堂今朝放假。
40	这辆自行车的轮胎破了。	葛部脚踏车格/的轮胎破坏嘚。
41	这条鱼不是我的。	葛梗鱼不是我的。
42	这里的茶叶很有名。	葛搭/里格茶叶蛮出名的/蛮有名气。
43	他小时候住过的那间老屋被 拆了。	他小时光蹲[tən³³]过间老房子拆坏嘚。
44	刚刚送你回来的人是谁?	刚刚送你回来格老倌是哪个?

45	我最不喜欢吃的是臭豆腐。	臭豆腐我顶不欢喜吃。
		我顶不欢喜吃格东西是臭豆腐。
46	卖菜的来了吗?	卖菜的老倌有不(有)来?
		*卖菜的/格有不(有)来?
47	他家里干干净净的,住着很舒服。	他屋里向清清爽爽(的),蹲勒哈蛮惬意(的)。
48	明天说不定很热。	明朝话不定蛮热。
49	他很会喝酒。	他老酒蛮会得吃的。
		他蛮会吃老酒。
50	这碗菜太咸,不好吃。	葛碗菜蔬忒咸,不好吃。
51	你这么喜欢吃,就多吃点。	你介欢喜吃,就多吃点。
52	他数学考得最好。	他算术考得来顶好。
53	这件衣服贵,那件便宜。	葛件衣裳贵,那件便宜。
54	我跟他一样高。	我同他一样长。
		我同他身高一样嗮。
55	他没有我这么高。	他人没我介长。
56	我比他高。	他人还是我长。
		我人比他长(点儿)。
57	我爸爸比我妈妈高十公分。	我们爹比(我们)娘长十公分。
58	他儿子可能有一米八高。	他们儿子大概有一米八*(介)长。
59	这条<u>河/江</u>有五十米宽,(不容易游过去)。	河江有五十米介宽,游过去不便当。
60	他走路走得很快。	他路走得来毛ᵓ快嘞。【"毛ᵓ"为"蛮佬"的合音】
61	他高兴得要死。/他高兴极了。	他开心得来要死快。
62	慢慢走,别急!	慢慢交ᵓ走,嫑急!
63	客人已经来了。	客人已经来嗮。
		客人来嗮。
64	你们家来客人了。	你们屋里有客人来嗮。

		你们屋里来客人嘚。
65	前面有很多红绿灯。	前头有蛮佬佬红绿灯。
	前面有红绿灯。	前头有红绿灯。
66	大门上贴了/着一副对联。	大门高头贴勒副对联。
		?大门高头有副对联贴勒哈/喫东。
67	书卖了。	书卖掉嘚。
	杯子打碎了一个。	杯儿敲破一只。
68	我写完作业了。	我作业写好嘚。
69	她打扫干净了房间。	她房间收搦清爽嘚。
70	他逮到了一只鸟儿。	他矨勒/着只鸟儿。
71	他今年已经买了两部手机。	他今年(?已经)买勒两部手机嘚。
		他今年手机已经两部买好嘚。
72	我送了他一本书。	我送拨/勒他本书。
		我送勒本书拨他。
73	房东给了他一碗饺子。	东家拨勒他碗水饺。
		东家驮勒碗水饺拨他。
74	买了一件毛衣给她女儿。	买勒件毛线衫拨她们女儿。
75	他告诉了我一件很奇怪的事。	他同我话勒桩毛奇怪格事体。
76	阿明租了老张一套房。	老张套房子拨阿明租勒去嘚。【老张是房东】
		老张租拨阿明一套房子。【老张是房东】
77	老张借了我一千块钱。	老张借拨我一千块洋钿。【老张是债主】
		老张问我借勒一千块洋钿。【"我"是债主】
78	你在哪里干活?	你喫哪里做生活?
		你勒哈哪里做生活?
79	书放(在)桌子上。	书放勒桌子高头。
80	他等到九点钟才走。	他等到九点钟才仔去。
81	去他们家,要往东走,不要往西走。	去他们屋里,要望东面去,覅望西面去。

82	她从外婆家来。	她外婆屋里来。
	从这条路走。	望萵条路去。
83	阿明拿了一本书给他。	阿明馱勒本书拨他。
84	陈宇给弟弟盛了一碗饭。	陈宇拨他们阿弟盛了碗饭。
85	我跟你一起抬。（或：我和你一起抬）	我同你一淘搬。
86	我懒得跟你说话！	我懒得同你话。
87	跟/向/问同学借一下铅笔。	问你们同学铅笔借一借。
88	把门关上！	门关牢！
89	妈妈已经把电费交了。	姆妈已经拨电费交坏嘚。
90	你把自行车借我骑几天。	你部脚踏车借我骑两日。
		你拨脚踏车借我骑两日。
91	她把我的衣服弄脏了。	她拨我格衣裳弄埲嘚。
92	她把衣服都洗干净了。	她拨（两件）衣裳都汏清爽嘚。
93	他被蛇咬了一口。	他拨蛇咬勒口。
94	我的笔被他弄丢了。	我支笔拨他跌掉嘚。
		我支笔拨他弄得来没见坏嘚。
95	村里的大桥被冲垮了。	村里格/座大桥拨＊（大水）冲坏嘚。
96	花盆被人家搬走了好几个。	花盆儿拨人家搬勒去好两只。
		好几/两只花盆儿拨人家搬勒去嘚。
97	他被老师表扬了。	他拨老师表扬嘚。
98	老师让我这个星期擦黑板。	老师让我接个礼拜揩黑板。
99	别让他知道了。	覅让/拨他晓得。
100	你就让他报名吧。	你就让他报名么好嘚。
101	让她哭！别去理她。	□[ɦiɛ]她哭！覅去睬她。
102	问：买菜了吗？	问：菜有没有买？
	答：买了。	答：买好嘚。
103	（别急！）吃了晚饭再回去。	（覅急！）夜饭吃好再回去。
104	明天发了工资，就把钱还你。	明朝工钿发落，我就拨钞票还拨你。

167

105	他今天病了。	他今朝生毛病嘚。
106	孩子大了就不听话了。	伢儿大起来就不听话语嘚。
107	他去杭州了。	他杭州去嘚。/他去杭州嘚。
108	再过一周,小宝宝就一周岁了。	再过一个礼拜,髦髦头就一周岁嘚。
109	要下雨了。	要落雨嘚。
110	他已经吃了两碗饭了。	他已经两碗饭吃落嘚。
111	他一个月瘦(掉)了五斤。	他一个月五斤瘦掉嘚。
		他一个月瘦勒五斤。
	他一个月胖了五斤。	他一个月五斤胖起嘚。
		他一个月壮勒五斤。
112	他一口气跑了五公里。	他一口气跑勒五公里。
		他一口气五公里跑落嘚。
113	那儿很远,我们走了整整三天。	那个地方老老远,我们走勒三日才仔走到。
114	你帮我把这块石头搬掉。	你相帮(我)拔葛块石头儿搬搬掉。
115	这个厂明年就会拆掉。	葛爿厂明年就会拆掉。
116	门开着,里面没人。	门开勒哈,里向没人。
117	进去一看,床上躺着一个人。	跑进去一看,眠床高头睏勒哈一个人。
		跑进去一看,眠床高头睏勒一个人。
118	别急!坐着讲。	嫑急!坐拉哈讲。
119	戴着帽子找帽子。	戴勒帽儿寻帽儿。
		帽儿戴拉哈寻帽儿。
120	说着说着他就哭起来了。	话记话记,他就哭起来嘚。
	走着走着就走到西湖了。	荡记荡记,就荡到西湖嘚。
121	外头在下雨,带上伞。	外头唻/唻东/勒哈落雨,雨伞带好。
122	我在写信,你先出去。	我勒哈/唻/唻东写信,你前出去。【老派用“前”,新派年轻人用“先”】
123	谁吃过大蒜?	哪个大蒜吃过嘚?【近过去/完整体】
		哪个吃过大蒜? 【远时经历】
124	李老师找过你两回了。	李老师寻过你两卯嘚。

125	他去过上海,没去过北京。	他上海去过,北京没去过。
126	他们家买过三台电视机。	他们屋里向电视机买过三台。
		他们屋里向电视机三台买落嘚。
127	这个字写错了,重新写过。	接¨个字儿写错嘚,*(再)写过。
128	天冷起来了。	天冷起来嘚。
	天热起来了。	天热起来嘚。
129	别急,歇一歇再走。	覅急,歇歇再走。
130	我想一下再告诉你。	我想(一)想再告诉你。
131	你先吃吃看,熟了没?	你前吃吃看,有没熟?
132	我从小就会游泳。	我幼小就会得游水。
133	你的话,我听得懂;他的话,我听不懂。	你的话语,我听得懂;他的话语,我听不懂。
134	我敢一个人去。	我一个人敢去的。
135	我要出去打工。	我要出去做生活。
136	我可以去游泳吗?	我好不好去游水?
137	可以下来吃饭了。	好落来吃饭嘚。
138	既然他们来请你了,你得去。	既然他们来请你嘚,你要去的。
139	生病了,应该去医院。	生毛病嘚,应该去医院。
140	要讲道理,不应该打人。	要讲道理,敲人不应该的。
141	辣椒吃多了,肚子会疼。	辣茄儿吃多嘚,肚皮会得痛。
142	明天要下雨。	明朝要落雨。
143	可能很多人不会来。	蛮多人大概<不会>得来。
144	这么晚,他可能不来了。	介晏嘚,他大概来不来嘚。
		他大概<不会>得来嘚。
145	恐怕他已经来了。	防恐他已经来嘚。
146	他也许会来。	他话不定会来。
147	他肯定要迟到了。	他涯板迟来嘚。
148	他一定是饿了,才吃了你的饭。	他涯板肚皮饿嘚,才仔拨你格饭吃掉嘚。
149	A:他们说,他不是浙江人。	A:他们说,他不是浙江人?

	B：不，他是的。	B：他不是的。/＊不。/不对。
150	本地人不吃辣椒。	辣茄儿，本地人不吃的。
151	无爹无娘/无头无脑	——
152	我今天没有作业要做。	我今朝没作业要做。
153	老师昨天没有布置作业。	老师昨日子没布置作业。
154	这条裤子还没补好，不要穿。	格条裤子还没补好，覅穿。
155	问：你要不要苹果？	问：你苹果要不要？
	答：不要！	答：覅！
156	打雷的时候，不要站在大树底下。	落雷格时光，覅立勒树下底。
157	他不会游泳。	他<不会>得游水。
158	不准说话！	不准话[uo¹³]话[ua¹³]语！
159	你不用去了！	你覅得₍不用₎去嘚！
160	你俩别争了！	你们两个覅争争儿嘚！
161	你是浙江人(吗)？	你是浙江人？【有偏向义，表反问】
162	你的手表准吗？	你只表准不准？
163	水开了没有？	水有没(有)滚？
164	(我已经告诉他了,)难道他没记住？	(我已经同他话过嘚,)诃[kʰɔ]来他没记牢？
165	他家被偷了，对不对？	他屋里有不有遭贼？
166	他的衣服洗干净了，是吗？	他的/件衣裳有没有汰清爽？
167	你去帮他一下，行不行？	你好不好去帮他一记？
168	她唱歌好不好听？	她唱歌儿好不好听？
169	你打算不打算去？	你打不打算去？
170	我要不要去？	我要＊(不)要去？
171	明天你能不能来？	明朝你好不好来？
172	明天他会不会来？	明朝他会不会得来？
173	你要苹果还是香蕉？	你要苹果还是香蕉？
174	李思是谁？	李思是哪个？

	谁是李思?	哪个是李思?
175	村里哪个人年纪最大?	村里哪个(人)年纪顶大?
176	我不去,谁去呢?(即:非我去不可)	我不去,哪个去呢[ȵie]?
177	你什么时候去杭州?	你啥辰光杭州去?
178	哪里能买电饭锅?	电饭煲哪里好买?
179	你买了什么?	你勒啥西?
180	你买了多少鱼?	你买勒多少鱼?
	你买了几条鱼?	你买勒几梗鱼?
181	从这儿到那儿有多远?	葛里到那里,有多少远?
182	这个题目怎么做?	葛道题目咋个/咋做(做)?
183	你怎么没来喝喜酒?	你咋个没来吃喜酒?
184	你为什么没来喝喜酒?	你为啥没来吃喜酒?
185	问:你是不是吃了什么?	问:你是不是啥西吃过嘚?
	答1:我没吃什么。(虚指)	答1:我没吃啥西。
	答2:我什么都没吃。(任指)	答2:我啥西也[ɦia¹³]没吃。
186	我记得谁跟我说过来着。	我记得哪个同我话过的。
187	这么简单的问题,谁都会回答。	介=简单格问题,哪个都会回答。
188	问:校长呢?	问:校长呢?
	答:校长啊,他今天去开会了。	答:校长啊,他今朝去开会嘚。
189	水果的话,我最喜欢吃香蕉。	水果么,我顶欢喜吃香蕉。
190	作业我早就做完(它)了。	作业我老早做好(它)嘚。
191	我,那道菜,吃过了。	那只菜,我吃过嘚。
		我吃过那只菜嘚。
		? 我,那只菜,吃过嘚。
192	阿明客厅扫过了,厨房没扫。	阿明堂间扫过嘚,灶间还没扫过。
193	问:谁让你来的?	问:哪个让你来的?
	答:村长让我来的。	答:村长沤我来的。
194	问:书记让你来的吗?	问:是不是书记让你来的?

	答：是村长让我来的。	答：是村长让我来的。
195	小王是昨天去学校报到的。	小王是昨天去学堂报到的。
196	我们是找小王，不是找小李。	我们是寻小王，不是寻小李。
197	我只去过上海。	我只去过上海。
198	只有我去过上海。	<只有>得我去过上海。
199	他连泥鳅都吃。	他泥鳅都吃。
200	我也吃过泥鳅。	我泥鳅也吃过的。

第二节　富　阳　话

本节调查和讨论的"富阳话"指老富阳县境内通行的方言,属于吴语太湖片临绍小片。① 现富阳辖区境内的方言除"老富阳话"外,还包括新登话、余杭话、萧山话等,具体可参看盛益民、李旭平(2018)。

2.1　富阳话语法范畴特点

(一) 人称与数

富阳话中的三身代词存在普通式和强调式两套代词系统,其中强调式的前缀语音形式为[zeʔ¹¹/ɦieʔ¹¹],如表4-7所示。其中,第一人称代词的复数形式无相应的强调式形式,也无专门的包括式形式。当第一人称复数"阿拉"作动词或介词宾语时,往往还可以省去"阿"。

表4-7　富阳话的人称代词

	第一套			第二套		
	第一身	第二身	第三身	第一身	第二身	第三身
单数	我 ŋɯ²¹²	尔 n̩²¹²	渠 ɦi²¹²	是我 zəʔ¹¹/ɦieʔ¹¹ŋɯ⁵³	是尔 zəʔ¹¹/ɦieʔ¹¹n̩⁵³	是渠 zəʔ¹¹/ɦieʔ¹¹ɦi⁵³
复数	(阿)拉 (aʔ³³)la²¹²	倷 na²¹²	俉 ia²¹²	—	是倷 zəʔ¹¹/ɦieʔ¹¹na⁵³	是俉 zəʔ¹¹/ɦieʔ¹¹ɦia⁵³

① 方言点：富阳市灵桥镇外沙村,调查时间：2022年1月。

（二）指称

富阳话中光杆名词一般不能直接用于表有定或者无定,而需要使用"量名"短语。富阳话中的"量名"短语可以表无定也可以表有定,据 Li 和 Bisang(2012)的讨论,"量名"短语作有/无定的解读取决于它所出现的句法位置,即出现于动前的量名短语,如(次)话题、主语位置时倾向作有定解读;出现于动词后,往往表无定解读。

富阳话的指示词是一个远、近指二分的系统,相应的指示表达如表 4-8 所示。其中,基本近指语素为南方方言常见的 k 系指示成分"葛 $kə?^{55}$",基本远指语素则源自处所指示成分"尔搭 $n^{33}ta^{53}$",且可以脱落"尔"直接以"搭"表示。

需要说明的是,指示语素"葛"和"尔搭"均不能直接单用作个体指示词,即它们不具有指示代词的用法,而只能作指示限定词,与量词组合以指称个体。

同时,在富阳话中,方式指示与程度指示均不区分远近,由"介 ga^{212}"表示。

表 4-8　富阳话的指示表达

	近　指		远　指
方位指示	葛头 $kə?^{55}dei^{31}$	勒里头 $lə?^{11}li^{11}dei^{53}$	尔搭 $n^{33}ta^{53}$、搭 ta^{53}
		勒里 $lə?^{11}li^{53}$	尔搭头 $n_{\iota}^{33}ta^{33}dei^{53}$
	葛身岸 $kə?^{55}\varphi i\eta^{5}\eta\bar{e}^{31}$	勒里身岸 $lə?^{11}li^{11}\varphi i\eta^{11}\eta\bar{e}^{53}$	尔搭身岸 $n_{\iota}^{33}ta^{33}\varphi i\eta^{33}\eta\bar{e}^{53}$
个体指示	葛 $kə?^{5}$+量词		尔搭 $n^{33}ta^{53}$+量词
时间指示	葛卯现在: $kə?^{55}mɔ^{31}$ 葛霎这会儿: $kə?^{55}sa?^{31}$		葛时光那时: $kə?^{55}z\eta^{11}kua\bar{a}^{53}$
方式指示	介 ga^{212}		
程度指示	介 ga^{212}		

（三）题元标记

富阳话中常见的题元标记可归纳如表 4-9 所示:

表 4-9　富阳话的题元标记

题元角色	方所	目的	向格	来源	经由	并列	伴随
语法标记	勒、得	勒、到	问	-噶	望	则、得	则、得

题元角色	与格	替代/受益	处置	被动	使动	允让
语法标记	拨	拨	∅/搭	拨	让	拨/让/随

富阳话中的给予义动词"拨"发展出了表与格、替代/受益格、被动、允让意义的用法,但没有发展出表达处置意义的用法。富阳话中的处置式往往可以不通过介词实现,例如"扇门去关好渠!(把门关上!)","你拨我块石头搬搬掉(你帮我把这块石头搬走)"。据盛益民、李旭平(2018:322—323)的描写,富阳话中可以由"搭[kʰoʔ⁵/kʰəʔ⁵]"来表达处置意义,但此时动词短语一般限于表反预期或不如意的消极事件。

（四）体范畴

富阳话中常见的体标记可初步归纳如下:

表 4-10　富阳话的体范畴

体意义	语法标记	体意义	语法标记
完结体	V-掉	持续体	V-勒底/勒搭
完整体	V-勒/浪	进行体	勒底/勒搭-V
完成体	S-喋	短时体	V — V
经历体	V-过	尝试体	VV 看
重行体	V 过	起始体	V-起来/下去

完整体标记"浪"应来自"上"的弱化,由趋向补语语法化而来,"上"作体标记在早期吴语文献及其他一些北部吴语中也可见(郑伟 2017,盛益民 2022 等)。另一个完整体标记"勒"的早期形式应为"得",即由[təʔ]弱化为[ləʔ]。梅祖麟(Mei 1979)、陶寰(1995)等则认为北部吴语的"勒"来自"着(著)",对此观点我们持保留

态度。完成体标记"喋[die]"或许来自"勒(得)"和某一语气词的合音。

持续体和进行体的词汇来源一致,均为"勒底/勒搭",其中语素"底远指"和"搭近指"为处所成分,区分远近。持续体和进行体两者主要靠句法位置来区分:前置于动词时为进行体标记,后置则为持续体标记。

（五）情态与否定

情态方面,富阳话里主要的情态动词有"好""要""会"等,情态副词有"话不定""涯板(呆板)"等,能性动补结构"V-得/勿-C""V-勿得"也可表达情态意义。这些成分所表达的情态意义大致可归纳如下:

表 4-11　富阳话的情态

情态表达	道义情态	动力情态	认识情态
好	+	+	+
要	+	+	+
会		+	+
V-勿-得	+	+	
V-得/勿-C		+	

在富阳话中没有"能""可以""必须"这类普通话里常见的情态动词,而主要用情态动词"好"来表达。如上表 4-11 所示,情态动词"好"和"要"均可表道义、动力、认识情态。此外,需要注意的是能性动补结构只存在"V 得/勿 C"和"V 勿得"两种形式,没有"V 得"形式。

否定方面,富阳话的基本否定语素为"勿[fəʔ/vəʔ]"和"无[m]"。

"勿"作基本否定词时,常常读清声母 f,但出现在短语结构(如动补结构)时读作浊声母 v,如"听勿[vəʔ]懂"。不同于普通话的"不",富阳话中的"勿"不仅可以否定现在或未来的事件,还可以否定过去的已然事件,例如:

（5）老师上日子作业勿布置爻喋。（老师昨天没布置作业。）

"无"和"咪[mi]"均可用于表存在否定,但前者主要保留在固定短语或词之中,如"无爹无娘"。至于否定词"咪"的来源问题,李旭平(2015)和盛益民、李旭平(2018)认为"咪"可能来自"无"和"有"的合音。此外,在否定动词表达"尚未做某事"的意义时,富阳城区用"咪",江南则用"□咪[han-m]"。此外,富阳话中"勿"系的否定词还有"麭[fiɔ]""脿[foŋ]""𬉼[fɛ]"(及"𬉼勒[fɛ-lə]")等合音形式。

（六）疑问

富阳话主要采用A-NOT-A形式来表达极性问句,如"A勿A""V勿V"。有时"勿"还可以省略,如"打(勿)打算""会(勿)会"。至于选择问,富阳话使用析取连词"还是"来构成选择问。

富阳话中的基本疑问语素[ga]的本字为"何",有时声母还可弱化为ɦ,从而构成问人、事物、处所等系列特殊疑问词。富阳话特殊疑问词如下表4－12所示。

表4－12　富阳话的特殊疑问词

语　义	疑　问　词
Where 问处所	何里 ga^{11}-i^{11}
Which 问选择	何里+量词
What 问事物	何事 $go^{11}l_i^{11}$
Who 问人	何侬 $g\tilde{a}^{11}n_i^{11}$、何侬则＝个 $g\tilde{a}^{11}n_i^{11}tsə\Upsilon^{11}kɯ^{53}$
When 问时间	几时 $tɕi^{33}z\gamma^{35}$、何事时光 $go^{11}l_i^{11}z\gamma^{11}ku\tilde{a}^{53}$、何噶时光 $go^{11}ga^{11}z\gamma^{11}ku\tilde{a}^{53}$
Why 问原因	为何事、做何事
How many/How much 问数量	多少 $tɯ^{55}ɔ^{31}$、几 $tɕi^{424}$
How 问方式	若何 $na\Upsilon^{11}gə^{53}$①
How 问性状	何介个 $go^{11}ga^{11}kə\Upsilon^{35}$

---

① 结合秋谷裕幸《闽语和吴语中"若"字的疑问代词用法》对闽语及南部吴语中"若"字疑问代词的考察,我们推测,北部吴语中很可能也存在疑问代词"若"。富阳话表示方式的疑问词有 naʔgə、naʔgo、naʔga 三种读音,其中 ga 与"何"同音。书中暂以"若何"记录富阳话及下节余杭话中问方式的疑问代词(How),具体留待进一步的论证考察。

2.2　富阳话语法调查表

序号	测 试 例 句	方 言 表 达
1	我是浙江人,你是哪里人?	(是)我浙江人,(是)尔何里人?
2	他去,我就不去了。	(是)渠去,我弗去喋。
3	你们坐车来,他们跟我们走。	俫乘车子来,俩则拉一总生去。
4	<u>我们/咱们</u>一起走吧。	阿拉一总生去。
5	阿军和阿亮,他(们)俩同岁。	阿军<u>得/则</u>阿亮,俩两个人是同龄佬。
6	阿明(他)们在等你。	阿明拉底等尔。
7	外婆(他)们明天来。	外婆拉明朝来。
8	学生们放假了。	学生放假嘚。
9	保安们都走了。	保安统星_{全部}落班嘚。
10	李思只想着(他)自己。	李思只顾念(渠)自家。
11	你们自己去报名吧!	俫自家去报名!
12	自己的事情自己做。	自家格行当自己做。
13	别人的事情别去管。	併家拉格行当勤去管。
14	大家都来看他了!	大家来看渠喋。
15	狗在农村很常见。	狗勒农村蛮有得看见。
	竹子在北方很罕见。	毛竹勒北方勿大有得看见。
16	冬笋比毛笋值钱。	冬笋比毛笋值钞票。
17	杨梅树快死了。	葛株杨梅树死快嘚。
		株杨梅树死快嘚。
18	阿明中午吃了面,没吃其他东西。	阿明日中吃勒碗面,另外东西勿吃。
19	刚刚有三个小孩在河里游泳。	将刚有三个小鬼得勒江里岸游水。
	一个保安被打了。	一个保安被俩打勒一顿。
20	有几个小孩在游泳。	有两_儿个小鬼头底游水。
	有些小孩在游泳。	有星小鬼头底游水。
21	所有的学生都来了。	学生统星_{全部}来嘚。
22	每个医生都要戴口罩。	两_儿个医生统星_{全部}带口罩喁。

23	她买了(一)件新衣服。	渠买勒件新衣裳。
24	他想找一个本地人结婚。	渠想寻个本地人结婚。
25	这是东海的带鱼。	葛梗是东海带鱼。
		葛宗是东海带鱼。
	这带鱼是东海的。	格梗带鱼东海嘅。
26	这本书给他,那本给你。	葛本书拨渠,搭本拨尔。
27	这个水龙头漏水了。	个水龙头溜水喋。
28	这些苹果是给你外婆的。	葛丢苹果是拨倷外婆嘅。
29	(这/那)只狗死了。	只狗死掉喋。
30	那几个苹果烂了。	尔搭两个苹果烂掉嘚。
31	这也不对,那也不对! 你自己来做吧!	介也勿对,够¯也勿对! 尔自家来做。
32	红烧肉不是这样做的。	红烧肉不是噶烧嘅。
33	你坐(在)这儿,我坐(在)那儿。	尔坐勒葛头,我坐勒搭头。
34	我要那条黑的裤子。	我要黑格尔搭条裤子。
35	贵的衣服总比便宜的耐穿。	贵格衣裳总比便宜格经穿。
36	那床新的厚的被子拿出去晒一下。	新格厚格尔搭床被头驮出去晒一晒。
		?厚格新格尔搭床被头驮出去晒一晒。
37	他的自行车不见了。	渠部脚踏车寻勿着喋。
38	阿明的奶奶是上海人。	阿明拉阿婆上海人。
39	阿明的学校今天放假。	阿明拉学校今朝放假。
40	这辆自行车的轮胎破了。	葛部脚踏车只轮胎破掉喋。
41	这条鱼不是我的。	这梗鱼勿是我嗰。
42	这里的茶叶很有名。	勒里宗茶叶蛮有名嗰。
43	他小时候住过的那间老屋被拆了。	渠小时光蹲格间房子坍掉喋。
44	刚刚送你回来的人是谁?	将刚送尔回来个佬倌是何侬?
45	我最不喜欢吃的是臭豆腐。	我顶勿欢喜吃格东西是臭豆腐干。
46	卖菜的来了吗?	卖菜个老倌来无?

47	他家里干干净净的,住着很舒服。	俚屋里弄勒清清爽爽,蹲勒蛮惬意。
48	明天说不定很热。	明朝讲不来蛮热咽。
49	他很会喝酒。	渠酒蛮会勒吃。
50	这碗菜太咸,不好吃。	葛碗菜忒咸,勿好吃。
51	你这么喜欢吃,就多吃点。	尔噶欢喜吃嚜,多吃丢。
52	他数学考得最好。	渠数学考勒顶好。
53	这件衣服贵,那件便宜。	葛件衣裳贵,尔搭间便宜丢。
54	我跟他一样高。	我则渠个头一样。
		我则渠一样长。
55	他没有我这么高。	渠咪我介长。
56	我比他高。	渠,还是我长。
		我比渠(还要)长。
57	我爸爸比我妈妈高十公分。	阿拉爸爸比阿拉姆妈要长十公分。
		阿拉姆妈,还是拉爸爸长十公分。
58	他儿子可能有一米八高。	俚儿子讲勿来有一米八。
59	这条河/江有五十米宽,(不容易游过去)。	葛埭江有五十米阔。
60	他走路走得很快。	渠走路走勒蛮快!
61	他高兴得要死。/他高兴极了。	渠高兴煞喋。
62	慢慢走,别急!	慢慢交走,勤急死!
63	客人已经来了。	客人已经到喋。
64	你们家来客人了。	俆屋里客人来嗻。
65	前面有很多红绿灯。	前头有莫佬佬红绿灯。
	前面有红绿灯。	前头有红绿灯勒底。
66	大门上贴了/着一副对联。	大门浪贴浪幅对联。
		大门浪有幅对联贴勒底。
67	书卖了。	书卖掉嗻。
	杯子打碎了一个。	敲破勒一只杯子。

68	我写完作业了。	我作业写完嘚。
69	她打扫干净了房间。	渠房间扫干净嘚。
70	他逮到了一只鸟儿。	渠搭浪只鸟回来。
71	他今年已经买了两部手机。	渠今年已经两部手机买好嘚。
72	我送了他一本书。	我送勒渠一本书。
73	房东给了他一碗饺子。	东家拨浪渠一碗水饺。
74	买了一件毛衣给她女儿。	买了一件毛线衫拨俚囡。
75	他告诉了我一件很奇怪的事。	渠告讼我一件蛮奇怪格行当。
76	阿明租了老张一套房。	阿明问老张租勒一个房间。【老张是房东】
		阿明租勒个房间拨老张。【阿明是房东】
77	老张借了我一千块钱。	老张借勒我一千块钞票。【老张是债主】
		老张问我借了一千块钞票。【"我"是债主】
78	你在哪里干活?	尔得何里做生活?
79	书放(在)桌子上。	两本书放勒桌床浪。 【祈使】
		两本书放好勒桌床浪。【状态描述】
80	他等到九点钟才走。	渠等勒九点钟才刚回去。
81	去他们家,要往东走,不要往西走。	到俚屋里去,要望东身岸(噶)去,勿望西身岸(噶)去。
82	她从外婆家来。	渠外婆拉噶来。
	从这条路走。	望格埭路(噶)去。
83	阿明拿了一本书给他。	阿明担勒本书拨渠。
84	陈宇给弟弟盛了一碗饭。	陈宇拨俚兄弟盛勒一碗饭。
85	我跟你一起抬。(或:我和你一起抬)	我则尔一总生来抬。
86	我懒得跟你说话!	我勿高兴则尔讲滩头。
87	跟/向/问同学借一下铅笔。	问傝同学铅笔借一借。
88	把门关上!	扇门去关好渠!
		扇门去关关好!
89	妈妈已经把电费交了。	姆妈电费已经交掉喋。

90	你把自行车借我骑几天。	尔,脚踏车,借我骑两日。
91	她把我的衣服弄脏了。	渠搭我件衣裳弄□[foŋ]喋!
92	她把衣服都洗干净了。	渠拨我两件衣裳都洗干净喋。
93	他被蛇咬了一口。	渠拨蛇咬了一口。
94	我的笔被他弄丢了。	(我支笔)拨渠<无掉>喋。
95	村里的大桥被冲垮了。	村里梗桥冲掉喋。
		村里岸梗桥拨大水冲掉喋。
96	花盆被人家搬走了好几个。	好两个花盆拨＊(郳)偷勒去喋。
97	他被老师表扬了。	渠老师表扬渠过嘚。
98	老师让我这个星期擦黑板。	老师叫我这个礼拜擦黑板。
99	别让他知道了。	勿拨渠晓得。
100	你就让他报名吧。	尔随渠去报名啊。
101	让她哭! 别去理她。	让渠哭! 勿去睬渠。
102	问: 买菜了吗?	问: 菜买好无?
	答: 买了。	答: 买好喋。
103	(别急!)吃了晚饭再回去。	(勿急死!)吃勒夜饭再回去。
104	明天发了工资,就把钱还你。	明朝工资发出,钞票就还尔。
105	他今天病了。	渠今朝生毛病。
106	孩子大了就不听话了。	小人大起来,就勿听滩头。
107	他去杭州了。	渠杭州去喋。
108	再过一周,小宝宝就一周岁了。	再过一个礼拜,个小人就一周岁喋。
109	要下雨了。	要落雨喋。
110	他已经吃了两碗饭了。	渠已经两碗饭吃落喋。
111	他一个月瘦(掉)了五斤。	渠一个月瘦掉勒五斤。
	他一个月胖了五斤。	渠一个月五斤胖好/胖起。
112	他一口气跑了五公里。	渠一停勿停跑勒五地路。
113	那儿很远,我们走了整整三天。	尔搭蛮远嗰,阿拉走了三日三夜。
114	你帮我把这块石头搬掉。	尔拨我块石头搬搬掉。
115	这个厂明年就会拆掉。	葛爿厂明年要拆掉来嘚。

116	门开着,里面没人。	扇门开好勒底,屋里岸咪人。
117	进去一看,床上躺着一个人。	走进去张勒一眼,床浪有个人睏好勒底。
118	别急!坐着讲。	覅急煞!坐勒讲。
119	戴着帽子找帽子。	戴勒帽子寻帽子。
120	说着说着他就哭起来了。	一通讲一通讲,渠哭勒起来嘚。
	走着走着就走到西湖了。	一通走一通走,走勒西湖边浪噶去。
121	外头在下雨,带上伞。	外头勒底落雨,伞带好。
122	我在写信,你先出去。	我勒搭写信,尔先出去再将。
123	谁吃过大蒜?	何倿吃大蒜过?
		何倿大蒜吃过?
124	李老师找过你两回了。	李老师两毛寻尔落喋。
125	他去过上海,没去过北京。	渠上海去过 ,北京□咪[han-m]去过。
126	他们家买过三台电视机。	俹屋里三部电视机买落嘚。
127	这个字写错了,重新写过。	葛个字写错嘚,写过。
128	天冷起来了。	天公冷落来嘚。
	天热起来了。	天公热起来嘚。
129	别急,歇一歇再走。	覅急死,歇[çiŋ]一歇再去。
130	我想一下再告诉你。	我想一想再则尔讲。
131	你先吃吃看,熟了没?	尔先吃吃看,熟无?
132	我从小就会游泳。	我幼小就会勒游水。
133	你的话,我听得懂;他的话,我听不懂。	尔宗滩头,我听得懂,渠宗滩头,我听勿懂。
134	我敢一个人去。	我一个人敢去嗰。
135	我要出去打工。	我想出去打工去。
136	我可以去游泳吗?	我游水好勿好去?
137	可以下来吃饭了。	好落来吃饭喋!
138	既然他们来请你了,你得去。	俹来叫尔喋嚡,尔要去嗰。
139	生病了,应该去医院。	生毛病嘛,要去看医生去。
140	要讲道理,不应该打人。	要讲道理,打人勿好打/打勿得!

141	辣椒吃多了,肚子会疼。	辣茄吃得多,要肚皮痛啯。
142	明天要下雨。	明天要落雨啯。
143	可能很多人不会来。	讲勿来交关人燴勒来。
144	这么晚,他可能不来了。	噶迟喋,渠讲勿来燴勒来喋。
145	恐怕他已经来了。	讲勿来,渠已经来嗰。
146	他也许会来。	渠讲勿来会勒来。
147	他肯定要迟到了。	渠硬板要来勿及嗰。
148	他一定是饿了,才吃了你的饭。	渠肯板肚皮饥喋,才将搭尔碗饭去吃掉喋。
149	A:他们说,他不是浙江人。	A:俚介话,渠勿是浙江人?
	B:不,他是的。	B:勿是嗷,渠是浙江格。
150	本地人不吃辣椒。	阿拉本地人辣茄勿吃啯。
151	无爹无娘/无头无脑	无爹无娘/无头无脑
152	我今天没有作业要做。	我今朝咪作业要写。
153	老师昨天没有布置作业。	老师上日子作业勿布置爻喋。
154	这条裤子还没补好,不要穿。	葛条裤子还□咪[han-m]补好,勿穿。
155	问:你要不要苹果?	问:尔苹果要勿要?
	答:不要!	答:勿伊。
156	打雷的时候,不要站在大树底下。	动雷格时光,勿徛勒树下脚。
157	他不会游泳。	渠游水燴勒游。
158	不准说话!	勿准讲滩头。
159	你不用去了!	尔<勿用>去。
160	你俩别争了!	傈两个人勿打相骂喋!
161	你是浙江人(吗)?	尔是勿是浙江人?
		尔是浙江人?
162	你的手表准吗?	尔只手表准勿准? 【中性】
		尔只手表准勿准格喋?【偏向问】
163	水开了没有?	水滚无?
164	(我已经告诉他了,)难道他没	(我已经则渠讲过喋,)渠忘记掉?

记住?

165	他家被偷了,对不对?	渠屋里着贼嘚,是勿是?
166	他的衣服洗干净了,是吗?	渠件衣裳洗干里喋,是勿是?
167	你去帮他一下,行不行?	尔去帮渠帮,好勿好?
168	她唱歌好不好听?	渠唱歌唱勒好勿好听?
169	你打算不打算去?	尔打(勿)打算去?
170	我要不要去?	我要(勿)要去?
171	明天你能不能来?	尔明朝来勿来?　【中性】
		尔明朝好勿好来?【请求】
172	明天他会不会来?	渠明朝会会来?
173	你要苹果还是香蕉?	尔要苹果勒还是香蕉?
174	李思是谁?	李思是何㑚则个?
	谁是李思?	何㑚则个叫李思?
175	村里哪个人年纪最大?	村里岸何㑚则个年纪顶大?
176	我不去,谁去呢?(即:非我去不可)	是我勿去,何㑚去?
177	你什么时候去杭州?	尔何事时光动身?
178	哪里能买电饭锅?	何里有电饭锅买?
179	你买了什么?	尔买了丢何事?
180	你买了多少鱼?	尔买了多少鱼?
	你买了几条鱼?	尔买勒几梗鱼?
181	从这儿到那儿有多远?	蒭头到尔搭头多少路?
182	这个题目怎么做?	蒭道题目若何做做?
183	你怎么没来喝喜酒?	尔若何酒勿来吃?
184	你为什么没来喝喜酒?	尔为何事酒勿来吃?
185	问:你是不是吃了什么?	问:尔是勿是吃何事过喋?
	答1:我没吃什么。(虚指)	答1:我勿吃何事。
	答2:我什么都没吃。(任指)	答2:我是格何事□咪[han-m]吃过。
186	我记得谁跟我说过来着。	我记得何㑚则我讲起过。

184

| 187 | 这么简单的问题,谁都会回答。 | 嗰简单格问题,<u>随便何侬/是个人</u>会勒回答。 |

188　问:校长呢?　　　　　　　　问:校长哼?
　　答:校长啊,他今天去开会了。　答:校长嗷,渠今朝开会去喋。

189　水果的话,我最喜欢吃香蕉。　水果嚡,我顶欢喜吃香蕉。

190　作业我早就做完(它)了。　　作业我老早做好喋。

191　我,那道菜,吃过了。　　　　我,尔搭碗菜,吃过嘚。

192　阿明客厅扫过了,厨房没扫。　阿明间客厅扫过嘚,厨房间还无扫过。

193　问:谁让你来的?　　　　　　问:何侬叫尔来嗰?
　　答:村长让我来的。　　　　　答:村长叫我来嗰。

194　问:书记让你来的吗?　　　　问:是勿是书记叫尔来嗰?
　　答:是村长让我来的。　　　　答:勿是,是村长叫我来嗰。

195　小王是昨天去学校报到的。　小王是上日子到学校里报到去嗰。

196　我们是找小王,不是找小李。　阿拉寻格人是小王,勿是小李。
　　　　　　　　　　　　　　　阿拉是寻小王,勿是寻小李。

197　我只去过上海。　　　　　　我只有上海去过。

198　只有我去过上海。　　　　　只有我上海去过。

199　他连泥鳅都吃。　　　　　　渠泥鳅勒吃嗰。

200　我也吃过泥鳅。　　　　　　泥鳅,我也吃过。

第三节　苏　州　话

3.1　苏州(渭塘)话语法范畴特点

苏州方言属于吴语太湖片苏沪嘉小片。本节调查和讨论苏州(渭塘)话的情况,①渭塘镇处于苏州相城区,渭塘话与苏州城区话有一定区别。有关苏州郊区方言与苏州城区方言在语音和词汇方面的差异,可参看叶祥苓(1988)等。

---

① 方言点:苏州市相城区渭塘镇,调查时间:2024 年 7 月。

（一）人称与数

苏州(渭塘)话中人称代词的基本形式可归纳如下表 4－13 所示。

表 4－13　苏州(渭塘)话的人称代词

	三身代词			反身代词（自己）	旁指代词（别人）	统称代词（大家）
	第一身	第二身	第三身			
单数	我 ŋəu³¹	倷 nəʔ³	俚 li⁵⁵、倷₁nəʔ⁵	自家	别人（家）	大家
复数	（我）伲 n̩i³¹	唔笃 n̩₁toʔ³	俚笃 li⁵⁵toʔ³	/	/	/

据史濛辉(2016)的考察,苏州话的新派出现了第一人称代词复数的强调式"像伲"。不过,在我们本节的调查点苏州(渭塘)话中,三身代词(包括单/复数)均不存在相应的强调式。同时,第一人称复数使用"伲",也可以说"我伲",但无包括式与排除式之分。

第二人称代词单数"倷",其本字一说为"奴"(李荣 1997)。在我们调查中,"倷"字的"变调"形式可用于表第三人称单数。叶祥苓(1988)、汪平(2011)将第三身的代词形式记作双音节的"佸倷(唔倷)",并指出"俚"与"佸倷"之间既无主宾格之别,也无区域城乡之别。本文我们所调查到的形式可能是"佸倷"进一步脱落前一音节的结果。

除第一人称代词复数外,第二、三人称代词的复数均由"代词+笃"构成。复数标记"笃"除用于第二、三人称代词外(不可后接于反身代词、旁指代词),还可直接后接于称人专有名词、亲属称谓、普通称人名词表复数意义。

（二）指称

苏州(渭塘)话中的光杆名词可以用于表类指或通指,也可直接用于表有定或无定。苏州(渭塘)话中也存在表达定指的量名结构。据石汝杰、刘丹青(1985),苏州话中的定指量词有其特定的语音形式,如单音节的量词用作定指时,一律变读作次高平调,近于指示词"舸"和量词组合的连读字组省去"舸"后的语音形式。数量名短语出现在主语位置上时往往需要使用"有",但在被动句中数量名短语可以直接作主语,例如:

（6）刚刚有三个小干＝辣河里□［xoʔ⁵］冷浴。（刚刚有三个小孩在河里游泳。）

（7）一个门卫拨吃生活哉。（一个保安被打了。［被动句］）

苏州（渭塘）话的指示词有"哀／该""弯／归"和"辮"三种形式。其中"哀［E⁵⁵］"和"该［kE⁵⁵］"表近指，两者可以自由互换；"归［kuE⁵⁵］"和"弯［uE⁵⁵］"表远指，"弯"应也是"归"的自由变体。较为特别的是"辮［gəʔ³］"，其自身无明显的远近之别，既可以与近指指示对举，也可以与远指指示对举，例如：

（8）a. 哀本书拨俚，辮本书／归本书拨倷。（这本书给他，那本书给你。）

　　 b. 辮本书拨俚，归本书拨倷。（同上）

指示词"辮"的语法意义关系着苏州话的指示词格局。叶祥苓（1988）主张"辮"是一个"中指"指示词，即主张苏州话指示词是基于距离"近—中—远"的三分格局。李小凡（1984、1998）、石汝杰（1987）等则均持反对意见，认为"辮"是一个兼称远近的指示词，苏州话指示词仍是"远—近"二分的。汪平（2011：294）也主张苏州话的指示词系统不是"近—中—远"三分的，"辮"与"哀／该、归／弯"不在一个平面上，而是一个表泛指的指示词。

本文我们认同"二分说"的观点，指示词"辮"自身不含有距离意义，是一个"中性"指示词。苏州（渭塘）话的指示表达可初步归纳为下表4-14：

表4-14　苏州（渭塘）话的指示表达

	近　指	远　指	中性指
方位指示	哀搭、该搭	归搭、弯搭	辮搭
个体指示	哀／该＋量词	归／弯＋量词	辮＋量词
方式指示	什梗［zəʔ²gã³］		
程度指示	什梗［zəʔ²gã³］		

苏州（渭塘）话中的指示表达有几个特点值得注意。第一，除"辮"外，其他的指示词不可单用作论元，而需与量词组合。同时，指示词与通用量词"个"组合作论元时，其语义往往指复数，与"指示词＋其他个体量词"构成对立。例如：

（9）a. ＊<u>哀</u>是舟山格带鱼。（试表达：这是舟山的带鱼。）

　　 b. <u>哀个</u>是舟山格带鱼。（这些是舟山的带鱼。［复数］）

　　 c. <u>哀条</u>是舟山格带鱼。（这条是舟山的带鱼。［单数］）

第二，除处所名词外，指示词一般不能与普通名词直接组合，如"＊<u>哀带鱼</u>是舟山格（这带鱼是舟山的）"，"＊<u>瓣冬笋</u>比毛笋值铜钿（这冬笋比毛笋值钱）"等均不合语法。

第三，指示词也不能与数量短语直接组合，如"＊<u>瓣三个</u>（苹果）"不合法，而需表述为"<u>瓣个三个</u>（苹果）"。

（三）题元标记

苏州（渭塘）话里的常用题元标记可归纳如下：

表 4－15　苏州（渭塘）话的题元标记

题元角色	方所	目的	向格	来源	经由	并列	伴随
语法标记	辣＝[la$?^3$]	到	望	从	∅	帮/塔＝[t^{h}a$?^5$]/□[ga]	帮/塔＝[t^{h}a$?^5$]/□[ga]

题元角色	与格	替代/受益	处置	被动	使动	允让
语法标记	拨/辣/拨辣	帮	拿/∅	拨/拨辣	喊/让	让

苏州（渭塘）话的处置标记为"拿"，如"伲娘拿电费交脱哉（妈妈已经把电费交了）"，不过在处置式中采用无标记形式更为常见，即"伲娘电费交脱哉"。

同时，被动标记"拨"的使用也受到一些限制。一方面，苏州（渭塘）话中不允准短被动句，即标记后的论元成分必须出现，例如：

（10）村里相格桥拨＊（水）冲坏脱哉。（村里的桥被水冲垮了。）

另一方面，苏州（渭塘）话的被动句只用于不如意的、消极的事件，而一些积极的事件往往不能用被动句，例如"老师表扬格俚（老师表扬了他）"类似的表达不存在相应的被动形式。汪平（2011）指出有时看似"拨"用于如意的事情，但实际仍是说话人非期望的，例如"倒歜想着拨俚弄成功则（倒没想到被他做成功了）"。

188

（四）体范畴

苏州(渭塘)话中的体标记大致可归纳如下表 4－16 所示。

表 4－16　苏州(渭塘)话的体范畴

体意义	语法标记	体意义	语法标记
完结体	V-脱	持续体	V-勒浪/勒海/辣勒
完整体	V-仔	进行体	勒/辣/辣勒/勒辣-V
完成体	S-哉	短时体	V—V
经历体	V-过	尝试体	VP 看
重行体	—	起始体	—

苏州(渭塘)话中的持续体与进行体靠"辣"字结构(如"勒浪、辣勒、勒海"等)的句法位置进行区分,不过单音节的"勒/辣"只见于动词前作进行体标记。

（五）情态与否定

关于情态,苏州(渭塘)话里主要的情态动词有"会得""好""要"等,情态副词有"作兴""讲弗一定""呆板"等,此外还有能性动补结构"V-得/弗-C"。情态动词所表达的情态意义大致可以归纳如表 4－17 所示。

表 4－17　苏州(渭塘)话的情态

情态动词	道义情态	动力情态	认识情态
好	+		
要	+	+	+
会得		+	+

关于否定,苏州(渭塘)话的基本否定语素有"弗[fəʔ⁵]"和"无[m̩]"。"弗"用于一般否定,可以用于否定动词、形容词等谓词性成分,如"本地人弗吃辣茄格(本地人不吃辣椒的)"。否定现实已然事件的发生或结果状态时,使用"弗"和

"曾"的合音形式"<弗曾>[fən⁵⁵]",例如"老师昨日头<弗曾>布置作业(老师昨天没布置作业)"。此外"弗"系的否定词还有"<弗要>[fiæ]"等合音形式。

"无"用于存在否定,不过这种形式只保留于固定短语中,如"无头无脑",在日常使用里往往使用"无拨[m²pəʔ³]"表达存在否定,例如"我今朝无拨作业(我今天没有作业)"。

（六）疑问

苏州(渭塘)话的极性问句主要采用"阿[aʔ]-VP?"或"安[ã]-VP?"的形式来表达。其中,"阿"适用于一般否定"弗"的相应语境,如"你阿是浙江人?（你是浙江人吗?)",而"安"适用于已然否定"<弗曾>"的相应语境,如"水安透哉?（水开了没有?)"。汪平(1984)引述谢自立(1980)的观点,将"安"记作"鬬阿",即认为它是"曾"与"阿"的合音形式。排除普通话干扰(即"翻译腔")的话,严格来看方言里也不存在所谓的正反问和附加问的形式。至于选择问,苏州话采用析取连词"还是"来构成选择问。

苏州(渭塘)话中的基本疑问语素是"啥[sa⁴¹²]"①和"哪[lo³¹]",它们可以参与构成问人、处所、事物等特殊疑问词。苏州(渭塘)话里的特殊疑问词可以归纳如下:

表 4－18　苏州(渭塘)话的特殊疑问词

语　　义	疑　问　词
Where 问处所	哪搭
Which 问选择	哪个
What 问事物	啥、啥物事
Who 问人	啥人
When 问时间	啥辰光
Why 问原因	为啥、啥

---

① 据王健、顾静(2019)的报道,苏州(渭塘)话的"啥"另有一些特殊用法,如用以表反预期、祈使语气、参与构成反叙实动词等。

续　表

语　义	疑　问　词
How many/How much 问数量	几+量词、几许
How 问方式	哪[naʔ³]哼<哈儿>[hã³¹]
How 问性状	几许

3.2　苏州(渭塘)话语法调查表

序号	测 试 例 句	方 言 表 达
1	我是浙江人,你是哪里人?	我是浙江人,倷是哪搭人?
2	他去,我就不去了。	俚/倷₁[nəʔ⁵]去,我就弗去哉。
3	你们坐车来,他们跟我们走。	俉笃坐车子来,俚笃塔⁼/□[ga]伲一淘跑。
4	我们/咱们一起走吧。	(我)伲一淘跑罢。
5	阿军和阿亮,他(们)俩同岁。	军军塔亮亮,俚笃(两家头)年纪一样。*俚两家头年纪一样。
6	阿明(他)们在等你。	明明(俚)笃辣⁼等倷。
7	外婆(他)们明天来。	外婆(俚)笃明朝来。
8	学生们放假了。	学生子放假哉。 学生子(俚)笃放假哉。
9	保安们都走了。	门卫(俚)笃侪跑哉。【真性或连类复数】 看门格人俚笃/*笃侪跑哉。
10	李思只想着(他)自己。	李思重⁼光⁼[zoŋ²³kuaŋ⁵³]想着(俚)自家。
11	你们自己去报名吧!	俉笃自家去报名罢。
12	自己的事情自己做。	自家格事体自家做。
13	别人的事情别去管。	别人家(笃)格事体<弗要>去管。 别人(*笃)格事体<弗要>去管。
14	大家都来看他了!	大家侪来看俚哉。

15	狗在农村很常见。	狗辣农村经常看得见格。
	竹子在北方很罕见。	竹子辣北方看弗大见格。
16	冬笋比毛笋值钱。	(＊该/＊辫/＊个) 冬笋比毛笋值铜钿。
17	杨梅树快死了。	杨梅树/棵杨梅树/辫棵杨梅树死快嘞。
18	阿明中午吃了面，没吃其他东西。	明明中浪相吃仔(点)面，<勿曾>吃其他物事。
		【描述语境中一般不能省略"点"。】
19	刚刚有三个小孩在河里游泳。	刚刚有三个小干⁼辣河里□[xoʔ⁵]冷浴。
	一个保安被打了。	一个门卫拨吃生活哉。
20	有几个小孩在游泳。	有几个小干辣□[xoʔ⁵]冷浴。
	有些小孩在游泳。	＊有点小干辣□[xoʔ⁵]冷浴。
21	所有的学生都来了。	学生子侪来哉。
22	每个医生都要戴口罩。	医生侪要戴口罩格。
23	她买了(一)件新衣服。	俚买仔(一)件新衣裳。
24	他想找一个本地人结婚。	俚想寻(ˀ一)本地人结婚。
25	这是东海的带鱼。	哀个/该个/＊哀/个是东海格带鱼。
		【复数】
		哀条/该条/＊条是东海格带鱼。【单数】
	这带鱼是东海的。	哀条带鱼/该条带鱼是东海格。
26	这本书给他，那本给你。	本书/哀本书/该本书拨俚，辫本书/归本书拨侬。
		辫本书拨俚，归本书拨侬。
27	这个水龙头漏水了。	哀个水龙头漏水哉。
		＊哀水龙头漏水哉。
28	这些苹果是给你外婆的。	哀点苹果是拨辣倷笃外婆格。
29	(这/那)只狗死了。	只狗死脱哉。
		哀/该只狗死脱哉。
		辫/归只狗死脱哉。
30	那几个苹果烂了。	(辫)点苹果烂脱嘞/哉。

*几个苹果烂脱嘚/哉。

31	这也不对,那也不对! 你自己 来做吧!	哀个啊弗对,孬个啊弗对! 俫自家做罢!
32	红烧肉不是这样做的。	红烧肉弗是什梗烧格。
33	你坐(在)这儿,我坐(在)那儿。	俫坐(辣)哀搭,我坐(辣)孬搭。
34	我要那条黑的裤子。	我要孬条黑(颜色格)裤子。 我要黑颜色格孬条裤子。 我要黑颜色条裤子。
35	贵的衣服总比便宜的耐穿。	贵格衣裳比便宜格着得长远。
36	那床新的厚的被子拿出去晒 一下。	孬条新格厚(*格)被头拿出去晒一晒。 新格孬条厚(*格)被头拿出去晒一晒。 *新格厚格孬条被头拿出去晒一晒。 孬条厚格新(*格)被头拿出去晒一晒。 厚格孬条新(*格)被头拿出去晒一晒。 *厚格新格孬条被头拿出去晒一晒。
37	他的自行车不见了。	俚格/部自行车弗见脱哉。
38	阿明的奶奶是上海人。	明明格/笃好婆是上海人。
39	阿明的学校今天放假。	明明格/笃学堂(*里)今朝放假。
40	这辆自行车的轮胎破了。	(哀)部自行车格/*只轮胎坏脱哉。
41	这条鱼不是我的。	(哀)条鱼弗是我格。
42	这里的茶叶很有名。	哀搭格茶叶蛮有名气格。
43	他小时候住过的那间老屋被 拆了。	俚小辰光住格孬间老房子拨拆脱哉。
44	刚刚送你回来的人是谁?	刚刚送俫转来格人是啥人?
45	我最不喜欢吃的是臭豆腐。	我最最弗欢喜吃格物事是臭豆腐。
46	卖菜的来了吗?	卖菜格人安来哉? 卖菜格安来哉?
47	他家里干干净净的,住着很 舒服。	俚屋里相清清爽爽(格),住勒/辣浪蛮舒 服格。

48	明天说不定很热。	明朝弗一定蛮热＊（格）。
49	他很会喝酒。	俚老酒蛮会吃格。
		俚蛮会吃老酒格。
50	这碗菜太咸,不好吃。	哀只菜太咸哉,弗好吃。
51	你这么喜欢吃,就多吃点。	倷什梗欢喜吃,就多吃点。
52	他数学考得最好。	俚数学考得最好。
53	这件衣服贵,那件便宜。	哀件衣裳贵,犗件便宜。
54	我跟他一样高。	我塔俚一样长。
55	他没有我这么高。	俚无拨我长。
56	我比他高。	我比俚长。
57	我爸爸比我妈妈高十公分。	倪爷比倪娘长十公分。
58	他儿子可能有一米八高。	俚格/笃儿子估计有一米八(什梗长)。
59	这条河/江有五十米宽,(不容易游过去)。	哀条河有五十米,游弗过去。
60	他走路走得很快。	俚跑路跑得蛮快格。
61	他高兴得要死。他高兴极了。	俚开心煞哉。
62	慢慢走,别急!	慢慢叫跑,<弗要>急!
63	客人已经来了。	客人已经来哉。
64	你们家来客人了。	倌笃屋里来客人哉。
		倌笃屋里客人来哉。
65	前面有很多红绿灯。	前头有行⸗行⸗寻⸗寻⸗[xaŋ-xaŋ-ziŋ-ziŋ]红绿灯。
	前面有红绿灯。	前头有红绿灯格。
66	大门上贴了/着一副对联。	门浪相贴仔副对联。
		门浪相有副对联贴勒浪/辣浪。
67	书卖了。	书卖脱哉。
	杯子打碎了一个。	杯子打碎脱仔一只。
68	我写完作业了。	我作业写好哉。
69	她打扫干净了房间。	俚房间弄清爽哉。

70	他逮到了一只鸟儿。	俚捉着只鸟。
		#俚鸟捉着一只。
71	他今年已经买了两部手机。	俚今年已经买仔两部手机哉。
		俚今年手机已经两部买好(勒浪)哉。
72	我送了他一本书。	我送仔俚一本书。
		我送仔本书辣俚。
73	房东给了他一碗饺子。	东家拨仔俚一盆饺子。
		东家送仔盆饺子辣俚。
74	买了一件毛衣给她女儿。	买仔(一)件衣裳拨/辣/拨辣俚笃囝儿。
75	他告诉了我一件很奇怪的事。	俚塔我讲仔(一)件滑稽格事体。
76	阿明租了老张一套房。	明明问老张租仔(一)套房子。【老张是房东】
		明明租拨/辣/拨辣老张一套房子。【明明是房东】
		明明租仔老张一套房子。【老张是房东】
77	老张借了我一千块钱。	老张问我借仔一千洋钿。【"我"是债主】
		老张借拨/辣/拨辣我一千洋钿。【老张是债主】
		老张借仔我一千洋钿。【"我"是债主】
78	你在哪里干活?	倷辣哪搭做生活?
79	书放(在)桌子上。	书辣台子浪。
		书放辣台子浪。
80	他等到九点钟才走。	俚等到九点钟勒走。
81	去他们家,要往东走,不要往西走。	到俚笃屋里去,要望东跑,弗可以望西跑。
82	她从外婆家来。	俚好婆家来格。/俚是从好婆家来格。
	从这条路走。	跑哀条路。
83	阿明拿了一本书给他。	明明拿仔本书拨/辣/拨辣俚。
84	陈宇给弟弟盛了一碗饭。	陈宇帮弟弟盛仔碗饭。

85	我跟你一起抬。（或：我和你一起抬）	我帮/塔/□[ga]倷一淘搬。
86	我懒得跟你说话！	我弗高兴帮/塔/□[ga]倷讲闲话。
87	跟/向/问同学借一下铅笔。	问同学借支铅笔。
88	把门关上！	门关好！/门关关好！
89	妈妈已经把电费交了。	伲娘（拿）电费交脱哉。【无标记更常见，下同】
90	你把自行车借我骑几天。	倷（拿）自行车借我踏两日天。
91	她把我的衣服弄脏了。	俚拿我格衣裳弄龌龊哉。
92	她把衣服都洗干净了。	俚（拿）衣裳汰清爽哉。
93	他被蛇咬了一口。	俚拨条蛇咬仔一口。
94	我的笔被他弄丢了。	我格笔拨/*辣/拨辣俚□[dəʔ]脱哉。
95	村里的大桥被冲垮了。	村里相格桥拨*（水）冲坏脱哉。
96	花盆被人家搬走了好几个。	花盆拨人家搬脱仔行⁼行⁼寻⁼寻⁼[xaŋ-xaŋ-ziŋ-ziŋ]。
97	他被老师表扬了。	老师表扬格俚。
98	老师让我这个星期擦黑板。	老师喊/让我哀个礼拜揩黑板。
99	别让他知道了。	<弗要>让俚晓得。
100	你就让他报名吧。	倷就让俚报名罢。
101	让她哭！别去理她。	让/随俚哭！<弗要>去睬俚。
102	问：买菜了吗？ 答：买了。	问：安[ã]买菜<勒呀>? 答：买好哉。
103	（别急！）吃了晚饭再回去。	吃仔夜饭勒转去。 夜饭吃好仔勒转去。
104	明天发了工资,就把钱还你。	明朝发仔工资勒,还倷铜钿。 明朝工资发仔勒,还倷铜钿。
105	他今天病了。	俚今朝生病哉。
106	孩子大了就不听话了。	小干大仔就弗听闲话哉。
107	他去杭州了。	俚到杭州去哉。

108	再过一周,小宝宝就一周岁了。	再过一个礼拜,小干就一岁哉。
109	要下雨了。	落雨快哉。/要落雨哉。
110	他已经吃了两碗饭了。	俚饭吃仔两碗哉。
111	他一个月瘦(掉)了五斤。	俚一个月瘦(脱)仔五斤。/俚一个月五斤瘦脱哉。
	他一个月胖了五斤。	俚一个月壮仔五斤。
112	他一口气跑了五公里。	俚一口气□[zia]仔五公里。
113	那儿很远,我们走了整整三天。	辫搭蛮远格,倷跑仔三日天。
114	你帮我把这块石头搬掉。	哀块石头倷帮我搬脱。
		倷帮我搬脱哀块石头。
		倷帮我哀块石头搬脱。
115	这个厂明年就会拆掉。	哀爿厂明年就要拆脱格。
116	门开着,里面没人。	门开勒浪,里相无拨人格。
117	进去一看,床上躺着一个人。	进去一看么,床浪相睏仔个人。
118	别急! 坐着讲。	<弗要>急! 坐辣/勒搭讲。【带有方位处所义,"坐这里讲"】
		坐勒浪/勒海/辣勒讲。【无处所义,不区分远近】
119	戴着帽子找帽子。	倷手里相拿好仔钥匙,还辣寻钥匙嘞。【你手里拿着钥匙,还在找钥匙。】
120	说着说着他就哭起来了。	俚讲仔半日天,开始哭哉。
	走着走着就走到西湖了。	俚跑仔半日天,就跑到西湖哉。
121	外头在下雨,带上伞。	外头勒/辣/辣勒/勒浪/勒海落雨,带好伞。
		外头＊辣搭/＊勒搭落雨,带好伞。
122	我在写信,你先出去。	我勒/辣/辣勒/勒浪/勒海写信,倷先出去。
123	谁吃过大蒜?	啥人吃格大蒜?
		啥人吃过大蒜?

124	李老师找过你两回了。	李老师寻仔/过侬两埭哉。
125	他去过上海,没去过北京。	俚去过上海,<弗曾>去过北京。
		俚上海去过,北京<弗曾>去过。
126	他们家买过三台电视机。	俚笃屋里相买仔/＊过三台电视机。
127	这个字写错了,重新写过。	哀个字写错脱哉,重新写/＊写过。
128	天冷起来了。	天冷哉。
	天热起来了。	天热哉。
129	别急,歇一歇再走。	<弗要>急,坐一歇＝[ɕieʔ]再跑。
130	我想一下再告诉你。	我想仔＊(一)想再对侬讲。
131	你先吃吃看,熟了没?	侬吃一口看,安＝熟哉?
132	我从小就会游泳。	我小辰光就会得□[xoʔ]冷浴。
133	你的话,我听得懂;他的话,我听不懂。	侬格闲话,我听得懂格;俚格闲话,我听弗懂格。
134	我敢一个人去。	我是敢一个人去格。
		我一个人敢去格。
135	我要出去打工。	我要出去做生活。
136	我可以去游泳吗?	我阿好/可以去□[xoʔ⁵]冷浴?
137	可以下来吃饭了。	(好)下来吃饭哉。
138	既然他们来请你了,你得去。	俚笃来喊侬,侬要去(格)。
139	生病了,应该去医院。	生仔毛病,就要去医院格。
140	要讲道理,不应该打人。	要讲道理,弗好打人格。
141	辣椒吃多了,肚子会疼。	辣茄吃多仔,就会得肚皮痛格。
142	明天要下雨。	明朝要落雨(格)。
143	可能很多人不会来。	估计/作兴蛮多点人弗会得来格。
144	这么晚,他可能不来了。	什梗晏哉,估计/讲弗一定/作兴俚弗来哉。
145	恐怕他已经来了。	估计/讲弗一定/作兴俚已经来哉。
146	他也许会来。	俚估计/讲弗一定/作兴会得来格。
147	他肯定要迟到了。	俚呆板要迟到格。
148	他一定是饿了,才吃了你的饭。	俚呆板是肚皮饿仔佬,吃个侬格饭。

149	A：他们说，他不是浙江人。	A：俚笃讲，俚弗是浙江人。
	B：不，他是的。	B：弗是格／＊弗，俚是浙江人。
150	本地人不吃辣椒。	本地人弗吃辣茄格。
		本地人辣茄弗吃格。
151	无爹无娘／无头无脑	无[m]头无脑
152	我今天没有作业要做。	我今朝无拨作业。
		我今朝作业无拨。
153	老师昨天没有布置作业。	老师昨[zoʔ³]日头<弗曾>布置作业。
154	这条裤子还没补好，不要穿。	哀条裤子<弗曾>补好哉，先<弗要>穿。
155	问：你要不要苹果？	问：侬阿要苹果？
	答：不要！	答：<弗要>。
156	打雷的时候，不要站在大树	打霍闪格辰光，<弗要>立辣树底下。
	底下。	
157	他不会游泳。	俚弗会得□[xoʔ]冷浴格。
158	不准说话！	弗许／<弗要>讲闲话。
159	你不用去了！	侬弗要去哉。
160	你俩别争了！	倷笃两家头<弗要>相骂哉！
161	你是浙江人(吗)？	侬阿是浙江人？
162	你的手表准吗？	侬格手表阿准格？
163	水开了没有？	水安透哉？
164	(我已经告诉他了，)难道他没	我对俚讲哉，俚阿是<弗曾>记牢啊？
	记住？	
165	他家被偷了，对不对？	俚笃屋里相阿是拨贼骨头偷仔物事哉？
		??俚笃屋里相拨贼骨头偷仔物事哉，阿
		是？【附加问不自然，下同】
166	他的衣服洗干净了，是吗？	俚格衣裳阿是汏清爽哉？
167	你去帮他一下，行不行？	侬阿好去帮帮俚？
168	她唱歌好不好听？	俚唱歌阿好听格？
169	你打算不打算去？	侬阿想去？

170	我要不要去?	我阿要去?
171	明天你能不能来?	明朝倷阿好来?
172	明天他会不会来?	明朝俚阿会得来?
173	你要苹果还是香蕉?	倷要苹果还是香蕉啊?
174	李思是谁?	李思是啥人啊?
	谁是李思?	啥人是李思啊?
175	村里哪个人年纪最大?	村里相啥人格年纪最最大?
176	我不去,谁去呢?(即:非我去不可)	我弗去么,啥人去呐?
177	你什么时候去杭州?	倷啥辰光到杭州去?
178	哪里能买电饭锅?	哪搭好买电饭锅?
		哪搭买得着电饭锅?
179	你买了什么?	倷买格啥物事?
180	你买了多少鱼?	倷买仔几许鱼?
	你买了几条鱼?	倷买仔几条鱼?
181	从这儿到那儿有多远?	哀搭到�搭,几许远?
182	这个题目怎么做?	哀个题目哪哼<哈儿>做啊?
183	你怎么没来喝喜酒?	倷<哪哼><弗曾>来吃喜酒?
184	你为什么没来喝喜酒?	倷为啥<弗曾>来吃喜酒?
185	问:你是不是吃了什么?	问:倷阿是/安吃仔点啥(物事)?
	答1:我没吃什么。(虚指)	答1:我<弗曾>吃啥(物事)哇。
	答2:我什么都没吃。(任指)	答2:我啥＊(物事)也[aʔ⁵]<弗曾>吃。/我(一)样也<弗曾>吃。
186	我记得谁跟我说过来着。	我记得啥人对我讲过□[çieʔ]格。
187	这么简单的问题,谁都会回答。	什梗简单格问题,啥人也会格。
188	问:校长呢?	问:校长呐?
	答:校长啊,他今天去开会了。	答:校长么,俚今朝去开会哉。
189	水果的话,我最喜欢吃香蕉。	水果么/水果格闲话,我最最欢喜吃香蕉。
190	作业我早就做完(它)了。	作业么,我老早做好哉。

191	我,那道菜,吃过了。		那道菜,我吃过□[ɕieʔ]哉。
192	阿明客厅扫过了,厨房没扫。		明明客厅扫好哉,厨房间<弗曾>扫唻。
193	问:谁让你来的?		问:啥人喊俦来格?
	答:村长让我来的。		答:村长喊我来格。
194	问:书记让你来的吗?		问:阿是书记喊俦来格?
	答:是村长让我来的。		答:村长喊我来格。
195	小王是昨天去学校报到的。		小王(*是)上日头到学堂报到格。
196	我们是找小王,不是找小李。		伲寻格是小王,弗是小李。
197	我只去过上海。		我摊ᵈ[tʰE⁴⁴]/重ᵈ光ᵈ[zoŋ²³kuaŋ⁵³]去过上海。
198	只有我去过上海。		摊ᵈ[tʰE⁴⁴]/重ᵈ光ᵈ[zoŋ²³kuaŋ⁵³]我去过上海。
199	他连泥鳅都吃。		俚面鳅也吃过格。
200	我也吃过泥鳅。		我匣ᵈ[xaʔ³]吃过面鳅格。

第四节　常　州　话

常州话属于吴语太湖片的毗陵小片。有关常州话语法现象的讨论可追溯至赵元任(1926)的《北京、苏州、常州语助词的研究》一文,而后郑伟(2005、2008、2010)等系列文章与论著对常州话(西郊武进区湟里镇)的语气词、指示词、体标记等语法范畴作了细致的描写讨论。本文我们调查的方言点为常州武进区牛塘镇。[①]

4.1　常州话语法范畴特点

(一) 人称与数

常州话的第三人称代词比较特别,语音形式为[da³⁵],遵循前人研究的惯例,此处记作“佗”。人称代词的复数标记为“-家[ko]”。

复数标记“-家”只能用于三身代词。当“-家”直接与亲属称谓、普通称人名词等组合时表“家”义,如“舅婆家”表“外婆一家”。不过,常州话中还可以使用“-个佬”表达名词的复数意义,例如“学生子个佬”既可以表真性复数,也可以表连类复数。

---

① 方言点:常州市武进区牛塘镇,调查时间:2024 年 7 月。

表4-19 常州话的人称代词

	三身代词			反身代词（自己）	旁指代词（别人）	统称代词（大家）
	第一身	第二身	第三身			
单数	我	你	佗	自家	别人家	大家
复数	我家 包括式：和[xaʔ⁵]你家	你家	佗家	/	/	/

（二）指称

常州话里的光杆名词可用于表有定、无定或类指。"数+量+名"结构无需使用"有"而可直接出现在主语位置上。此外，常州话里也不存在定指"量名"结构。

常州话的指示词成员众多，但其指示系统仍然可视为基于远近的二分格局。据郑伟（2005）的讨论，常州（湟里）话中的基本指示语素有：

近指：鉴 ꞈkæ⁴²³（本文记作"该"）、至 ꞈtsʅ⁴²³、宕 ꞈdã²⁴、让 ꞈniã⁵⁵

远指：过 ꞈkɤɯ⁴²³、那 nei²⁴

本文我们调查的是常州（武进）话，其基本指示语素有"该""至""过""那"。从句法表现上来看，"该、过"是一组成对的指示词，"至、那"是另外的一组。例如，"该、过"可以直接与名词组合，也可以直接作指示代词，而"至、那"不具有这些用法。常州话比较常见的指示表达如下表所示：

表4-20 常州话的指示表达

	近 指	远 指
方位指示	该头 至头	过头 那头
个体指示	该 该/至+量词	过 过/那+量词
方式指示	该佬、该个佬、至个佬	
程度指示	该佬、过佬	

需要注意的是,在通指句里,名词前可以出现"该个",且"该个"比"该"更为常见。例如:

(11) a.（该个/??该）小佬顶喜欢买东西。（小孩子最喜欢买东西。）

　　 b.（该个/??该）冬笋比毛笋值钱。（冬笋比毛笋值钱。）

此外,"该个、该"也可以单独作论元或作指示限定词,但在语义上不限于单数或复数,例如:

(12) a. <u>该/该个</u>是东海格带鱼。（这是东海的带鱼）

　　 b. <u>该/该个</u>带鱼是东海格。（这带鱼是东海的。）

（三）题元标记

常州话中的题元标记可归纳如表 4-21 所示:

表 4-21　常州话的题元标记

题元角色	方所	目的	向格	来源	经由	并列	伴随
语法标记	勒	到	望	$\varnothing$	$\varnothing$	搭[tʰaʔ⁵]	搭[tʰaʔ⁵]

题元角色	与格	替代/受益	处置		被动	使动	允让
语法标记	拨	帮	$\varnothing$/拿[no¹³]		拨	让/喊	让/拨

常州话的"拨"存在与格、被动、允让意义的用法。"拿"为处置标记,不过在祈使句甚至陈述句中,往往也可以使用零标记形式,例如"（拿）门关上则!（把门关上!）""你（拿）脚踏车借拨我骑两天（你把自行车借我骑几天）"。

（四）体范畴

常州话中常见的体标记可初步归纳如下:

表 4-22　常州话的体范畴

体意义	语法标记	体意义	语法标记
完结体	V-唠[lau]/[laʔ]	持续体	V-则
完整体	V-则/上	进行体	勒/头/浪/勒头/勒浪-V

体意义	语法标记	体意义	语法标记
完成体	S-(格)咧	短时体	V(一)V
经历体	V-过	尝试体	V 看
重行体	—	起始体	V-起来/下来

据初步考察,常州话中的完整体标记"上"在使用上比"则"要受限,句法表现上仍更趋近补语,其完整体意义在后接时量成分时较为凸显,例如"跑上三天(走了三天)"。

其次,有别于大多数吴语的表现,常州话的持续体标记与完整体标记同形,均为"-则",例如:

（13）a. 戴<u>则</u>帽子寻帽子。（戴着帽子找帽子。）

　　　b. 吃<u>则</u>夜饭再走。（吃了晚饭再回去。）

此外,常州话里不存在表达重行体意义的语法标记,相应体意义实际由副词如"重新"来实现。例如"该个字写错唠咧,重新写(﹡过)"。

（五）情态与否定

情态方面,常州话里主要的情态动词有"会""要""好",情态副词有"作兴""可能"等,也可由能性动补结构"V-则/勿-C"来表达动力情态。它们所表达的情态意义可大致归纳如下:

表 4 - 23　常州话的情态

情态表达	道义情态	动力情态	认识情态
好	+		
要	+	+	+
会		+	+
V-则/勿-C		+	

否定方面,常州话里的基本否定语素可分为"弗[fəʔ⁵]"和"无[m]"。

"弗"作基本否定词时,读作清声母,但在动补结构中时读作浊声母 v,如"听勿懂"。"弗"往往与"曾"发生合音,构成"<弗曾>[fəŋ]",多用于否定过去的已然事件,例如"老师昨头<弗曾>布置作业(老师昨天没布置作业)";而当其置于句末构成疑问句时,往往读作浊声母,即"<勿曾>[vəŋ]",例如"水滚<勿曾>?(水开了没?)"。

常州话中可用"没""无没"和"无拨"来表达存在否定,例如"我今朝没/无没/无拨作业要做(我今天没有作业要做)"。此外,"无"仅残存于一些固定短语内,如"无爹无娘"。

此外,常州话中的"弗"系否定词会与许多情态动词发生合音,如"<弗要>""<弗会>""<弗好>"等。

(六)疑问

常州话表达极性问无 A-NOT-A 的反复问句形式,而多采用"S-啊?""S-伐?""S-<勿曾>?"等形式,也可采纳升调的策略。例如:

(14) a.【伴随升调】你是浙江人?

　　　b. 真佬啊?(真的吗?)

　　　c. 好伐?(好吗?)

关于选择问句的表达策略,常州话有两种,一是借助析取连词"还是",二是通过语气词"啊",例如:

(15) a. 你要苹果还是香蕉?

　　　b. 你要苹果啊香蕉啊?

特殊疑问词方面,常州话的基本疑问语素有"曩[nʌŋ⁴⁵]"和"底[tia⁴⁵]"。有关疑问词"底"的来源可参看郑伟(2010a)、黄河(2021)等的讨论。常州话特殊疑问词可参看下表:

表 4-24　常州话的特殊疑问词

语　　义	疑　问　词
Where 问处所	曩嗨点、曩开(点)、曩头、哪[la²¹⁴]头
Which 问选择	曩个(人)

语　义	疑　问　词
What 问事物	底
Who 问人	底人
When 问时间	底辰光
Why 问原因	为底
How many／How much 问数量	多少、几+量词
How 问方式	嚷样

4.2　常州话语法调查表

序号	测 试 例 句	方 言 表 达
1	我是浙江人,你是哪里人?	我是浙江人,你是嚷嗨点人?
2	他去,我就不去了。	佗去格说法,我就弗去咧。
3	你们坐车来,他们跟我们走。	你家坐车子来,佗家搭我家一道走。
4	我们／咱们一起走吧。	我家一道走罢。【排除式】
		和你家一道走罢。【包括式】
5	阿军和阿亮,他(们)俩同岁。	军军搭亮亮,佗家(两个人)同年。
		军军搭亮亮,＊佗两个人同年。
6	阿明(他)们在等你。	明明佗家勒头等你哩。
		＊明明家勒头等你哩。【只能表"明明一家在等你"】
		明明个佬勒头等你哩。
7	外婆(他)们明天来。	舅婆佗家明朝来。
		＊舅婆家明朝来。【只能表"舅婆一家明天来"】
		舅婆个佬明朝来。
8	学生们放假了。	学生子放假唠咧。
		学生子佗家放假唠咧。【真性或连类复数】

		学生子个佬放假唠咧。【真性或连类复数】
9	保安们都走了。	保安全走格咧。
		保安佗家全走格咧。【真性或连类复数】
		保安个佬全走格咧。【真性或连类复数】
10	李思只想着(他)自己。	李思只想着佗自家。
11	你们自己去报名吧!	你家自家去报名罢
12	自己的事情自己做。	自家格事体自家做。
13	别人的事情别去管。	别人家格事体<弗要>去管。
14	大家都来看他了!	大家全来看佗格咧!
15	狗在农村很常见。	狗勒村酿ˉ弗稀奇。
	竹子在北方很罕见。	竹子勒北方比较稀奇(格)。
16	冬笋比毛笋值钱。	冬筍比毛筍值钿。
		该个冬筍比毛筍值钿。
		??该冬筍比毛筍值钿。
17	杨梅树快死了。	杨梅树要死咧。
		该(一)棵杨梅树要死咧。
		该杨梅树要死咧。
18	阿明中午吃了面,没吃其他东西。	明明昼酿ˉ吃格面,<弗曾>吃别格东西。
19	刚刚有三个小孩在河里游泳。	才将(有)三个小佬勒河里游水。
	一个保安被打了。	一个保安拨□[xaʔ⁵]格咧。
20	有几个小孩在游泳。	有两个小佬勒底游水嘚。
	有些小孩在游泳。	有星小佬勒底游水嘚。
21	所有的学生都来了。	学生子全来格咧。
22	每个医生都要戴口罩。	每个医生都要戴口罩。
		医生全部都要戴口罩嘚。
23	她买了(一)件新衣服。	佗买着(一)件新衣裳。
24	他想找一个本地人结婚。	佗想寻(一)个本地人结婚。
25	这是东海的带鱼。	该/该个是东海格带鱼。【不区分单复数】

		该星是东海格带鱼。【复数】
	这带鱼是东海的。	<u>该/该个</u>带鱼是东海格。【不区分单复数】
		该星带鱼是东海格。【复数】
26	这本书给他,那本给你。	该本书拨佗,过⁼/那本书拨你。
27	这个水龙头漏水了。	该个水龙头漏水唠咧。
		该水龙头漏水唠咧。
		水龙头漏水唠咧。
28	这些苹果是给你外婆的。	该星苹果是拨你家舅婆格。
29	(这/那)只狗死了。	<u>该/过⁼</u>(只)狗死唠咧。
		那只狗死唠咧。
		*只狗死唠咧。
30	那几个苹果烂了。	过⁼几个苹果烂唠格咧。
31	这也不对,那也不对!你自己来做吧!	该也弗对,过⁼也弗对,你自家来做罢。
32	红烧肉不是这样做的。	红烧肉弗是该佬/该个佬/至个佬做格。
33	你坐(在)这儿,我坐(在)那儿。	你坐(勒)该头,我坐(勒)<u>过⁼</u>/那头。
34	我要那条黑的裤子。	我要过条黑佬*(格)裤子。
		我要黑佬*(格)过条裤子。
		我要过条黑佬。
35	贵的衣服总比便宜的耐穿。	贵佬格衣裳总归比便宜佬经穿。
36	那床新的厚的被子拿出去晒一下。	过床新佬格厚被头拿出去晒晒。
		新佬格过床厚被头拿出去晒晒。
		新佬格厚佬格过床被头拿出去晒晒。
		过床厚佬格新被头拿出去晒晒。
		厚佬格过床新被头拿出去晒晒。
		厚佬格新佬格过床被头拿出去晒晒。
37	他的自行车不见了。	佗格脚踏车没唠格咧。
38	阿明的奶奶是上海人。	明明家亲娘是上海人。
39	阿明的学校今天放假。	明明家学堂(里)今朝放假。

40	这辆自行车的轮胎破了。	该部脚踏车格胎没气唠(格)咧。
41	这条鱼不是我的。	该条鱼弗是我格。
42	这里的茶叶很有名。	该头格茶叶特别有名气。
43	他小时候住过的那间老屋被拆了。	佗细佬辰光住过格(过一间)房子拆唠格咧。
44	刚刚送你回来的人是谁?	才将送你家来格(人)是底人啊?
45	我最不喜欢吃的是臭豆腐。	我顶弗欢喜吃格是臭豆腐。
46	卖菜的来了吗?	卖菜佬来<勿曾>?
47	他家里干干净净的,住着很舒服。	佗家里干干净净(格唠),住则特别惬意。
48	明天说不定很热。	明朝作兴特别热。 明朝作兴蛮热格。
49	他很会喝酒。	佗特别会吃酒。 佗吃酒特别会格。
50	这碗菜太咸,不好吃。	该碗菜太咸咧,<弗好>吃。
51	你这么喜欢吃,就多吃点。	你该佬欢喜吃格说法,就多吃点。
52	他数学考得最好。	佗数学考则顶好。
53	这件衣服贵,那件便宜。	该件衣裳贵,过件便宜。
54	我跟他一样高。	我搭佗一样长。
55	他没有我这么高。	佗没我该佬长。
56	我比他高。	我比佗长。
57	我爸爸比我妈妈高十公分。	我家爸爸比我家妈妈长十公分。
58	他儿子可能有一米八高。	佗家儿子可能有一米八(个佬)长嘚。
59	这条河/江有五十米宽,(不容易游过去)。	该条河有五十米宽,游弗过去。
60	他走路走得很快。	佗波＝[pəɯ]路波＝则特别快。
61	他高兴得要死。/他高兴极了。	佗高兴到则要死。 佗高兴到则。
62	慢慢走,别急!	慢慢点波＝[pəɯ],<弗要>急。

63	客人已经来了。	客人已经来格咧。
64	你们家来客人了。	你家家里有客人来格咧。
65	前面有很多红绿灯。	前头有弗得了格红绿灯（勒头）嘚。
	前面有红绿灯。	前头有红绿灯（勒头）嘚。
66	大门上贴了/着一副对联。	大门酿贴则一副对联嘚。
		大门酿有副对联贴勒头嘚。
67	书卖了。	书卖唠格咧。
	杯子打碎了一个。	杯子碎唠则一个咧。/一个杯子碎唠格咧。
68	我写完作业了。	我作业做完唠咧。
69	她打扫干净了房间。	佗 * （拿）房间打扫干净唠咧。
70	他逮到了一只鸟儿。	佗抓着［dzʌʔ³］一只鸟。
71	他今年已经买了两部手机。	佗今年已经买（上）则两个手机咧。
		佗今年手机已经两个买则咧。
72	我送了他一本书。	我送（拨）佗一本书。
		#我送则一本书拨佗嘚。
73	房东给了他一碗饺子。	房东掇拨佗一碗馄饨。
		#房东掇则一碗馄饨拨佗嘚。
74	买了一件毛衣给她女儿。	佗帮佗家囝囝买着一件羊毛衫。
		佗买则一件羊毛衫拨佗家囝囝。
75	他告诉了我一件很奇怪的事。	佗搭/*帮/*拨我讲上一桩特别滑稽格事体。
76	阿明租了老张一套房。	明明租则老张一套房子嘚。【老张是房东】
		明明租拨老张一套房子。【明明是房东】
		明明问老张租则一套房子。【老张是房东】
77	老张借了我一千块钱。	老张借则我一千块洋钿。【老张是债主】
		老张借拨我一千块洋钿。【老张是债主】
		老张问我借则一千块洋钿嘚。【"我"是债主】
78	你在哪里干活？	你 * （勒）哪头/囔头做生活？

79	书放(在)桌子上。	书放(勒)台酿=。
		书勒台酿=。
80	他等到九点钟才走。	佗等到/*勒九点钟才走格。
81	去他们家,要往东走,不要往西走。	到佗家里[lə?]去,要望东面去,<弗要>望西面去。
82	她从外婆家来。	佗等=[təŋ⁵⁵]勒舅婆家里[lə?]来格。
	从这条路走。	走该(一)条路。
83	阿明拿了一本书给他。	明明拿拨佗一本书。
84	陈宇给弟弟盛了一碗饭。	#陈宇帮弟弟盛则一碗饭。
		#陈宇帮弟弟盛上(则)一碗饭。
85	我跟你一起抬。(或:我和你一起抬)	我搭你一道抬。
86	我懒得跟你说话!	我弗高兴搭你讲咧!
87	跟/向/问同学借一下铅笔。	搭/问同学借一借铅笔。
88	把门关上!	(拿)门关上则!
		(拿)门关关上!
89	妈妈已经把电费交了。	妈妈已经拿电费交唠[la?]格咧。
90	你把自行车借我骑几天。	你(拿)脚踏车借(拨)我骑两天。
91	她把我的衣服弄脏了。	佗拿我格衣裳弄(则)邋遢唠咧。
92	她把衣服都洗干净了。	佗拿衣裳全洗干净唠咧。
93	他被蛇咬了一口。	佗拨蛇咬则一口。
94	我的笔被他弄丢了。	我格笔拨佗弄唠[la?]格咧。
95	村里的大桥被冲垮了。	村里格桥拨*(大水)冲塌唠咧。
96	花盆被人家搬走了好几个。	花盆拨别人家搬唠[la?]则好几个咧。
97	他被老师表扬了。	佗拨老师表扬格咧。
98	老师让我这个星期擦黑板。	老师让/喊我该个礼拜揩黑板。
99	别让他知道了。	<弗要>让/拨佗晓则。
100	你就让他报名吧。	你就让/拨/*喊佗报名罢。
101	让她哭!别去理她。	让佗哭罢!<弗要>去理佗。

102 问：买菜了吗？   问：买菜<勿曾>啊？
     答：买了。   答：买格唻。

103 （别急!）吃了晚饭再回去。   吃则夜饭再走。
                               夜饭吃好则再走。

104 明天发了工资，就把钱还你。   明朝发则工资/工资发则，就（拿）钞票还
                               拨你。

105 他今天病了。   佗今朝弗惬意。
                               佗今朝生病唠唻。

106 孩子大了就不听话了。   小佬大则就弗听话唻。

107 他去杭州了。   佗（到）杭州去格唻。

108 再过一周，小宝宝就一周岁了。 再过一礼拜，小佬就一周岁唻。

109 要下雨了。   要落雨唻。

110 他已经吃了两碗饭了。   佗已经吃则两碗饭唻。
                               佗已经两碗饭吃则下去唻。

111 他一个月瘦（掉）了五斤。   佗一个月瘦上/唠[la?]五斤嗰。
    他一个月胖了五斤。   佗一个月胖上五斤嗰。

112 他一口气跑了五公里。   佗一口气逃着[dzʌʔ³]五公里。
                             #佗一口气逃则五公里嗰。

113 那儿很远，我们走了整整三天。 过头特别远，我家波ᵚ[pəɯ]上三天。

114 你帮我把这块石头搬掉。   你帮/*搭我拿该块石头搬唠则。

115 这个厂明年就会拆掉。   该个厂明年就会拆（唠）。

116 门开着，里面没人。   门开唠/门开则嗰，里头没人。

117 进去一看，床上躺着一个人。 波ᵚ[pəɯ]进去一望，床上睏则一个人嗰。

118 别急! 坐着讲。   <弗要>急! 坐（好）则讲。

119 戴着帽子找帽子。   戴则帽子寻帽子。

120 说着说着他就哭起来了。   讲则讲则佗就哭唻。
    走着走着就走到西湖了   波ᵚ[pəɯ]则波ᵚ则就波ᵚ到西湖边格唻。

121 外头在下雨，带上伞。   外头勒/头/勒头落雨嗰，拿则伞。

122 我在写信，你先出去。   我 *勒/浪/勒浪写信嗰，你先出去。

123 谁吃过大蒜? 底人吃大蒜<格啊>?

底人吃过[kəu]大蒜<格啊>?

124 李老师找过你两回了。 李老师寻过你两回咧。

125 他去过上海,没去过北京。 佗去过上海,<弗曾>去过北京。

佗上海去过唠咧,北京<弗曾>去过。

126 他们家买过三台电视机。 佗家家里买过三台电视机嘚。

127 这个字写错了,重新写过。 该个字写错唠咧,重新写(＊过)。

128 天冷起来了。 天冷下来咧。

天热起来了。 天热出来咧。

129 别急,歇一歇再走。 <弗要>急,歇(一)歇再走。

歇(一)歇□[ka⁵¹]再走。

歇一□[tʰau⁵¹]再走。【□[tʰau⁵¹]为时
量词】

130 我想一下再告诉你。 我想(一)想(＊□[ka⁵¹])再搭你讲。

我想一□[tʰau⁵¹]再搭你讲。

131 你先吃吃看,熟了没? 你先吃吃看,熟<勿曾>?

132 我从小就会游泳。 我从小就会游水格。

133 你的话,我听得懂;他的话,我 你格话,我听则懂＊(唠);佗格话,我听
听不懂。 勿懂。

134 我敢一个人去。 我敢一个人去嘚。

135 我要出去打工。 我要出去打工。

136 我可以去游泳吗? 我好去游水伐[vaʔ³]?

137 可以下来吃饭了。 好下来吃饭咧。

138 既然他们来请你了,你得去。 佗家来喊你格说法,你就要去。

139 生病了,应该去医院。 生病格说法,就要到医院里去。

140 要讲道理,不应该打人。 要讲道理,<弗好>□[xa⁵⁵]人。

141 辣椒吃多了,肚子会疼。 辣椒吃多则,会肚皮痛格。

142 明天要下雨。 明朝要落雨(格/嘚)。

143 可能很多人不会来。 作兴弗得了格人<弗会>来。

144	这么晚,他可能不来了。	该样晏(唠)咧,佗可能<弗会>来咧。
145	恐怕他已经来了。	佗作兴来格咧。
		作兴佗来格咧。
146	他也许会来。	佗作兴会来嗰。
		佗可能会来嗰。
147	他肯定要迟到了。	佗肯定要迟到格咧。
148	他一定是饿了,才吃了你的饭。	佗一定是饿唠咧,才吃你格饭格。
149	A:他们说,他不是浙江人。	A:佗家说叫,佗弗是浙江人。
	B:不,他是的。	B:弗是/弗,佗是格。
150	本地人不吃辣椒。	本地人弗吃辣。
		本地人辣弗吃。
151	无爹无娘/无头无脑	无[m]爹无娘
152	我今天没有作业要做。	我今朝没/无没/无拨作业要做。
153	老师昨天没有布置作业。	老师昨头<弗曾>布置作业。
154	这条裤子还没补好,不要穿。	该条裤子(还)<弗曾>补好勒,<弗要>穿。
155	问:你要不要苹果?	问:你要苹果伐?/你苹果要伐?
	答:不要!	答:<弗要>。
156	打雷的时候,不要站在大树底下。	打霍闪格辰光,<弗要>徛勒树格下头。
157	他不会游泳。	佗<弗会>游水。
158	不准说话!	<弗要>讲话。
159	你不用去了!	你用勿着去咧!
160	你俩别争了!	你家两个人<弗要>闹咧!
161	你是浙江人(吗)?	你是浙江人?【升调】
		你是浙江人伐?【中性】
162	你的手表准吗?	你格手表准伐?
163	水开了没有?	水滚<勿曾>?
164	(我已经告诉他了,)难道他没记住?	佗<勿曾>记清爽啊?

165	他家被偷了,对不对?	佗家家里有贼骨头格,真佬啊?/正是伐?
166	他的衣服洗干净了,是吗?	佗格衣裳洗干净唠咧,真佬啊?/正是伐?
167	你去帮他一下,行不行?	你去帮帮佗,好伐?
168	她唱歌好不好听?	佗唱歌还好伐?
169	你打算不打算去?	你想去伐?
		你打算去伐?
170	我要不要去?	我要去伐?
171	明天你能不能来?	明朝你能够来伐?
		明朝你来,好伐?【附加问,表请求】
172	明天他会不会来?	明朝佗会来伐?
173	你要苹果还是香蕉?	你要苹果还是香蕉?
		你要苹果啊香蕉啊?
174	李思是谁?	李思是底人啊?
	谁是李思?	底人是李思?
175	村里哪个人年纪最大?	村里底人/嗄个人年纪顶大?
176	我不去,谁去呢?(即:非我去不可)	我弗去,底人去呢?
177	你什么时候去杭州?	你底辰光到杭州去啊?
178	哪里能买电饭锅?	嗄嗨点/嗄开(点)/嗄头能够买着电饭锅啊?
179	你买了什么?	你买格底啊?
180	你买了多少鱼?	你买多少鱼<格啊>?
	你买了几条鱼?	你买几条鱼<格啊>?
181	从这儿到那儿有多远?	该头到过头多少远啊?
182	这个题目怎么做?	该道题目嗄样做啊?
183	你怎么没来喝喜酒?	你嗄会<弗曾>来吃喜酒?
184	你为什么没来喝喜酒?	你为底<弗曾>来吃喜酒?
185	问:你是不是吃了什么?	问:你吃则底(东西)吗?
	答1:我没吃什么。(虚指)	答1:我<弗曾>吃底东西。
	答2:我什么都没吃。(任指)	答2:我底东西都<弗曾>吃。

186	我记得谁跟我说过来着。	我记则底人搭我讲过格。
187	这么简单的问题,谁都会回答。	该酿简单格问题,(随便)底人都会唠/是个[kə?]人都会。【"是"为任指标记】
188	问:校长呢?	问:校长呢?
	答:校长啊,他今天去开会了。	答:校长啊,佗今朝去开会格咧。
189	水果的话,我最喜欢吃香蕉。	水果格说法,我顶欢喜吃香蕉。
190	作业我早就做完(它)了。	作业我老早就做完唠咧。
191	我,那道菜,吃过了。	我吃过该个菜唠咧。
192	阿明客厅扫过了,厨房没扫。	明明客厅扫过唠咧,厨房还<勿曾>扫咧。
193	问:谁让你来的?	问:底人喊你来<格啊>?
	答:村长让我来的。	答:书记喊我来格。
194	问:书记让你来的吗?	问:书记喊你来<格啊>?
	答:是村长让我来的。	答:是村长喊我来格。
195	小王是昨天去学校报到的。	小王是昨头到学堂勒去报到格。
196	我们是找小王,不是找小李。	我家寻小王,弗是寻小李。
197	我只去过上海。	我就去过上海。
198	只有我去过上海。	就<只有>我去过上海。
199	他连泥鳅都吃。	佗连泥鳅都吃嘚。
200	我也吃过泥鳅。	我也吃过泥鳅格。

第五节　余　杭　话

　　余杭话属于吴语太湖片的苕溪小片。本节讨论余杭(勾庄)方言的语法调查情况,并归纳其各个范畴及其语法特点。①

5.1　余杭(勾庄)话语法范畴特点

(一) 人称与数

在余杭(勾庄)方言中,三身代词具有和富阳话相一致的强调式"是[zə?²]+

代词"。同时,在临平(双林村)等地的余杭方言中还存在"要+代词"形式的强调式。人称代词的复数标记为"拉[la]",与三身代词单数组合时往往会发生合音。同时,"拉"也可以作家义处所词。

表 4-25　余杭话的人称代词

	三身代词			反身代词 (自己)	旁指代词 (别人)	统称代词 (大家)
	第一身	第二身	第三身			
单数	我[ŋ⁵³]	尔[n⁵³]	渠[i⁵³]	自己、自家	别人家	大家
复数	<我拉> [ŋa⁵³/ua⁵³]	㑚<尔拉> [na⁵³]	倻<渠拉> [ia²¹³]			

复数标记"拉"的使用较为受限,除人称代词外,只能用于称人专有名词和亲属称谓之后,如"阿明拉(阿明他们)""外婆拉(外婆他们)",但不能用于普通称人名称,如"*学生拉""*门卫拉"均不合法。

此外,余杭话中还可以通过后加指示代词的复数形式"介种这些"来表达复数意义,但"介种"所适用的名词范围与"拉"基本一致,例如"阿明介种""外婆介种",甚至两者可以同现,例如"阿明拉介种""外婆拉介种"。

（二）指称

在余杭话里,光杆名词可以表有定、无定或类指。"数+量+名"结构可以无需"有"而直接出现在主语位置。此外,余杭话中的"量+名"结构可以用于表定指,同时"量+名"结构在余杭话中表近指,可以与远指指示所构成的名词性短语对举。

余杭话的指示词系统可视为是基于远近的二分格局,近指的基本语素为"接⁼[tɕieʔ⁵]",远指的基本语素为"哈⁼[xaʔ⁵]"。余杭话中具体的指示表达如下表所示。

表 4-26　余杭话的指示表达

	近　指	远　指
方位指示	塔⁼[tʰəʔ⁵]里	哈⁼里
个体指示	接⁼+量词(+名词)	哈(里)+量词(+名词) 还有+量词(+名词)

	近　指	远　指
方式指示	介＝[ga³⁵]	
程度指示	介＝[ga³⁵]	

需要说明的是,"接＝"和"哈＝"都不能直接单用作指示代词(如例 16a 所示)。"接＝"必须与量词组合(例 16b);而"哈＝"则需先构成处所指示"哈里"后,再与量词组合指代个体(例 16c),但当"哈里"在修饰语位置时,可以省作"哈"(例 16d)。此外,"接＝"也不能直接与名词组合表达类指或个体指。

(16) a.　＊接/＊哈是东海格带鱼。(这/那是东海的带鱼。)

　　 b.　接个/接星是东海格带鱼。(这个/这些是东海的带鱼。)

　　 c.　哈里个是东海格带鱼。(那个是东海的带鱼。)

　　 d.　哈(里)只狗死嘚。(那只狗死了。)

(三) 题元标记

余杭话中常见的题元标记可归纳如下表所示:

表 4 - 27　余杭话的题元标记

题元角色	方所	目的	向格	来源	经由	并列	伴随
语法标记	得、勒	到	得	从、∅	望	得	得

题元角色	与格	替代/受益	处置	被动	使动	允让
语法标记	拨	得、帮	得、∅	拨	叫	让、拨

在余杭话中,"有"大致相当于普通话中的动词"在",其后还可以进一步跟介词"得",例如"尔有(得)哪里做生活?(你在哪里工作?)"。题元标记"得"除了可以用作方所、并列、伴随、替代/受益、处置外,也可以用作向格,例如"我得老张借得一千块洋钱(我向老张借了一千块钱)"。在祈使句里一般不使用处置标记,陈述句也可通过话题化、次话题化表达处置意义,例如:

（17）a. 门□［iɔ³⁵］□［iɔ³⁵］牢！（把门关上！）

　　b. 电费姆妈已经交掉嘚。（妈妈已经把电费交了。）

　　c. ＜我拉＞姆妈电费已经交掉嘚。（妈妈已经把电费交了。）

余杭话中的题元标记"拨"表被动时，其所引介的论元成分必须出现，即不允许短被动句，例如"村里格大桥拨＊（大水）冲坍嘚（村里的大桥被水冲垮了）"。

（四）体范畴

余杭话中常见的体标记可初步归纳如表4-28所示：

表4-28　余杭话的体范畴

体意义	语法标记	体意义	语法标记
完结体	V-掉	持续体	V-哈里
完整体	V-得	进行体	有哈里/有塔里-V
完成体	S-嘚［de］	短时体	VV
经历体	V-过	尝试体	VV 看
重行体	＊（再）V 过	起始体	起来

从整个北部吴语的情况来看（如富阳话、杭州话），余杭话比较特别的是持续体和进行体不同形。具体来看，余杭话中以处所指示词"哈里"表达持续体，一般后接于持续性的谓语动词之后，如"躺、开"；而以"有哈里/有塔里"编码进行体。

（五）情态与否定

情态方面，余杭话里主要的情态动词/副词有"好""会得""要""呆板""差或"等，它们所表达的情态意义大致可归纳如下：

表4-29　余杭话的情态

情态动词/副词	道义情态	动力情态	认识情态
好	+	+	
会得		+	+

情态动词/副词	道义情态	动力情态	认识情态
要	+	+	+
差或			+
呆板	+		+

余杭话中"差或_{可能、大概}"大多见于句末，例如"俩儿子有一米八长差或（他儿子可能有一米八高）"，但在富阳话中"差或"无此限制、相对比较自由。

否定方面，余杭话的基本否定语素为"弗[fəʔ⁵]""无"。"弗"不能独立成句回答问题，但和富阳话中的否定词相似，"弗"可以否定已然事件，与"无"可以互换，例如"接条裤子还<u>弗/无</u>补好嘚（这条裤子还没有补好）"。除"无"外，余杭话中还可以用"无得"作存在否定，例如"我今朝作业<u>无得</u>（我今天没有作业）"，"水有<u>无得</u>滚啦？（水开了没有？）"

此外，余杭话中有"<休要>[ɕiau]""<不会>"等否定词的合音形式，其中"<休要>_{不要}"不可单用回答问题，而必须说成"<休要>渠"。

（六）疑问

余杭话中的是非问可以通过"S-□[vei/fei]？"等来编码，句末的成分应是由"否定词+语气词"合音形成的。而当通过"S-啊？"的形式表达是非问时，句子往往带有较强的偏向性。正反问句的形式包括"A 弗 A/V 弗 V""有无得-V"等形式。选择问句可以通过"…呢，…呢"的对举表达，也可以进一步加入析取连词"还是"，构成"…呢，（还是）…呢"。

余杭话的特殊疑问词可归纳如下：

表 4 - 30　余杭话的特殊疑问词

语　义	疑　问　词
Where 问处所	哪里[la³³li³³]
Which 问选择	哪里个

语　　义	疑　问　词
What 问事物	何事
Who 问人	何侬
When 问时间	几时、何日格日脚
Why 问原因	为何事、若何［naʔ²kəʔ²］
How many/How much 问数量	多少、几
How 问方式	若何［naʔ²kəʔ²］

5.2　余杭（勾庄）话语法调查表

序号	测 试 例 句	方 言 表 达
1	我是浙江人,你是哪里人?	我是浙江人,尔是哪里人?
2	他去,我就不去了。	渠去么,是我就弗去嘚。
3	你们坐车来,他们跟我们走。	俫车子来,俐跟着＜我拉＞去。
4	我们/咱们一起走吧。	＜我拉＞一淘⁼去么好嘚。
5	阿军和阿亮,他(们)俩同岁。	阿军得阿亮,是俐两个人同年格。
6	阿明(他)们在等你。	阿明拉/介种有勒哈里等尔。 阿明拉介种有勒哈里等尔。 *阿明俐有勒哈里等尔。
7	外婆(他)们明天来。	外婆拉/介种明朝来。 外婆拉介种明朝来。
8	学生们放假了。	学生*拉/*介种放假嘚。 接星学生放假嘚。
9	保安们都走了。	门卫*拉/⁇介种都［to⁴⁴］走嘞。
10	李思只想着(他)自己。	李思只顾牢(渠)自己/自家。
11	你们自己去报名吧!	俫自己/自家去报名么好嘚。
12	自己的事情自己做。	自己格事体自己做。

221

		自家格事体自家做。
13	别人的事情别去管。	别人家格事体<休要>[ɕiau]去管。
14	大家都来看他了!	大家都望望渠看。
15	狗在农村很常见。	狗勒农村里蛮多□[go]。
	竹子在北方很罕见。	竹叶勒北方弗大有得看见□[go]。
16	冬笋比毛笋值钱。	(＊接)冬笋比毛笋贵。
17	杨梅树快死了。	杨梅树/株杨梅树/接株杨梅树要死快嘚。
18	阿明中午吃了面,没吃其他东西。	阿明中饭光景吃格面,另外东西一点儿弗吃。
		阿明中饭光景吃勒＊(碗)面,另外东西一点儿弗吃。
19	刚刚有三个小孩在河里游泳。	刚勒介儿(有)三个小人儿有得/勒河港里游水儿。
	一个保安被打了。	(有)一个保安被俚打嘚。
20	有几个小孩在游泳。	(有)两个小人儿有哈里游水儿。
		【"两"表确数读作 nian^{42},表概数时读作 nian^{44}】
	有些小孩在游泳。	有星小人儿有哈里游水儿。
21	所有的学生都来了。	学生全部来嘚。
		全部格学生都来嘚。
22	每个医生都要戴口罩。	医生全部都要戴口罩。
23	她买了(一)件新衣服。	渠(到街浪去)买得件新衣裳儿。
24	他想找一个本地人结婚。	渠想寻(一)个本地人结婚。
25	这是东海的带鱼。	接星/种是东海格带鱼鲞。
		接个是东海格带鱼鲞。【限于单数】
		＊接是东海格带鱼鲞。
	这带鱼是东海的。	接星/种带鱼鲞是东海格。【复数/种类】
		接条带鱼鲞是东海格。

26	这本书给他,那本给你。	接本书拨渠,还有本书拨尔。
		接本书拨渠,哈里本书拨尔。【表方位处所,往往伴以手势】
27	这个水龙头漏水了。	接个[kə?]/只水龙头漏水嘚。
		个/只水龙头漏水嘚。
		*接水龙头漏水嘚。
28	这些苹果是给你外婆的。	接星苹果是拨㑚外婆□_{<格+语气词>}[go]。
29	(这/那)只狗死了。	(接)只狗死(掉)嘚。
		哈里只狗死(掉)嘚。
30	那几个苹果烂了。	哈里星/*种苹果烂(掉)嘚。
31	这也不对,那也不对!你自己来做吧!	□[gi]也弗对,介[ga]也弗对,尔自家来做么好嘚。
		□[ki]也弗对,□[ka]也弗对,尔自家来做么好嘚。
32	红烧肉不是这样做的。	红烧肉弗是介[ga]烧格。
		*红烧肉弗是□[ka]烧格。
33	你坐(在)这儿,我坐(在)那儿。	尔坐(得)塔里,我坐(得)哈里。
34	我要那条黑的裤子。	我要哈(里)条/<还有>一条黑格裤子儿。
		我要黑(格)接条裤子儿。
		我要黑格条裤子儿。
35	贵的衣服总比便宜的耐穿。	贵格衣裳总比便宜格衣裳好。
36	那床新的厚的被子拿出去晒一下。	哈(里)床新格厚格被担出去晒晒。【此处"哈里"必须处于最左端。】
		哈(里)床厚格新格被担出去晒晒。
37	他的自行车不见了。	渠格/部脚踏车无[n]得见嘚。
38	阿明的奶奶是上海人。	阿明拉奶奶是上海人。【"拉"为家义处所词,表领属时多限于亲属称谓】
39	阿明的学校今天放假。	阿明(格)学校里今朝放假。
40	这辆自行车的轮胎破了。	接部脚踏车格/只胎破掉嘚。

223

41	这条鱼不是我的。	接个鱼弗是我□[go]。
42	这里的茶叶很有名。	塔ᵛ里格/＊种茶叶蛮有名气。
43	他小时候住过的那间老屋被拆了。	渠小格(时)节蹲ᵛ过格(哈里)间老房子(拨俚)拆掉嘚。
		渠小格(时)节蹲ᵛ过(哈里)间老房子(拨俚)拆掉嘚。
44	刚刚送你回来的人是谁?	刚勒介儿送尔回来格/(接)个人是何侬?
45	我最不喜欢吃的是臭豆腐。	我顶弗欢喜吃格是臭豆腐。
46	卖菜的来了吗?	卖菜格来勒□[vei]?
		卖菜格来弗□[lei]?
47	他家里干干净净的,住着很舒服。	俚屋<里儿>[liŋ]清清爽爽□[go],蹲ᵛ得蛮舒服。
48	明天说不定很热。	明朝话弗定蛮热□[go]。
49	他很会喝酒。	渠吃酒吃起来蛮练□[go]。
50	这碗菜太咸,不好吃。	接碗菜忒咸,<弗好>吃□[go]。
51	你这么喜欢吃,就多吃点。	尔介欢喜吃么,就多吃<点儿>。
52	他数学考得最好。	渠数学考得顶好。
53	这件衣服贵,那件便宜。	接件衣裳贵,哈里件便宜。
54	我跟他一样高。	我搭渠一样长□[go]。
55	他没有我这么高。	渠,还是我长。
		渠无得我介长。
56	我比他高。	我比渠长<点儿>。
		??我比渠长。
		渠,还是我长。
57	我爸爸比我妈妈高十公分。	<我拉>阿伯比<我拉>姆妈长十公分。
58	他儿子可能有一米八高。	俚儿子有一米八(介)长差或 大概/可能。
59	这条河/江有五十米宽,(不容易游过去)。	埭河港有五十米阔,根本游弗过。
60	他走路走得很快。	渠走路走得蛮快□[go]。

	渠走路走得毛快□[lei]。
61	他高兴得要死。/他高兴极了。	渠快活得纵起来嘚。
62	慢慢走,别急!	慢慢儿走,<休要>急!
63	客人已经来了。	客人(已经)来嘚。
64	你们家来客人了。	倷屋里客人来嘚。
65	前面有很多红绿灯。	前头有交关红绿灯。
	前面有红绿灯。	前头有红绿灯。
66	大门上贴了/着一副对联。	大门浪贴得一副对联儿(哈里)。
		大门浪有一副对联儿贴哈里。
67	书卖了。	书卖掉嘚。
	杯子打碎了一个。	杯儿掼碎得一个。
68	我写完作业了。	我字写好嘚。
69	她打扫干净了房间。	渠房间打扫清爽嘚。
70	他逮到了一只鸟儿。	渠搭牢得一只鸟儿。
		渠鸟儿搭牢得一只。【用于问答】
71	他今年已经买了两部手机。	渠今年已经买得两部手机嘚。
		渠今年手机已经买得两部嘚。
		渠今年手机已经两部买好嘚。
72	我送了他一本书。	我送得渠一本书。
		我送得一本书拨渠。
73	房东给了他一碗饺子。	房东拨得渠一碗饺子。
74	买了一件毛衣给她女儿。	买得一条毛线衫拨/*得俲囡儿。
		*得/*拨俲囡儿买得一条毛线衫。
75	他告诉了我一件很奇怪的事。	渠得我话得一件蛮发屗格事体。
76	阿明租了老张一套房。	阿明得问老张租了一套房子。【老张是房东】
		阿明租拨得老张一套房子。【阿明是房东】
77	老张借了我一千块钱。	老张借拨得我一千块洋钱。【老张是债主】
		老张借得一千块洋钱拨我。【老张是债主】
		我得问老张借得一千块洋钱。【老张是债主】

78	你在哪里干活?	尔有(得)哪里做生活?
79	书放(在)桌子上。	书摆得桌子浪哈里。
80	他等到九点钟才走。	渠等到(勒)九点钟才仔走。
81	去他们家,要往东走,不要往西走。	(到勾庄去,)是望东面走□[go],弗是望西面走□[go]。
82	她从外婆家来。 从这条路走。	渠(从)外婆拉(屋里儿)回来。 望这埭路走。
83	阿明拿了一本书给他。	阿明担得(一)本书拨渠。
84	陈宇给弟弟盛了一碗饭。	陈宇得/帮俹弟弟盛得一碗饭。
85	我跟你一起抬。(或:我和你一起抬)	我得尔一淘杠。
86	我懒得跟你说话!	我懒得得尔讲天话/搭白!
87	跟/向/问同学借一下铅笔。	得同学借借铅笔。
88	把门关上!	门□[io³⁵]□[io³⁵]牢!
89	妈妈已经把电费交了。	电费姆妈已经交掉嘚。 <我拉>姆妈电费已经交掉嘚。 *姆妈已经电费交掉嘚。
90	你把自行车借我骑几天。	尔(部)脚踏车借我骑两日。
91	她把我的衣服弄脏了。	渠得我条衣裳弄垃圾[la⁴² tsʰi³⁵]嘚!
92	她把衣服都洗干净了。	是渠两条衣裳都汏清爽嘚。
93	他被蛇咬了一口。	渠拨蛇□[zoʔ]得一口。
94	我的笔被他弄丢了。	我只笔拨渠弄得无得见嘚。
95	村里的大桥被冲垮了。	村里格大桥拨大水冲坍嘚。
96	花盆被人家搬走了好几个。	花盆儿拨别人家搬掉得好几只。
97	他被老师表扬了。	老师表扬渠嘚。 渠拨老师表扬嘚。
98	老师让我这个星期擦黑板。	老师叫我接个礼拜揩黑板。
99	别让他知道了。	<休要>拨渠晓得。
100	你就让他报名吧。	尔就让/拨渠报名么,好嘚。

101	让她哭！别去理她。	让渠哭，<休要>去理/睬渠。
102	问：买菜了吗？	问：菜买好弗嘞［lei］？
	答：买了。	答：买好嘚。
103	（别急！）吃了晚饭再回去。	夜饭吃（好）嘚再回去。
104	明天发了工资，就把钱还你。	我明朝工资发得就还尔。
105	他今天病了。	渠今朝人弗大好。
106	孩子大了就不听话了。	小人儿大得就弗听天话嘚。
107	他去杭州了。	渠（到）杭州去嘚。
108	再过一周，小宝宝就一周岁了。	再过一个礼拜，小人儿就一周儿嘚。
109	要下雨了。	（要）落雨嘚。
		（要）落雨快嘚。
110	他已经吃了两碗饭了。	渠已经吃得两碗饭嘚。
111	他一个月瘦（掉）了五斤。	渠一个月瘦落去得五斤。
	他一个月胖了五斤。	渠一个月壮得五斤。
112	他一口气跑了五公里。	渠一口气跑得五里路。
113	那儿很远，我们走了整整三天。	哈里蛮远格，<我拉>走得三日才仔到。
114	你帮我把这块石头搬掉。	尔得/帮我接块石头搬搬掉。
115	这个厂明年就会拆掉。	接个厂明年就要拆掉嘚。
116	门开着，里面没人。	门开哈里，里首无得人。
117	进去一看，床上躺着一个人。	进去一看么，床浪有一个人睏去哈里。/
		床浪睏（＊去）哈里一个人。
118	别急！坐着讲。	<休要>急！坐哈里话！
119	戴着帽子找帽子。	戴得帽子寻帽子。
		帽子戴得寻帽子。
120	说着说着他就哭起来了。	话话话话渠就哭起来嘚。
	走着走着就走到西湖了。	荡记［tɕie？］荡记就荡到西湖边儿浪嘚。
121	外头在下雨，带上伞。	外头＊（有）哈里落雨（嘚），带把伞去。
122	我在写信，你先出去。	我有塔̄里写信，尔先出去。
123	谁吃过大蒜？	何侬吃大蒜过嘚？

何侬吃过大蒜嗬?

124　李老师找过你两回了。　　李老师寻尔寻得两回嗬。

李老师寻过尔两回嗬。

125　他去过上海,没去过北京。　渠上海去过(嗬),北京还无得去过。

渠去过上海嗬,北京还无得去过。

126　他们家买过三台电视机。　　俚屋里旧年子买过三部电视机嗬。

127　这个字写错了,重新写过。　接个字写错嗬,＊(重新/再)写过。

128　天冷起来了。　　　　　　　天公冷起来嗬。

天热起来了。　　　　　　　天公热起来嗬。

129　别急,歇一歇再走。　　　　<休要>急,落(一)胃再走。

130　我想一下再告诉你。　　　　我想想再得尔话。

131　你先吃吃看,熟了没?　　　尔先吃吃看,熟勒□[fei]?

132　我从小就会游泳。　　　　　我从小就会得游水儿。

133　你的话,我听得懂;他的话,我　尔格天话,我听得懂;渠格话,我听弗懂。
　　听不懂。

134　我敢一个人去。　　　　　　我敢一个人去□[go]。

135　我要出去打工。　　　　　　我要出去打工。

136　我可以去游泳吗?　　　　　游水儿,我好弗好去□[go]?

我好弗好去游水儿□[go]?

我游水儿好弗好去□[go]?

137　可以下来吃饭了。　　　　　好落来吃饭嗬。

138　既然他们来请你了,你得去。　俚来叫尔嗬么,尔呆板要去格咯。

139　生病了,应该去医院。　　　　生毛病嗬么,总要到医院里去格咯。

140　要讲道理,不应该打人。　　　要讲道理,打人弗好打□[go]。

141　辣椒吃多了,肚子会疼。　　　辣茄儿吃多嗬,要肚皮痛□[go]。

142　明天要下雨。　　　　　　　明朝要落雨。

143　可能很多人不会来。　　　　交关人<弗会>得来□[go]差或。

144　这么晚,他可能不来了。　　　介晏嗬,渠要么弗得来嗬。

145　恐怕他已经来了。　　　　　恐怕渠已经来嗬。

| 146 | 他也许会来。 | 渠会得来会得_{可能}□[go]。 |

146　他也许会来。　　　　　　　　渠会得来会得<small>可能</small>□[go]。

147　他肯定要迟到了。　　　　　　渠呆板要脱班嘚。

148　他一定是饿了,才吃了你的饭。　渠肯定讲是饿嘚,才仔吃得尔格饭。

149　A:他们说,他不是浙江人。　　　A:俹话,渠接个人弗是浙江人。

　　　B:不,他是的。　　　　　　　B:弗*(□[go]),渠是□[go]。

150　本地人不吃辣椒。　　　　　　本地人辣茄儿弗吃□[go]。

151　无爹无娘/无头无脑　　　　　　无头无脑

152　我今天没有作业要做。　　　　我今朝作业无得。

153　老师昨天没有布置作业。　　　老师上日子无得布置作业。

　　　　　　　　　　　　　　　　老师上日子弗布置作业。

154　这条裤子还没补好,不要穿。　接条裤子还弗/无补好嘚,<休要>穿。

155　问:你要不要苹果?　　　　　问:尔苹果要弗要?/尔苹果要□[vei]?/

　　　答:不要!　　　　　　　　　尔苹果要勿□[la]?

　　　　　　　　　　　　　　　　答:<休要>渠。

156　打雷的时候,不要站在大树　　打雷格时节,<休要>徛/立得树底落。
　　　底下。

157　他不会游泳。　　　　　　　　渠弗识水。

　　　　　　　　　　　　　　　　渠<弗会>得游水儿□[go]。

　　　　　　　　　　　　　　　　渠游水儿<弗会>得游。

158　不准说话!　　　　　　　　　<休要>讲/话天话。

159　你不用去了!　　　　　　　　尔<休要>得去嘚。

160　你俩别争了!　　　　　　　　偛两个人<休要>吵嘚。

161　你是浙江人(吗)?　　　　　尔是浙江人□[vei]?

　　　　　　　　　　　　　　　　尔是弗是浙江人拉?

　　　　　　　　　　　　　　　　尔是浙江人啊?【带有偏向性】

162　你的手表准吗?　　　　　　　尔只手表准弗准□[go]?

　　　　　　　　　　　　　　　　尔只手表准弗得啦?

　　　　　　　　　　　　　　　　尔只手表准弗格啦?

163　水开了没有?　　　　　　　　水滚勒□[fei]?

		水有无得滚啦?
164	(我已经告诉他了,)难道他没 记住?	怕得渠还<u>无得</u>/<没有>[mø]记牢啊?
165	他家被偷了,对不对?	㑚屋里着贼骨头儿嘚,是弗是啦?
166	他的衣服洗干净了,是吗?	渠格衣裳汰清爽弗勒啦?
167	你去帮他一下,行不行?	尔去帮帮渠,好弗好啦?
168	她唱歌好不好听?	渠唱歌儿好弗好听□[go]?
169	你打算不打算去?	尔打算去弗去□[go]?
		尔打算去弗□[go]?
		尔打弗打算去□[go]?
170	我要不要去?	我要弗要去格啦?
171	明天你能不能来?	明朝尔来得成弗格啦?
172	明天他会不会来?	明朝渠会勿会得来□[go]?
		明朝渠会得来弗□[go]?
173	你要苹果还是香蕉?	尔要苹果呢(还是)香蕉呢?
174	李思是谁?	李思是何侬?
	谁是李思?	何侬是李思?
175	村里哪个人年纪最大?	村里何侬年纪顶大?
176	我不去,谁去呢?(即:非我去 不可)	我弗去么,何侬去呢?
177	你什么时候去杭州?	<u>尔几时/何里格日脚</u>到杭州去?
178	哪里能买电饭锅?	哪里去买电饭锅?
179	你买了什么?	尔买得何事啦?
180	你买了多少鱼?	尔买得多少鱼啦?
	你买了几条鱼?	尔买得几个鱼啦?
181	从这儿到那儿有多远?	从塔￣里到哈里,有多少路啦?
182	这个题目怎么做?	接个题目若何做(做)?
183	你怎么没来喝喜酒?	尔吃喜酒若何会得弗来格啦?
184	你为什么没来喝喜酒?	尔为何事弗来吃酒啦?

185　问：你是不是吃了什么？　　　　　　问：尔是弗是吃何事过嘚？

　　答1：我没吃什么。（虚指）　　　　　答1：我弗吃何事□[me]。

　　答2：我什么都没吃。（任指）　　　　答2：我＊（随便）何事都弗吃过。

186　我记得谁跟我说过来着。　　　　　　我记得何侬得我话过□[go]。

187　这么简单的问题，谁都会回答。　　　介简单格问题，随便何侬都会得回答。

188　问：校长呢？　　　　　　　　　　　问：校长呢？

　　答：校长啊，他今天去开会了。　　　答：校长（，渠）今朝开会去嘚。

189　水果的话，我最喜欢吃香蕉。　　　　水果格话语，我顶欢喜吃香蕉。

190　作业我早就做完（它）了。　　　　　作业我老早就做好（＊渠）嘚。

191　我，那道菜，吃过了。　　　　　　　接碗菜蔬，我吃过嘚。

　　　　　　　　　　　　　　　　　　　我接碗菜蔬吃过嘚。

192　阿明客厅扫过了，厨房没扫。　　　　阿明客厅地扫过嘚，厨房间里还无得搞过。

193　问：谁让你来的？　　　　　　　　　问：何侬叫尔来格呀？

　　答：村长让我来的。　　　　　　　　答：村长叫我来□[go]。

194　问：书记让你来的吗？　　　　　　　问：书记叫尔来□[ga]？

　　答：是村长让我来的。　　　　　　　答：是村长叫我来□[go]。

195　小王是昨天去学校报到的。　　　　　小王是上日子到学校去报到□[go]。

196　我们是找小王，不是找小李。　　　　<我拉>是寻小王，弗是寻小李。

197　我只去过上海。　　　　　　　　　　我<只有>是/便得去过上海。

198　只有我去过上海。　　　　　　　　　<只有>是/＊便得我去过上海。

199　他连泥鳅都吃。　　　　　　　　　　渠连泥鳅都吃□[go]。

200　我也吃过泥鳅。　　　　　　　　　　泥鳅我也吃过。

　　　　　　　　　　　　　　　　　　　我也吃过泥鳅□[go]。

第六节　宁波话

　　今宁波下辖余姚、慈溪、奉化三个县级市，宁海、象山两个县，设海曙、江东、江北、镇海、北仑、鄞州等区。宁波所辖区域几经变更，其内部的方言也有较大的差别，如余姚、慈溪市所通行的方言一般归为太湖片临绍小片，宁海方言则属台

231

州片。宁波城区多指海曙、江东、江北三区,可参看汤珍珠、陈忠敏、吴新贤(1997)的相关讨论。本节讨论宁波(北仑)方言的语法调查情况及其各个语法范畴的特点。①

6.1 宁波(北仑)话语法范畴特点

(一) 人称和数

宁波(北仑)话的人称代词如下表所示:

表 4‑31　宁波话的人称代词

	第一套			第二套		
	第一身	第二身	第三身	第一身	第二身	第三身
单数	我 ŋɐu¹³ [新]ŋo¹³	尔 n¹³	渠 dʑi²³²	我侬 ŋɐu³³leu²¹ [新]ŋo³³leu²¹	<尔侬>nɐu¹³ 尔侬 nɐu¹³leu²¹	渠侬 dʑi¹¹leu²¹
复数	<我拉> ŋɐʔ⁵ ɐʔ⁵	<尔拉> nɐʔ⁵	<渠拉> dʑiɐʔ¹³	<我拉>拉 ŋɐʔ⁵lɐʔ²¹ ɐʔ⁵lɐʔ²¹	<尔拉>拉 nɐʔ⁵lɐʔ²¹	<渠拉>拉 dʑiɐʔ¹³lɐʔ²¹

具体来说,人称代词的单数形式第一套为基础形式(第一人称存在新老派的差异),第二套在此基础上后加"侬[leu²¹]",即"代词+侬"形式,同时该形式还会产生进一步的合音。需要说明的是,宁波话研究里也有将[nau¹³]记作"侬"的情况,本节我们统一记作<尔侬>。

人称代词的复数形式也有两套,第一套是代词基式与复数标记"拉[laʔ²¹]"的合音形式,第二套则可视为是种"叠床架屋",即在该合音形式上后接"拉[laʔ²¹]"。

宁波(北仑)话的复数标记"拉"除用于人称代词外,还可用于称人的专有名词、亲属称谓之后,如"阿明拉(阿明他们)""外婆拉(外婆他们)",但不可用于其他普通称人名词之后,如"＊学生子拉""＊保安拉"均不合法。

(二) 指称

在宁波北仑话中,光杆名词可以表有定、无定或类指。"数+量+名"结构可

---

① 方言点:宁波市北仑区,调查时间:2022 年 8 月、2024 年 5 月。

以无需前面加"有"而直接位于主语位置。相对其他吴方言比较特别的是,北仑话中的"量+名"结构并不发达,不能表定指,而一般只能表无定、出现在宾语位置。

宁波话的指示系统并不属于典型的二分格局。据胡方(2018)的讨论,宁波话中的"该"([k-]类指示词)是不区分远近的中性指示词,远近区别是后起的;"堂"([d-/t-]类指示词)在形式和功能上更受限制。

在我们所调查的北仑话中,基本指示语素"该[kie$ʔ^5$]"和"堂[dɔ^{13}]"的句法语义表现并不对称,"堂"的使用更为受限。具体来说,第一,"该"可以独用作指示代词,"堂"不能单独作指示代词,而必须与量词组合。"该个"作指示代词时,一般只能用于对举。例如:

(18)a. 该/*堂是东海□[go$ʔ^{21}$]带鱼。(这是东海的带鱼。)

b. 该个是大眼睛货,该个是小眼睛货。(这是大眼睛的,这是小眼睛的。)

第二,"该"可以直接与名词组合,而"堂"一般不可以。第三,由"该"构成的两个名词短语,可以伴随手势等直指手段以构成远近的对举,例如"该本书拨渠,该本拨<尔侬>(这本书给他,那本书给你)",这句话也可表述为"堂本书拨渠,该本拨<尔侬>"。

北仑话的指示系统可以简要归纳如下:

表4-32 宁波(北仑)话的指示表达

	中性指/远指	近 指
方位指示	该眼˭	堂眼˭
个体指示	该 该+量词(+名词)	— 堂+量词+(名词)
方式指示	□貌□[ko$ʔ^{55}$mo^{44}ga$ʔ^{21}$]	
程度指示	噶[ka^{443}]	

其中,"眼"在宁波话中是一个不定量词,如"堂/该眼"接近于普通话中的复数指示词"这些";同时,表达方位处所指示的成分也与之同音,此处我们均记作"堂/该眼˭"。

（三）题元标记

宁波（北仑话）中常见的题元标记可归纳如下表所示：

表 4-33 宁波（北仑）话的题元标记

题元角色	方所	目的	向格	来源	经由	并列	伴随
语法标记	来[le²²]	得[tieʔ²¹] (新)[tɐʔ²¹]	-□[kaʔ⁵]	-□[kaʔ⁵]	-□[kaʔ⁵]	得	得

题元角色	与格	替代/受益	处置	被动	使动	允让
语法标记	拨 [poʔ/pɐʔ²¹/ pieʔ²¹]	□[dʑiaʔ]	得	拨[piʔ]	讴[øy⁵³]	讴

向格、来源和经由可以由后置的□[kaʔ⁵]来表示，例如"要东边□[kaʔ⁵]去（要往东边去）"，"外婆屋里□[kaʔ⁵]来（从外婆家来）"，"堂条路□[kaʔ⁵]去（从这条路走）"。

"拨"作给予动词或与格标记时，其元音会发生逆同化，例如"拨[poʔ]我[ŋo¹³]""拨[pɐʔ]<尔侬>[nau¹³]""拨[pieʔ]渠[dʑi²³²]"。北仑话中不允准短被动句，即"拨"表被动时，其所引介的论元成分必须出现，例如"村里格大桥拨＊（大水）冲坍嘞（村里的大桥被水冲垮了）"。

处置句往往不使用标记，例如"渠衣裳统溻清爽□[ke]嘞（他把衣服都洗干净了）"，祈使句中更是如此，例如"门关好仔！/门关关好！（把门关上！）"。

（四）体范畴

宁波北仑话中体标记的基本情况如下：

表 4-34 宁波（北仑）话的体范畴

体意义	语法标记	体意义	语法标记
完结体	V-掉[dio¹³]	持续体	V-□[ke]近 V-□[tɐi]中性 V-□[to]近

体意义	语法标记	体意义	语法标记
完整体	勒［lɐʔ⁰］ 仔［tsʅ⁰］ 勒□［lɐʔ-ŋɛ］	进行体	来［le²¹］-VP 咧□［lieʔke］-VP_远 咧□［lieʔtɐi］-VP_{中性} 咧□［lieʔto］-VP_近
完成体	S-嘞［lei⁰］ S-咧［lieʔ］	短时体	V 记［tɕi⁵³］ VV
经历体	过［kɐu⁴⁴³］	尝试体	VV□［kʰe⁴⁴］
重行体	过［kɐu⁴⁴³］	起始体	嘞［lei⁰］、咧［lieʔ］

（五）情态与否定

宁波（北仑）话里主要的情态动词/副词有"会""要""好""□_{可能}［nɔ³³］""涯板_{肯定}［ɦiɛ¹³bɛ］"等，它们所表示的情态意义大致可归纳如下：

表 4－35　宁波（北仑）话的情态

情态动词/副词	道义情态	动力情态	认识情态
会		+	+
要	+	+	+
好	+	+	
□_{可能}［nɔ⁵⁵］			+

否定方面，宁波北仑话的基本否定词有"弗［faʔ²¹］""无［ŋ⁵⁵］""□［nɐu⁵⁵/ɐnʔ⁵］"和"莫［nɔ⁵⁵］/［ɔ⁵⁵］"。其中，"弗"用于一般否定，如"小人大了，弗听大人闲话嘞（孩子大了，就不听话了）"，也可用于"V 弗 C"的动补结构中，如"听弗懂（听不懂）"。

"无"表存在否定，主要见于一些固定短语，如"无病无痛"。当句子中表存在否定时，宁波北仑话里往往使用"无□［ŋ⁵⁵nɐu⁵⁵］"，例如"里头人无□（里面没人）"。"□［nɐu⁵⁵/ɐnʔ⁵］"也可以单用作否定动词，例如"渠脚踏车□［nɐʔ⁵］嘞（他脚踏车不见了）"，或作否定副词否定事件的结果状态，例如"□［nɐʔ⁵］吃过

（没吃过）"，"该条裤还□［nɐʔ⁵］补好（这条裤子还没补好）"。

需要注意的是，当否定性状/属性时，宁波北仑话使用"□［nɐʔ⁵］"而不是"弗"，例如"渠人□［nɐʔ⁵］长（他人不高）"。

"莫"的语义大致相当于普通话中的"别"，在北仑读作 nɔ 或 ɔ，在城区读作 mɔ。此外，北仑话中还有系列合音形式，如<弗是>［fa³⁴］、<弗要>［fei⁵³］、<勿用>［voŋ¹³］、<弗会>［uɐi³⁴］等。

（六）疑问

宁波（北仑）话的特殊疑问词可归纳如下：

表 4‑36　宁波（北仑）话的特殊疑问词

语　　义	疑　问　词
Where 问处所	阿里 aʔ³li³⁵、阿搭 aʔ³tʰɐʔ⁵、□搭 i⁵⁵tʰɐʔ⁵
Which 问选择	□个 i⁵³goʔ²¹、阿搭一个 aʔ³tʰɐʔ⁵aʔ¹goʔ²¹/aʔ³tʰɐ⁵³goʔ²¹（合音） 阿里个 aʔ³li⁵³goʔ²¹
What 问事物	啥 sɐu⁵⁵、啥西 soʔ⁵ɕi⁵³、<啥东>西 soŋ⁵⁵ɕi⁵³
Who 问人	啥人 sɐu⁵⁵n̩iŋ⁵³/soʔ⁵n̩iŋ⁵³、谁侬 zaʔ¹³lɐu⁴⁴
When 问时间	啥辰光 sɐu⁵⁵dʑiŋ⁵⁵ko⁴⁴/dza¹³dzoŋ²¹ko²¹、几时 tɕi⁵³zɿ²¹
Why 问原因	咋 dza¹³、为啥 ɦuɐi¹¹-sɐu⁴⁴
How many/How much 问数量	多少 tɐu⁵⁵ɕio⁵³ 几个 tɕi⁵³goʔ²¹
How 问方式	咋 dza¹³、咋貌□ dza¹¹mɔ⁵⁵kaʔ²¹

6.2　宁波（北仑）话语法调查表

序号	测试例句	方言表达
1	我是浙江人，你是哪里人？	我是浙江人，尔是阿里人？
2	他去，我就不去了。	渠去嘛，我弗去嘞。
3	你们坐车来，他们跟我们走。	<尔拉>（拉）汽车乘来，<渠拉>（拉）得

		<我拉>(拉)同队去。
4	我们/咱们一起走吧。	<我拉>(拉)同队/聚对/大家去。
5	阿军和阿亮,他(们)俩同岁。	阿军得阿亮,<渠拉>(两家头/两人)是同年□[di¹¹]年纪□[goʔ²¹]。
6	阿明(他)们在等你。	阿明拉等尔□[tɐi²¹]。
		*阿明渠拉等尔□[tɐi²¹]。
7	外婆(他)们明天来。	外婆拉明朝来!
		*外婆渠拉明朝来!
8	学生们放假了。	学生子(*拉/*渠拉)放假嘞。
9	保安们都走了。	保安(*拉/*渠拉)□[tʰu⁵⁵]/统[tʰoŋ⁵⁵]去□远指[ke⁵⁵]嘞。
10	李思只想着(他)自己。	李思只会管(*渠)自家。
		李思只会管渠自家事体。
11	你们自己去报名吧!	<尔拉>自家报名去好嘞!
12	自己的事情自己做。	自家事体自家做!
13	别人的事情别去管。	人家事体莫去管。
14	大家都来看他了!	(人家)统来看渠嘞。
15	狗在农村很常见。	农村里狗交关有看见。
	竹子在北方很罕见。	竹子勒北方缺缺□[fioʔ²¹]。
16	冬笋比毛笋值钱。	冬笋比毛笋值铜钿。
17	杨梅树快死了。	杨梅树要死掉(□[tiʔ²¹])嘞。
		该株杨梅树要死掉(□[tiʔ²¹])嘞。
		【□[tiʔ]可能来自□[tɐi],表状态】
18	阿明中午吃了面,没吃其他东西。	阿明昼饭吃(勒)眼面,别样统□没[nɐʔ⁵]吃过。
19	刚刚有三个小孩在河里游泳。	头毛(有)三小人来河里溻浴!
		头毛(有)三小人河里咧□[ke²¹]溻浴!
	一个保安被打了。	一个保安拨人家打嘞。
20	有几个小孩在游泳。	有两个小人来溻浴。

237

	有些小孩在游泳。	有星小人来溻浴。
21	所有的学生都来了。	学生子<u>统</u>来嘞。
22	每个医生都要戴口罩。	是医生<u>统</u>要戴口罩。
23	她买了(一)件新衣服。	渠买件新衣裳。
		渠买勒一件新衣裳。
24	他想找一个本地人结婚。	渠忖寻个本地人结婚。
25	这是东海的带鱼。	<u>该</u>/＊堂是东海□[go?²¹]／[fio?²¹]带鱼。【不区分单复数】
	这带鱼是东海的。	＊<u>该</u>带鱼/＊堂带鱼是东海□[go?²¹]。
		<u>该梗</u>带鱼/堂梗带鱼是东海□[go?²¹]。【单数】
26	这本书给他,那本给你。	<u>该</u>/堂本书拨渠,该本拨<尔侬>。
27	这个水龙头漏水了。	该(只)水龙头漏水嘞。
28	这些苹果是给你外婆的。	该(眼)苹果是拨<尔拉>外婆□[go?²¹]／[fio?²¹]。
		堂眼苹果拨<尔拉>外婆□[go?²¹]／[fio?²¹]。
29	(这/那)只狗死了。	该(只)狗死掉嘞。
30	那几个苹果烂了。	该两只苹果烂掉嘞。
31	这也不对,那也不对! 你自己来做吧!	该也弗[fa?]对,该也弗对,<尔侬>自家来做好嘞。
32	红烧肉不是这样做的。	(该)红烧肉<弗是>□貌□[ko?⁵⁵mo⁴⁴ga?²¹]煮□[fio?²¹]。
33	你坐(在)这儿,我坐(在)那儿。	<尔侬>坐堂眼,我坐该眼。
34	我要那条黑的裤子。	我要该条黑货。/我要该条黑裤。
35	贵的衣服总比便宜的耐穿。	衣裳,贵货总比便宜货经穿。
		贵眼衣裳总比便宜货经穿。
36	那床新的厚的被子拿出去晒一下。	新被头驮去晒渠一晒,该厚货□[na?²¹]。
37	他的自行车不见了。	渠脚踏车□[na?⁵]嘞。

38	阿明的奶奶是上海人。	阿明拉阿娘是上海人。
39	阿明的学校今天放假。	阿明拉学校(＊里)今密放假□[tɕi⁵³]。
		阿明拉学校里今密弗上课。
40	这辆自行车的轮胎破了。	该/堂部脚踏车胎爆掉嘞。
41	这条鱼不是我的。	该梗鱼<弗是>我□[ɦo²¹]。
42	这里的茶叶很有名。	堂眼茶叶交关有名。
		该眼茶叶交关有名。【那里的茶叶】
43	他小时候住过的那间老屋被拆了。	渠小辰光蹲□[tɕi⁵³]该□[tʰøy⁵⁵]老屋拆掉嘞。
		渠小辰光蹲过该□[tʰøy⁵⁵]老屋拆掉嘞。
44	刚刚送你回来的人是谁?	头毛送<尔侬>来人是啥人?
45	我最不喜欢吃的是臭豆腐。	我顶<弗要>吃东西(是)臭豆腐。
46	卖菜的来了吗?	卖下饭人来勒伐?
47	他家里干干净净的,住着很舒服。	<渠拉>屋里煞拉死清爽,蹲仔/勒交关爽快。
48	明天说不定很热。	明朝□可能[nɔ³³]交关热。
49	他很会喝酒。	渠老酒会吃猛。
		渠老酒交关会吃。
50	这碗菜太咸,不好吃。	该碗下饭□[tʰou⁵⁵]/太咸嘞,吃弗来。
51	你这么喜欢吃,就多吃点。	<尔侬>噶要吃,多吃眼□[tɕi²¹]。
52	他数学考得最好。	渠数学考勒顶好。
53	这件衣服贵,那件便宜。	该件衣裳贵,该件便宜。
54	我跟他一样高。	我得渠一样长。
55	他没有我这么高。	渠还是我长。
56	我比他高。	我比渠长。/渠还是我长。
57	我爸爸比我妈妈高十公分。	<我拉>爹比<我拉>娘长十公分。
58	他儿子可能有一米八高。	<渠拉>儿子□可能[nɔ⁵⁵]有一米八长。
59	这条河/江有五十米宽,(不容易游过去)。	该河有五十米阔,游弗过。

60	他走路走得很快。	渠走路走勒交关快。
61	他高兴得要死。/他高兴极了。	渠高兴煞嘞。
62	慢慢走,别急!	慢慢去,心莫急!
63	客人已经来了。	人客已经来□[tɕi⁵⁵]嘞!
64	你们家来客人了。	<尔拉>屋里有人客来□[tɕi³³]。
65	前面有很多红绿灯。	前头红灯□很多[kʰi⁵³]嘞。
	前面有红绿灯。	前头有红灯。
		前头有(只)红灯咧□[ke⁵³]!
66	大门上贴了/着一副对联。	门里(有)一幅对联贴□[ke⁵³]/□[tɕi⁵³]/ *□[to⁵³]。
		门里贴勒(一)幅对联。
67	书卖了。	书卖掉嘞。
	杯子打碎了一个。	杯子一只碎掉咧。
		杯子拨我敲碎一只。【用于回答“打碎几个”】
68	我写完作业了。	我作业做好嘞。
69	她打扫干净了房间。	渠屋罗整清爽□[ke²²]嘞。
70	他逮到了一只鸟儿。	渠搭着/*勒一只鸟。
71	他今年已经买了两部手机。	渠今年子已经买勒两只手机。
		渠今年子手机已经两只买过□[tɕi⁵⁵]咧。
72	我送了他一本书。	我送(拨)渠一本书。
		我送本书拨渠。
73	房东给了他一碗饺子。	主人家拨渠一碗饺子。
		主人家捉[tɕyoʔ³]碗饺子拨渠。
74	买了一件毛衣给她女儿。	得<渠拉>囡买件绒线衫。
		渠买勒一件绒线衫拨<渠拉>囡。
75	他告诉了我一件很奇怪的事。	渠话拨我听一件交关奇怪事体。
76	阿明租了老张一套房。	阿明问老张税勒□[tʰøy⁵⁵]屋。【老张是房东】

77	老张借了我一千块钱。	老张问我借一千块钞票。【"我"是债主】
78	你在哪里干活？	<尔侬>阿搭/阿里/□搭[i⁵⁵tʰɐʔ⁵]来□[ke²¹]做生活？
		<尔侬>来阿搭/阿里/□搭[i⁵⁵tʰɐʔ⁵]做生活？
79	书放(在)桌子上。	书桌凳里头按□[tɕi²¹]！【表祈使】
		书按勒桌凳里□[tɕi⁵⁵]。【表存在】
80	他等到九点钟才走。	渠等勒九点钟还只去。
81	去他们家，要往东走，不要往西走。	得<渠拉>屋里去，要东边□[kaʔ²¹]去，莫西边□[kaʔ⁵]去。
82	她从外婆家来。	渠外婆屋里□[kaʔ⁵]来□[tɕi³³]。
	从这条路走。	堂条/埭路□[kaʔ⁵]去。
83	阿明拿了一本书给他。	阿明捉本书拨渠。
84	陈宇给弟弟盛了一碗饭。	陈宇得<渠拉>阿弟置勒一碗饭。
85	我跟你一起抬。(或：我和你一起抬)	我得尔大家/同对/聚对扛[go²²]。
86	我懒得跟你说话！	我懒勒得尔话！
87	跟/向/问同学借一下铅笔。	铅笔问同学借(一)记/借(一)借。
88	把门关上！	门关好仔！
		门关关好！
89	妈妈已经把电费交了。	电费姆妈已经交好□[ke²¹]嘞。
90	你把自行车借我骑几天。	(<尔侬>)脚踏车借两日拨我踏踏！
91	她把我的衣服弄脏了。	渠衣裳得我弄腻心嘞。
		渠得我衣裳弄腻心嘞。
92	她把衣服都洗干净了。	渠衣裳统汏清爽□[ke⁵⁵]嘞。
		渠一眼衣裳统汏清爽□[ke⁵⁵]嘞。
93	他被蛇咬了一口。	渠拨蛇□[ze²¹]一口。
94	我的笔被他弄丢了。	我笔拨渠□[naʔ⁵]嘞。
95	村里的大桥被冲垮了。	村里格大桥拨*(大水)冲坍嘞。

96	花盆被人家搬走了好几个。	花盆拨人家驮去有两只。
97	他被老师表扬了。	老师表扬渠过咧。【无相应的被动形式】
98	老师让我这个星期擦黑板。	先生堂礼拜讴我揩黑板。
99	别让他知道了。	莫拨渠晓得诶。
100	你就让他报名吧。	<尔侬>拨渠去报□[ke⁵³]。
		讴渠去报(□[ke⁵³])好了。
101	让她哭！别去理她。	□[tɕi⁵⁵]渠哭。莫睬渠。
102	问：买菜了吗？	问：下饭买过伐？
	答：买了。	答：买好嘞。
103	(别急！)吃了晚饭再回去。	夜饭吃仔(再)去！
104	明天发了工资，就把钱还你。	明朝工资发仔，钞票拨<尔侬>还。
105	他今天病了。	渠今密生病嘞。
106	孩子大了就不听话了。	小人大了，弗听大人闲话嘞。
107	他去杭州了。	渠得杭州去□[ke²¹]嘞。
108	再过一周，小宝宝就一周岁了。	再过一礼拜，小毛头周[køy³³]岁嘞。
109	要下雨了。	要落雨嘞！
110	他已经吃了两碗饭了。	渠饭已经两碗吃落嘞。
		渠已经两碗饭吃落嘞。
111	他一个月瘦(掉)了五斤。	渠一个月瘦五斤。
	他一个月胖了五斤。	渠一个月壮五斤。
112	他一口气跑了五公里。	渠一尚功夫奔(勒)五公里。
113	那儿很远，我们走了整整三天。	该眼路交关多，<我拉>会走三日还只走到。
114	你帮我把这块石头搬掉。	堂块石头<得我>搬掉仔。
115	这个厂明年就会拆掉。	该厂明年子要拆掉嘞。
116	门开着，里面没人。	门开□[tɕi²¹]，里头人□[nɐu⁵⁵]。
117	进去一看，床上躺着一个人。	走进一看，眠床里有个人□躺[lɐi²¹³] □[ke⁵³]。
118	别急！坐着讲。	心莫急，坐仔讲！/坐□[tɕi⁵⁵]仔讲！/坐勒讲！

119	戴着帽子找帽子。	帽子戴仔，寻帽子！
120	说着说着他就哭起来了。	讲到急煞_{最后}，渠哭嘞。
	走着走着就走到西湖了。	走到急煞_{最后}，走到西湖嘞。
121	外头在下雨，带上伞。	外头来落雨，伞□□[dɐu¹³tɐi⁵⁵]仔。
122	我在写信，你先出去。	我咧□[liɐʔ²¹to²²]写信，<尔侬>先走出去仔。
123	谁吃过大蒜？	大蒜头啥人吃过嘞？
		有啥人吃过大蒜头？
124	李老师找过你两回了。	李老师已经两回寻尔过嘞。
125	他去过上海，没去过北京。	渠上海去过，北京□[nɐʔ⁵]去过。
126	他们家买过三台电视机。	<渠拉>屋里电视机三只买过□[tɐi⁵⁵]嘞。
		<渠拉>屋里电视机买过三只。【用于回答】
127	这个字写错了，重新写过。	堂个字写□_错[dze¹¹]嘞，重新写过。
128	天冷起来了。	天家热嘞。
	天热起来了。	天家冷嘞。
129	别急，歇一歇再走。	心莫急，蹲晌再去。
130	我想一下再告诉你。	我忖忖看再话□[pɐ⁴]尔听。
131	你先吃吃看，熟了没？	<尔侬>先吃吃看，熟勒伐？
132	我从小就会游泳。	我□□□[iʔ⁵tɔ⁵⁵li³³]会游泳。
133	你的话，我听得懂；他的话，我听不懂。	<尔侬>话□[tɐi⁵³]闲话，我听勒懂；渠话□[tɐi⁵³]闲话，我听弗懂。
134	我敢一个人去。	我一个人也敢去□[ɦo²¹]。
135	我要出去打工。	我要得外头打工去。
136	我可以去游泳吗？	我游泳好去游伐？
137	可以下来吃饭了。	好走落来吃饭来嘞。
138	既然他们来请你了，你得去。	渠拉讴也来讴尔过嘞，尔要去□[ɦo²¹]。
139	生病了，应该去医院。	生病嘞，要得医院里去。
140	要讲道理，不应该打人。	要讲道理，打人打弗来□[ɦo²¹]。
141	辣椒吃多了，肚子会疼。	辣茄吃太多嘞，要肚皮痛□[ɦo²¹]。

142	明天要下雨。	明朝要落雨。
143	可能很多人不会来。	交关多人□可能[nɔ⁵⁵]<弗会>来□[ɦo²¹]。
144	这么晚,他可能不来了。	噶晏嘞,渠□可能[nɔ⁵⁵]<弗会>来□[tɐi²¹]嘞。
145	恐怕他已经来了。	渠□可能[nɔ³³]已经来□[ke³³]嘞。
146	他也许会来。	渠□可能[nɔ³³]会来□[ɦo²¹]。
147	他肯定要迟到了。	渠涯板错落嘞。
148	他一定是饿了,才吃了你的饭。	渠涯板饿煞嘞,格拉所以吃<尔侬>饭。
149	A:他们说,他不是浙江人。 B:不,他是的。	A:<渠拉>话,渠<弗是>浙江人。 B:无□没有[ŋ⁵⁵nɐʔ²¹],渠是□[ɦo²¹]。
150	本地人不吃辣椒。	本地人辣茄<弗要>吃□[ɦo²¹]。
151	无爹无娘/无头无脑	【"无"见于"无□[kɔ⁵⁵]话头/无病无痛"等】
152	我今天没有作业要做。	我今密作业无□没有[ŋ⁵⁵nɐu⁵⁵]。
153	老师昨天没有布置作业。	先生上未子□[nɐʔ⁵]布置作业过。
154	这条裤子还没补好,不要穿。	该条裤还□[nɐʔ⁵]补好,莫穿。
155	问:你要不要苹果? 答:不要!	问:<尔侬>苹果要伐? 答:<弗要>渠!
156	打雷的时候,不要站在大树底下。	响雷辰光,树底下莫立□[tɐi⁵³]。
157	他不会游泳。	渠打泅打弗像。 渠打泅弗会打□[ɦo²¹]。 渠弗会打泅。
158	不准说话!	闲话莫讲。
159	你不用去了!	<尔侬><好□别[voŋ¹³]>不用[ɦioŋ¹³]去嘞!
160	你俩别争了!	<尔侬>两人莫争嘞。
161	你是浙江人(吗)?	尔是浙江人伐[vaʔ²¹]/[faʔ²¹]?【中性,降调】

尔是浙江人□[sau²¹]？【反预期】

尔浙江人□[ɦiau¹³]？【确认，信大于疑】

尔浙江人啊？　【降调】

尔浙江人？　【升调】

162	你的手表准吗？	尔手表有准则伐？
163	水开了没有？	水(有)滚□[ke²¹]嘞伐？
		水(有)滚勒伐？
164	（我已经告诉他了，）难道他没记住？	渠□□[pʰie²¹dʑi²¹]□[nɐʔ⁵]记牢过(□[sau²¹])？
165	他家被偷了，对不对？	□□据说[iʔ¹tɕiɔ⁵³]渠拉屋头贼骨头走进嘞，是真话□[sau²¹]？
166	他的衣服洗干净了，是吗？	渠(？？ 货)衣裳溰清爽□[ke³³]咧□[ɦiau¹³]？
167	你去帮他一下，行不行？	<尔侬>去帮渠一记，好伐？/可以伐？
168	她唱歌好不好听？	渠唱歌好听伐？
169	你打算不打算去？	<尔侬>□[pʰa²¹]去伐？
170	我要不要去？	我要去伐？
171	明天你能不能来？	<尔侬>明朝好来伐？
172	明天他会不会来？	渠会来伐？
173	你要苹果还是香蕉？	<尔侬>要苹果还是香蕉？
174	李思是谁？	李思是啥人？
		？？李思是谁侬？
	谁是李思？	啥人是李思？
		*谁侬是李思？
175	村里哪个人年纪最大？	村里啥人/谁侬年纪顶大？
176	我不去，谁去呢？（即：非我去不可）	我侬弗去，啥人会去？
177	你什么时候去杭州？	<尔侬>啥辰光/几时得杭州去？
178	哪里能买电饭锅？	阿搭/阿里/□[i⁵⁵]搭好买电饭锅？

电饭锅阿搭/阿里/□[i⁵⁵]搭买?

179	你买了什么?	<尔侬>买(勒)眼啥西?
180	你买了多少鱼?	<尔侬>鱼买多少?
	你买了几条鱼?	<尔侬>鱼买几梗?
181	从这儿到那儿有多远?	堂眼ᵉ得该眼ᵉ有多少路?
182	这个题目怎么做?	该题目咋做做?
		该题目咋貌□[keʔ²¹]做?
183	你怎么没来喝喜酒?	<尔侬>酒咋□[neʔ⁵]来吃过啦?
		<尔侬>吃酒咋□[neʔ⁵]来啦?
184	你为什么没来喝喜酒?	尔吃酒为啥□[neʔ⁵]来?【"为啥"表质问】
185	问:你是不是吃了什么?	问:<尔侬>(有)啥东西吃过伐?
	答1:我没吃什么。(虚指)	答1:无告没有什么□[leʔ²¹]。
	答2:我什么都没吃。(任指)	答2:我随便啥/啥西/*啥东西 □[neʔ⁵]吃过。
186	我记得谁跟我说过来着。	我觉着弗知啥人得我话过嘞。
187	这么简单的问题,谁都会回答。	嗰起码格题目,是人/随便啥人统会做 □[fio²¹]。
188	问:校长呢?	问:校长□[ni²¹]?
	答:校长啊,他今天去开会了。	答:校长啊,渠今日开会去□[ke²¹]嘞。
189	水果的话,我最喜欢吃香蕉。	水果嘛,香蕉我顶要吃。
190	作业我早就做完(它)了。	功课我老早做好嘞。
191	我,那道菜,吃过了。	该下饭,我吃过嘞。
192	阿明客厅扫过了,厨房没扫。	阿明客厅揩过嘞,灶□[keŋ⁵⁵]□[neʔ⁵]揩过。
193	问:谁让你来的?	问:啥人讴尔来□[tɕi⁵³]?
	答:村长让我来的。	答:(*是)村长讴我来□[tɕi⁵³]。
194	问:书记让你来的吗?	问:书记讴<尔侬>来□[tɕi⁵⁵]啊?
	答:是村长让我来的。	答:弗是,是村长讴我来□[tɕi⁵³]。
195	小王是昨天去学校报到的。	小王是上日(子)/上未子得学校里报到

	（□[tɐi⁵³]）□[go²¹]。
196　我们是找小王，不是找小李。	<我拉>拉（是）寻小王，<弗是>寻小李。
197　我只去过上海。	我只只去过上海。
198　只有我去过上海。	是只我得上海去过。
199　他连泥鳅都吃。	渠泥鳅统要吃。
200　我也吃过泥鳅。	泥鳅，我阿吃过□[fio²¹]。
	泥鳅，我阿吃过掉。

第七节　临　海　话

临海话属于吴语台州片，由于其地理位置的特殊性，它很多方面兼具南部和北部吴语的特点。本节选取和调查的方言点为临海（古城）话。①

7.1　临海话语法范畴特点

（一）人称与数

临海话中的三身代词未见强调式，不过临海话中代词复数的表达形式非常丰富。具体来说，临海话中的复数标记包括"呐""两个""搭＝人""帮＝人""班人"等。

表 4－37　临海话的人称代词

	三身代词			反身代词（自己）	旁指代词（别人）	统称代词（大家）
	第一身	第二身	第三身			
单数	我[ŋe⁵³]	尔[ŋ⁵³]	渠[gi²¹]	自己	别格人	大家
复数	我两个 我搭＝人 我帮＝人 我（呐）班人 包括式：我呐[naŋ⁰]	尔两个 尔搭＝人 尔帮＝人 尔（呐）班人	渠两个 渠搭＝人 渠帮＝人 渠（呐）班人			

① 方言点：临海市古城街道龙潭岙村，调查时间：2022 年 2 月、2022 年 7 月。

其中,"呐"用于第一人称代词后作包括式复数,但在复数标记连用的"X呐班人"中,X也可以是第二、三身代词。复数标记"两个""搭ᵚ人"等的使用范围更大,除用于人称代词外,还可用于(称人)专有名词、亲属称谓及其他普通称人名词之后表达复数意义。此外,"搭ᵚ人"有时也可以表单数意义,但这种用法下往往带有消极的语用评价色彩,例如"渠(搭ᵚ人)来爻凑(恐怕他已经来了)"。

(二)指称

在临海话里,光杆名词可以表有定、无定或类指。"数+量+名"结构可以直接出现在主语或其他动前位置,而不强制需要"有"等量化词。临海话中也有"量+名"结构,可用于表有定或无定,且"量+名"结构在临海话中表近指。在光杆名词、"数+量+名"结构和"量+名"结构的指称用法上,临海话的情况与前文所论及的余杭话基本一致。

据卢笑予(2018),临海(古城)话的指示词系统是一种"更近指、近指、远指"的三分格局,其基本指示语素分别为"以""葛"和"解(原文记作"简ᵚ")"。在我们的调查中,这种三分格局并不凸显,即"更近指"与"近指""远指"并不对称。一方面,在语义上,这种三分格局仅见于方位指示,且方位指示的"更近指"不能与"近指、远指"对举。另一方面,在句法上,基本指示语素"葛"和"解"可以单用充当论元成分,但"以"不可以。① 临海话的具体指示表达可初步归纳如下:

表 4-38　临海话的指示表达

	更近指	近　指	远　指
方位指示	以[iʔ]头	葛[kəʔ³]头	解[ka⁴²]头
个体指示		葛+量词	解+量词
方式指示		葛挺ᵚ[tʰiŋ⁰]	解挺ᵚ[tʰiŋ⁰]
方式指示		挺ᵚ[tʰiŋ⁰]、铁ᵚ[tʰie]	
程度指示		铁ᵚ[tʰie]	

---

① 金龙(2022:150)指出,在临海桃渚话中,"以"可以通过变调单用作表方所的论元成分,例如"我在以⁵¹,<休要>趒解⁵¹去(我在这,不要到那去)"。不过临海古城话中未调查到这一用法。

（三）题元标记

临海话中常见的题元标记可归纳如下表所示：

表4－39　临海话的题元标记

题元角色	方所	目的	向格	来源	经由	并列	伴随
语法标记	来¨	得[tā]	望	从	∅	得[təʔ⁰]	得

题元角色	与格	替代/受益	处置	被动	使动	允让
语法标记	拨	拨	拨	□[dzɛ²²]	叫/要/讴	要

临海话中编码被动意义不能用"拨"，而只能由"□[dzɛ²²]"编码，"□[dzɛ²²]"允准短被动，例如：

（19）渠小时节住过格（解）间老屋□[dzɛ²²]（别格人）拆阿爻。

　　　［他小时候住过的那间老屋被（人）拆了。］

（四）体标记

临海话里常见的体标记如下：

表4－40　临海话的体范畴

体意义	语法标记	体意义	语法标记
完结体	V-爻[gau]	持续体	V-来¨
完整体	V-阿[ɔ]	进行体	来¨-V
完成体	S-爻[iau]	短时体	V-记
经历体	V-过	尝试体	VV相
重行体	V-过	起始体	V-来

临海话中的体标记"爻"和"阿"可能存在"gau→iau→iɔ→ɔ"的语法化路径。

（五）情态与否定

情态方面,临海话里主要的情态动词/副词包括"□˜会[u]""要""好""无准/无数"等,它们所表达的情态意义可归纳如下:

表4-41 临海话的情态

情态动词	道义情态	动力情态	认识情态
□˜会[u]		+	+
要	+	+	+
好	+	+	

否定方面,临海话的否定词可分为 m 系和 f 系,即"无[m]、无有"和"弗[fu]、□[fi]"。其中,"无有"可以独立成句回答问题,但"弗"不可以。其中"□[fi]"是临海话中比较特别的否定词,可能是"弗"与"会"的合音形式。"□[fi]"可表示动力情态(能力或意愿),也可表客观认识,例如:

(20) 我□[fi]划划水。(我不会游泳。)

(21) 我作业□[fi]做。(我不要做作业。)

(22) 天亮□[fi]落雨。(明天不下雨。)

有时"□[fi]"和"弗"可以互换,例如"我弗/□[fi]去(我不去)"。但是否定判断句("是"字句)时只能用"弗",例如:

(23) a. 我弗是杭州人。(我不是杭州人。)

　　 b. *我□[fi]是杭州人。

此外,临海话中还有一些否定词的合音形式,如"弗要"的合音形式"勠[fiau⁵⁵]"、"勿曾"的合音形式"<勿曾>[vəŋ]"、"休要"的合音形式"<休要>[ɕiau⁵⁵]"。除以"<休要>"表示"劝阻、禁止"义外,临海话中还存在用于道义否定的"□[nɛ]",大多数情况下两者可以互换,例如"□[nɛ]/<休要>讲话!(不准说话!)"。

（六）疑问

临海话中,是非问可以通过升调表达或以"S-喔?"的形式,句末成分"喔"来自"否定词+语气词"的合音。正反问句的形式有"V 弗 V""有无有-VP"等形式。选择问一般借助连词"还是"。临海话中的特殊疑问词如下：

表4-42 临海话的特殊疑问词

语　义	疑　问　词
Where 问处所	哪头、哪来⁼、何里
Which 问选择	哪个（人）
What 问事物	何物
Who 问人	何人
When 问时间	几时
Why 问原因	为［y²²］何物
How many／How much 问数量	几+量词
How 问方式	怎生［tsəʔ³səŋ⁵⁵］

7.2 临海话语法调查表

序号	测 试 例 句	方 言 表 达
1	我是浙江人,你是哪里人?	我是浙江人,尔是哪头格?
2	他去,我就不去了。	渠去,我便弗去爻。
3	你们坐车来,他们跟我们走。	尔搭人坐车来,渠搭人得我搭人做队_一起去。
4	<u>我们</u>/咱们一起走吧。	<u>我呐</u>/<u>我两个</u>/<u>我搭⁼人</u>/<u>我帮人</u>/我(呐)班人做队/做块/□⁼［çy］队/□⁼［çy］块_一起去唉。【"我呐"为包括式】
5	阿军和阿亮,他(们)俩同岁。	阿军得［təʔ］阿亮,渠两个同岁。【此处"两个"是复数标记,下同】
6	阿明(他)们在等你。	阿明(渠)<u>两个</u>/<u>搭人</u>/<u>帮人</u>来⁼在［le］等尔。
7	外婆(他)们明天来。	外婆(渠)<u>两个</u>/<u>搭人</u>/<u>帮人</u>天亮来。

8	学生们放假了。	学生放假爻。
		学生(渠)搭ᵌ人/班人放假爻。
9	保安们都走了。	保安都去爻。
		保安两个/(渠ᵌ)搭人都去爻。
10	李思只想着(他)自己。	李思便忖(渠)自己。
11	你们自己去报名吧!	尔搭人自己走报名去诶。
12	自己的事情自己做。	自己格事干自己做。
13	别人的事情别去管。	别格人格事干□[nɛ]/<休要>(着 [tsəʔ])管。
14	大家都来看他了!	大家都走来望渠爻!
15	狗在农村很常见。	野狗来农村来蛮多格。
	竹子在北方很罕见。	毛竹来北方蛮少格。
16	冬笋比毛笋值钱。	(﹡葛)冬笋比毛笋值(铜)钿。
17	杨梅树快死了。	杨梅树要死爻。
		株杨梅树要死爻。
		葛杨梅树要死爻。
		葛株杨梅树要死爻。
18	阿明中午吃了面,没吃其他东西。	阿明日昼吃阿面(爻),别样无有/齁[gɐŋ]吃。
		阿明日昼面吃爻,别样无有/齁[gɐŋ]吃。
19	刚刚有三个小孩在河里游泳。	头起/起头(有)三个小人/小佬人/小猢狲来ᵌ坑里划划水。
	一个保安被打了。	一个保安□[dzɛ²²]打爻。
20	有几个小孩在游泳。	有几个/两个小佬人来划划水。
	有些小孩在游泳。	
21	所有的学生都来了。	学生(全部)都来爻。
22	每个医生都要戴口罩。	医生(全部)都要戴口罩。
		个加个医生都口罩戴来。【每个医生都戴着口罩。】

23	她买了(一)件新衣服。	渠(一)件新衣裳买来。
		渠买来(阿)一件新衣裳。
24	他想找一个本地人结婚。	渠忖寻(＊一)个本地人结婚。
25	这是东海的带鱼。	葛是东海格带鱼。
	这带鱼是东海的。	葛(梗)鱼是东海格。
26	这本书给他,那本给你。	葛本书拔渠,解本(书)拔尔。
27	这个水龙头漏水了。	水龙头漏水爻。
		个/只水龙头漏水爻。
		葛(个/只)水龙头漏水爻。
28	这些苹果是给你外婆的。	葛/葛两只/葛些[hei]苹果是拔尔外婆格。
29	(这/那)只狗死了。	(葛/解)只狗死爻。
30	那几个苹果烂了。	解两只苹果烂爻。
31	这也不对,那也不对! 你自己来做吧!	葛啊弗对,解啊弗对! 尔自己来做唉!
32	红烧肉不是这样做的。	红烧肉弗是挺=做格。
		红烧肉弗是铁=[tʰie]做格。
		红烧肉弗是葛/解挺=做格。
33	你坐(在)这儿,我坐(在)那儿。	尔坐葛头=/以头=,我坐解头=。
34	我要那条黑的裤子。	我要解条黑格裤。
		我要黑格解条裤。
35	贵的衣服总比便宜的耐穿。	贵格衣裳还是比巧格穿得长久。
36	那床新的厚的被子拿出去晒一下。	解床新格厚格被驮出去晒记(过)/晒一记。
		新格解床厚格被驮出去晒记(过)/晒一记。
		＊新格厚格解床被驮出去晒记(过)/晒一记。
		解床厚格新格被驮出去晒记(过)/晒一记。

253

                   *厚格<u>解</u>床新格被驮出去晒记(过)/晒一记。

                   *厚格新格<u>解</u>床被驮出去晒记(过)/晒一记。

37	他的自行车不见了。	<u>渠格</u>/部脚踏车何里去爻。
38	阿明的奶奶是上海人。	阿明(格)娘娘是上海人。
39	阿明的学校今天放假。	阿明(格)学堂今日放假。
		阿明(*格)学堂来今日放假。
40	这辆自行车的轮胎破了。	(葛)部脚踏车(格)胎碎爻。
		(葛)部脚踏车,只胎碎爻。【单数】
41	这条鱼不是我的。	(葛)梗鱼弗是我格。
42	这里的茶叶很有名。	<u>葛头/以头</u>/葛块格茶叶蛮有名(气)格。
43	他小时候住过的那间老屋被拆了。	渠小时节住过格(解)间老屋□被[dzɛ²²]拆阿爻。
44	刚刚送你回来的人是谁?	<u>头起/起头</u>送尔转来格人是何人?
45	我最不喜欢吃的是臭豆腐。	我顶弗/□[fi]中意吃格(物事)是臭豆腐。
46	卖菜的来了吗?	卖菜格(人)来(阿)爻喔?
47	他家里干干净净的,住着很舒服。	渠屋里清清爽爽格,住来蛮调泰格/调泰格猛。
48	明天说不定很热。	天亮无准蛮暖格。
49	他很会喝酒。	渠蛮会吃酒。
		渠酒蛮会吃格。
50	这碗菜太咸,不好吃。	葛碗菜铁⁼咸,弗好吃。
51	你这么喜欢吃,就多吃点。	尔铁⁼中意吃,便多点吃点。
52	他数学考得最好。	渠数学考勒[ləʔ]/来[le]顶好。
		【"勒"的本字应为"得"】
53	这件衣服贵,那件便宜。	葛件衣裳贵,解件巧。
54	我跟他一样高。	我得渠样长(<u>凑</u>/<u>有</u>)。
		【"凑"表"估计"(我和他差不多高),

"有"表"达到"（我有他那么高）】

55　他没有我这么高。　　　　　　渠无有我铁ˉ长。

56　我比他高。　　　　　　　　　渠还（是）我长。

　　　　　　　　　　　　　　　　我比渠长。

57　我爸爸比我妈妈高十公分。　　姆妈还（是）爸爸长（＊十公分）。

　　　　　　　　　　　　　　　　爸爸比姆妈长十公分。

58　他儿子可能有一米八高。　　　渠儿无准有一米八长。/渠儿有一米八长凑。

　　　　　　　　　　　　　　　　渠儿无准一米八长有。/渠儿一米八长有凑。

　　　　　　　　　　　　　　　　?渠儿无准一米八有凑。

59　这条河/江有五十米宽,（不容　坑有五十米阔,划弗过□[ko]。

　　易游过去）。

60　他走路走得很快。　　　　　　渠走路走勒/＊来蛮快。

61　他高兴得要死。/他高兴极了。　渠高兴死爻。

62　慢慢走,别急!　　　　　　　慢慢自ˉ走,□[nɛ]/<休要>慌。

63　客人已经来了。　　　　　　　人客来阿爻。

64　你们家来客人了。　　　　　　尔屋里人客来阿爻。

65　前面有很多红绿灯。　　　　　前面头红绿灯多蛮多。

　　前面有红绿灯。　　　　　　　前面头有红绿灯。

66　大门上贴了/着一副对联。　　大门头（一）副对联/联对□[pa]来ˉ着。

67　书卖了。　　　　　　　　　　书卖爻。

　　杯子打碎了一个。　　　　　　一只茶杯碎爻。

　　　　　　　　　　　　　　　　一只茶杯□被[dzɛ²²]打碎爻。

68　我写完作业了。　　　　　　　我作业写好（阿）爻。

69　她打扫干净了房间。　　　　　渠房间打扫清爽（阿）爻。

70　他逮到了一只鸟儿。　　　　　渠一只鸟搭来。

71　他今年已经买了两部手机。　　渠今年手机已经买阿/来两部。

　　　　　　　　　　　　　　　　渠今年手机已经两部买来爻。

　　　　　　　　　　　　　　　　渠今年已经买阿/来两部手机。

72　我送了他一本书。　　　　　　我送拨渠阿（一）本书。

255

		我送阿(一)本书拨渠。
		我(一)本书送拨渠。【"量名"单独出现在动前时表定指,下同】
73	房东给了他一碗饺子。	主人家拨阿渠(一)碗水饺。
		主人家拨阿(一)碗水饺拨渠。
		主人家(一)碗水饺拨阿渠。
74	买了一件毛衣给她女儿。	买阿(一)件毛线衫拨渠囡。
		买拨渠囡一件毛线衫。
		一件毛线衫买了拨渠囡。
75	他告诉了我一件很奇怪的事。	渠得我讲阿(一)件蛮奇怪格事干。
76	阿明租了老张一套房。	阿明问老张一间屋税来。【老张是房东】
77	老张借了我一千块钱。	老张一千块钞票借拨我。【老张是债主】
		老张借拨我一千块钞票。【老张是债主】
		老张问我借阿一千块钞票。【"我"是债主】
78	你在哪里干活?	尔来＝哪头/哪来＝/何里做生活?
79	书放(在)桌子上。	书放桌来＝。
80	他等到九点钟才走。	渠等来九点钟再去。
81	去他们家,要往东走,不要往西走。	得渠＝搭人屋里去,要望东走,□[ɜn]/<休要>往西走。
82	她从外婆家来。	渠(从)外婆屋里转来(阿)爻。
	从这条路走。	走葛条路。
83	阿明拿了一本书给他。	阿明駃来(一)本书拨渠。
84	陈宇给弟弟盛了一碗饭。	陈宇拨小弟饭一碗置＝来。
		陈宇拨小弟一碗饭置＝来。
85	我跟你一起抬。(或:我和你一起抬)	我得尔做队/做块/□＝[ɕy]队/□＝[ɕy]块一起□扛[kaŋ]。
86	我懒得跟你说话!	我懒得得尔讲(话)。
87	跟/向/问同学借一下铅笔。	得/问同学铅笔借(一)记。
88	把门关上!	拨门关来/爻[ɦɔ]。

89　妈妈已经把电费交了。　　姆妈拨电费缴[ka]爻[ɦɔ]。

90　你把自行车借我骑几天。　　尔拨脚踏车借我踏两日。

　　　　　　　　　　　　　　尔部脚踏车借我踏两日。

　　　　　　　　　　　　　　尔脚踏车借我踏两日。

91　她把我的衣服弄脏了。　　渠拨我衣裳妆邋遢/滥污爻[ɦɔ]!

92　她把衣服都洗干净了。　　渠拨衣裳都洗/汏清爽爻[ɦɔ/iau]。

93　他被蛇咬了一口。　　渠□被[dzɛ²²]头蛇一口咬阿爻/咬阿去。

　　　　　　　　　　　　渠□被[dzɛ²²]头蛇咬阿一口。

94　我的笔被他弄丢了。　　我格笔□被[dzɛ²²](渠)妆何里去阿。

95　村里的大桥被冲垮了。　　村里格大桥□被[dzɛ²²]冲倒爻。

96　花盆被人家搬走了好几个。　好两只花盆□被[dzɛ²²]渠搭人驮去爻。

　　　　　　　　　　　　　　花盆□被[dzɛ²²]渠搭人驮去好两只。

　　　　　　　　　　　　　　花盆,渠搭人拨好两只驮去爻。

97　他被老师表扬了。　　渠□被[dzɛ²²]老师表扬爻。

98　老师让我这个星期擦黑板。　老师叫/要/讴我葛星期抹/揩黑板。

99　别让他知道了。　　□[nɛ]/<休要>要/让(/像)渠晓得爻。

　　　　　　　　　　□[nɛ]/<休要>拨渠晓得。

100　你就让他报名吧。　　尔便要渠报名唉。

101　让她哭!别去理她。　　让/像渠哭!□[nɛ]/<休要>嚎[çy]渠。

102　问:买菜了吗?　　问:菜买来/阿爻喔?

　　答:买了。　　答:买来/阿爻。

103　(别急!)吃了晚饭再回去。　(□[nɛ]/<休要>慌!)夜饭吃阿去。

104　明天发了工资,就把钱还你。　天亮工资发阿/来,钞票拨尔还。

105　他今天病了。　　渠基日生病(*阿)爻。

106　孩子大了就不听话了。　　小人大阿/来,便 fi/弗听话爻。

107　他去杭州了。　　渠(得)杭州去爻。

108　再过一周,小宝宝就一周岁了。　再过一(个)星期,小佬人便够[kə]周爻。

109　要下雨了。　　要落雨爻。

110　他已经吃了两碗饭了。　　渠饭两碗吃阿爻。

渠两碗饭吃阿爻。

渠吃阿两碗饭(爻)。【表示"还会继续吃"】

111 他一个月瘦(掉)了五斤。　　渠一个月五斤瘪阿爻。

他一个月胖了五斤。　　渠一个月五斤壮阿爻。

渠一个月五斤壮来(＊爻)。

112 他一口气跑了五公里。　　渠一口气逃阿五公里。

渠一口气五公里逃阿(爻)。

113 那儿很远,我们走了整整三天。　解头地方远蛮远,走阿三日才走到。

114 你帮我把这块石头搬掉。　尔拨我葛块石头搬阿[ɔ](爻)。

尔拨我葛块石头搬爻[gau]。

115 这个厂明年就会拆掉。　葛只厂转年便会拆阿(爻)。

葛只厂转年便会拆爻[gau]。

116 门开着,里面没人。　门开来⸗,里面头没有人/人没有。

117 进去一看,床上躺着一个人。　走进去一望⸗,眠床来⸗/里一个人倒来⸗。

118 别急!坐着讲。　□[nɛ]/<休要>慌!坐来⸗讲。

119 戴着帽子找帽子。　帽戴头来⸗还寻帽。

帽戴来⸗还寻帽。

120 说着说着他就哭起来了。　渠讲讲讲哭来爻。

渠讲记讲记便哭爻。

走着走着就走到西湖了。　走记走记便走到西湖爻。

121 外头在下雨,带上伞。　外面头来⸗落雨,(拨)伞带去。

122 我在写信,你先出去。　我来⸗写信,尔先(走)出去/尔出去起[kʰi]。

123 谁吃过大蒜?　何人大蒜吃阿[ɔ](爻)? ＝何人吃阿
(爻)大蒜?

何人吃过(⁇爻)大蒜? ＝何人大蒜吃过?

124 李老师找过你两回了。　李老师寻尔两趟寻过。

李老师寻过尔两趟。

125 他去过上海,没去过北京。　渠得上海去过,北京<勿曾>去过。

126 他们家买过三台电视机。　渠搭⸗人屋里三台电视机买过。

258

渠搭⁼人屋里电视机三台买过。

渠搭⁼人屋里买过三台电视机。

127	这个字写错了，重新写过。	葛只字写错爻，写过/转写过/转写写过。
128	天冷起来了。	天家[ko⁵⁵]冷来爻。
	天热起来了。	天家暖来爻。
129	别急，歇一歇再走。	□[nɛ]/<休要>慌，歇腔⁼记/歇记(起)再去。
130	我想一下再告诉你。	我忖(一)记(起)，再搭尔讲。
131	你先吃吃看，熟了没？	尔先吃吃相，熟阿喔？
132	我从小就会游泳。	我小时节便□⁼_会[u]划划水。
133	你的话，我听得懂；他的话，我听不懂。	尔格话，我□⁼_会[u]听懂；渠格话，我听弗懂。
134	我敢一个人去。	我有胆独个人去。
135	我要出去打工。	我要出去做生活。
136	我可以去游泳吗？	我好走划划水去喔？
137	可以下来吃饭了。	好落来吃饭爻。
138	既然他们来请你了，你得去。	渠搭⁼人请尔爻，你要去咯[kɛ]。
139	生病了，应该去医院。	生病爻，便要走医院去。
140	要讲道理，不应该打人。	要讲道理，□[nɛ]/<休要>/无许打人。
141	辣椒吃多了，肚子会疼。	辣茄吃多爻，肚要痛咯。
142	明天要下雨。	天亮要落雨咯。
143	可能很多人不会来。	无准/无数蛮多人弗/□[fi]来咯。
144	这么晚，他可能不来了。	铁⁼迟爻，渠无准弗/□[fi]来爻。
		铁⁼迟爻，渠弗□/[fi]来爻无准/无数。
145	恐怕他已经来了。	渠(搭⁼人)来爻凑/无准/无数。
146	他也许会来。	渠无准/无数会来。
		渠会来凑/？ 无准/？？ 无数。
147	他肯定要迟到了。	渠肯定要迟到爻。
148	他一定是饿了，才吃了你的饭。	渠肯定肚□⁼_饿[hɛ]爻，才拨尔(格)饭吃

阿爻。

149 A：他们说，他不是浙江人。　　A：渠搭⁼人讲，渠弗是浙江人。
　　B：不，他是的。　　　　　　　B：<u>弗是</u>／＊弗，<u>渠正是</u>／＊渠是。

150 本地人不吃辣椒。　　　　　　　本地人辣茄弗吃咯。
　　　　　　　　　　　　　　　　　本地人弗吃辣茄。

151 无爹无娘／无头无脑　　　　　　无爸无姆／无头无脑

152 我今天没有作业要做。　　　　　我基日无有作业要做。

153 老师昨天没有布置作业。　　　　老师昨日作业无有布置。／老师昨日无有
　　　　　　　　　　　　　　　　　布置作业。

154 这条裤子还没补好，不要穿。　　这条裤儯／还无有补好，□[nɛ]／<休要>
　　　　　　　　　　　　　　　　　穿。

155 问：你要不要苹果？　　　　　　问：尔苹果要弗要？
　　答：不要！　　　　　　　　　　答：弗要／<弗要>／＊fi要。

156 打雷的时候，不要站在大树　　　响雷vəʔ(格)时节，□[nɛ]／<休要>徛
　　底下。　　　　　　　　　　　　大树脚下。

157 他不会游泳。　　　　　　　　　渠划划水划弗来咯。

158 不准说话！　　　　　　　　　　□[nɛ]／<休要>讲话！

159 你不用去了！　　　　　　　　　尔弗用去爻！

160 你俩别争了！　　　　　　　　　尔(荅)两个□[nɛ]／<休要>争爻！

161 你是浙江人(吗)？　　　　　　　尔是浙江人？
　　　　　　　　　　　　　　　　　尔(正)是浙江人喔？
　　　　　　　　　　　　　　　　　尔(正)是弗是浙江人？

162 你的手表准吗？　　　　　　　　尔格手表准喔？
　　　　　　　　　　　　　　　　　尔格手表准弗准？

163 水开了没有？　　　　　　　　　水滚阿爻喔？
　　　　　　　　　　　　　　　　　水有无有滚？

164 (我已经告诉他了，)难道他没　　我已经搭渠讲爻，渠还无有<u>记牢定</u>嘎[ka]？
　　记住？

165 他家被偷了，对不对？　　　　　渠屋里□_被[dzɛ²²]偷阿呀？

渠屋里正是弗是□_被[dzɛ²²]偷阿爻?

166	他的衣服洗干净了,是吗?	渠(格)衣裳洗清爽(阿)爻喔?
167	你去帮他一下,行不行?	尔走帮渠记诶?
		尔要弗走帮渠记?
168	她唱歌好不好听?	渠歌唱来好听喔?
		渠歌唱好听弗好听?
		渠唱歌好听弗好听?
169	你打算不打算去?	尔打弗打算去?
170	我要不要去?	我要弗要去?
171	明天你能不能来?	天亮尔好来喔?
172	明天他会不会来?	天亮渠好来喔?
		天亮渠来弗来?
173	你要苹果还是香蕉?	尔要苹果还是香蕉?
174	李思是谁?	李思是何人?
	谁是李思?	何人是李思?
175	村里哪个人年纪最大?	村里头何人/哪个人岁数顶大?
176	我不去,谁去呢?(即:非我去不可)	我弗去,何人去嗳[nie]?
177	你什么时候去杭州?	尔几时得杭州去?
178	哪里能买电饭锅?	电饭煲哪头/何里有得买?
179	你买了什么?	尔买阿何物?
		尔何物买来?
180	你买了多少鱼?	尔鱼几梗买来?
	你买了几条鱼?	尔几梗鱼买来?
181	从这儿到那儿有多远?	从葛/以头到解头有多少远?
182	这个题目怎么做?	葛道题目怎生做/做做?
183	你怎么没来喝喜酒?	尔怎生弗来吃老酒?
184	你为什么没来喝喜酒?	尔为何物吃老酒弗来?
		尔为何物弗来吃老酒?

185 问：你是不是吃了什么？　　　　问：尔何物吃阿爻喔？
　　 答1：我没吃什么。（虚指）　　　答1：我无有吃何物。
　　 答2：我什么都没吃。（任指）　　答2：我何物都无有吃。

186 我记得谁跟我说过来着。　　　　我记牢定何人得我讲过格。

187 这么简单的问题，谁都会回答。　铁＝简单格问题，（弗管）何人都会讲来。

188 问：校长呢？　　　　　　　　　问：学长嗲？
　　 答：校长啊，他今天去开会了。 问：学长渠基＝日开会去爻。

189 水果的话，我最喜欢吃香蕉。　　水果格话/水果（啊），我顶中意吃香蕉。

190 作业我早就做完（它）了。　　　作业我老早便做好爻。

191 我，那道菜，吃过了。　　　　　我解道菜吃过爻。

192 阿明客厅扫过了，厨房没扫。　　阿明客厅扫过爻，厨房间（还）无有扫。

193 问：谁让你来的？　　　　　　　问：何人叫/要/讴尔来格？
　　 答：村长让我来的。　　　　　答：村长叫/要/讴我来格。

194 问：书记让你来的吗？　　　　　问：书记叫/要/讴尔来格喔？
　　 答：是村长让我来的。　　　　答：（是）村长叫/要/讴我来格。

195 小王是昨天去学校报到的。　　　小王是昨日走学堂里报到去格。

196 我们是找小王，不是找小李。　　我呐/搭＝人是寻小王，弗是寻小李。

197 我只去过上海。　　　　　　　　我便（只）去过上海。

198 只有我去过上海。　　　　　　　便（只）我去过上海。

199 他连泥鳅都吃。　　　　　　　　渠泥鳅都会吃。

200 我也吃过泥鳅。　　　　　　　　我也[a⁰]吃过泥鳅。
　　　　　　　　　　　　　　　　　我泥鳅也[a⁰]吃过。

第八节　瑞　安　话

　　据郑张尚芳（2008：6）《温州方言志》，温州话的基本通行范围只有温州市区及市属各县市：瓯海、永嘉、乐清清江以南、瑞安市、文成、洞头一半、平阳大部、苍南小部分、泰顺百丈，加上丽水地区青田县的温溪区及万山区一部及台州地区的玉环一角。一般来说，狭义的温州话一般只指温州市区话，以鹿城话为代表。

本节我们所讨论的瑞安话,与狭义的温州话同属吴语瓯江片。①

8.1　瑞安话语法范畴特点

（一）人称与数

在瑞安话中,三身代词均具有相应的强调式"丐+我/你/渠（侤）"。据我们的调查,并非所有的瓯江片方言都存在这类强调式代词形式,且前缀"丐-"的表现也呈现在瓯江片内部由南至北逐渐减弱的态势。在温州文成话和永嘉话中似不存在这类强调式代词。

复数标记"侤[lei⁰]"来自不定量词"侤[lei²⁴]（些）",可用于人称代词、（称人）专有名词、亲属名词、普通称人名词之后。比较特别的是,"侤"还可以用于反身代词、旁指代词、统称代词之后。

表 4－43　瑞安话的人称代词

	三身代词			反身代词（自己）	旁指代词（别人）	统称代词（大家）
	第一身	第二身	第三身			
单数	我[ŋ¹³]	你[n̠i¹³]	渠[gi³¹]	自[zɿ²²]我自 你自　渠自	别人 [bi²¹²⁻²naŋ³¹⁻⁰]	大家人
复数	我侤 [ŋ¹³lei⁰]	你侤 [n̠i¹³lei⁰]	渠侤 [gi³¹lei⁰]	自侤　我自侤 你自侤　渠自侤	别人侤	大家人侤

（二）指称

瑞安话中的光杆名词可以表无定或类指。"数+量+名"结构出现在主语位置一般也需要与"有"组合。瑞安话的指示词系统是基于远近的二分格局,基本指示语素为"该[ki³²³]"和"许[hi³⁵]",但两者都不可单用。

此外,还存在由量词语法化而来的指示词"个","个"可以单用作论元,也可作指示限定词后接其他量词。瑞安话中的基本指示表达如下表所示:

① 方言点：瑞安市玉海街道,调查时间：2021 年 12 月。

表 4 - 44 瑞安话的指示表达

	近　　指	远　　指
方位指示	彀_{这里}[kau³²³]	犴_{那里}[hau³⁵]
个体指示	该个_{这个}[ki³²³ kai⁰] / 个个[kai³²³ kai⁰] / 个[kai³²³]	许个_{那个}[hi³⁵ kai⁰]
个体指示	该俙_{这些}[ki³²³ lei⁰] / 个俙[kai³²³ lei⁰] / 俙[lei³²³]	许俙_{那些}[hi³⁵ lei⁰]
方式指示	该恁_{这样}[ki³²³ naŋ²²] / 恁[naŋ³²³] / 恁个[naŋ³²³ kai³⁵]	许恁_{那样}[hi³⁵ naŋ²²]
程度指示	恁[naŋ³²³]	

其中,方所指示是"基本指示语素+处所语素"的合音形式,处所指示词"彀/犴"可以叠床架屋,再附接一个处所语素"宕[do²⁴]",形成"彀宕/犴宕"。此外,瑞安话中的量词可与近指指示语素合音作"定指量词",包括个体量词(如"本、件、只")和集合量词(如"堆、俙_些")。

(三) 题元标记

瑞安话的题元标记可总结如下:

表 4 - 45 瑞安话的题元标记

题元角色	方所	目的	向格	来源	经由	并列	伴随
语法标记	是	到	望	从/∅	∅	搭/代	搭/代

题元角色	与格	替代/受益	处置	被动	使动	允让
语法标记	丐	代	代	丐	叫	丐

瑞安话中的"是"可以进入"V+X+处所名词"这一形式,如"渠住是温州(他住在温州)"①。"代/丐"均为多功能介词,分别从代替义、给予义动词发展而来。此外,"丐"作被动标记时允准短被动句。

---

① 据梅祖麟(1980),吴语温州话中的"是"本字应为"著"。

（四）体范畴

瑞安话的常见体标记可归纳如下：

表 4－46　瑞安话的体范畴

体意义	语法标记	体意义	语法标记
完结体	爻[fiɔ⁰]、起[tɕhi⁰]	持续体	V-<是搭>[zau²⁴]
完整体	S-罢[ba²⁴ᐟ⁰]	进行体	<是搭>[zau²⁴]-V
完成体	S-罢[ba²⁴ᐟ⁰]	短时体	VV
经历体	有-V-过	尝试体	VV 眙
重行体	—	起始体	罢₀[ba⁰]

瑞安话中的"爻[fiɔ⁰]"在语义上相近于普通话的"掉"，但"爻"可以用于动结式之后，但同时又可与否定词"冇"同现，如"渠冇喝醉爻（他没喝醉）"。进行体和持续体标记同形，均来自"是搭"的合音。

（五）情态与否定

瑞安话里常见的情态动词/副词有"会""可以""着""可能"等。它们所表达的情态意义大致如下：

表 4－47　瑞安话的情态

情态动词/副词	道义情态	动力情态	认识情态
会		+	+
可以	+	+	
着	+		+
可能			+
肯定			+
V 来/弗 C		+	

其中,"V 弗 C"中的"V 弗"常发生合音,例如"吃弗完(吃不完)[tɕʰi³⁵fu³⁵n̠y³¹]"在口语中的语音形式为[tɕʰiu³⁵n̠y³¹]。

瑞安话的基本否定词包括"冇[nau³⁵]""未[mei²²]"和"弗[fu³⁵]",三者都可独立成句回答问题。其中,"冇"的语义相当于"无",可用于存在否定、程度否定等;"未"则多用于否定动词短语所表现的结果状态尚未达到,如"他(还)未写完(他还没写完)"。"弗"的本字应为"不"(潘悟云 2002),用于一般否定以及判断句的否定。不过需要注意的是,如前文所述,瑞安话中的"是"与"在"语音形式相同,如"渠是温州(他在温州)",此时相应的否定形式需用"冇"而不能用"弗",即"渠冇是温州(他不在温州)"。

此外,瑞安话中还存在一系列否定词的合音形式,如"弗要"的合音形式"覅[fei⁴⁴]"、"弗好"的合音形式"孬[fɛ³⁵]"、"弗会"的合音形式"燴[fai³⁵]"等。

(六) 疑问

瑞安话中的是非问可以由升调表示,也可以使用"S 也伐?"或"S 也未?"等形式(其中的"也"不可省略)。瑞安话中不存在正反问形式"A 弗 A/V 弗 V"等,偶见的用例疑是受普通话的影响,并不自然。选择问一般使用选择连词"还是",也可以用"A 也 B?"来提问,如"你吃饭也吃面(也)?(你吃饭还是吃面?)"。

瑞安话中的特殊疑问词可以归纳如下:

表 4-48　瑞安话的特殊疑问词

语　　义	疑　问　词
Where 问处所	乜屋宕/哪/哪宕 n̠ie³¹vu³¹do²⁴/n̠iau²¹²/n̠iau²¹²do²⁴
Which 问选择	哪个 n̠iau²¹²kai⁰
What 问事物	乜/乜色/乜物事 n̠ie³¹/n̠ie³¹sei⁰/n̠ie³¹mø³¹zʅ²²

语　　义	疑　问　词
Who 问人	□/乜人/南⁼[nei³¹]人/哪个人 n̠iŋ³¹/n̠ie³¹naŋ⁴²/nei³¹naŋ⁴²/n̠iau²¹²kai⁰naŋ⁴²
When 问时间	几那 kei³⁵na³⁵
Why 问原因	妆乜/妆乜色 tɕy³⁵n̠ie³¹/tɕy³⁵n̠ie³¹sei⁰
How many/How much 问数量	几+量词、几俫
How 问方式	訾那/<訾那>恁 tsʅ³⁵na³⁵/tsa³⁵naŋ²²

8.2　瑞安话语法调查表

序号	测试例句	方言表达
1	我是浙江人,你是哪里人?	我是浙江人,你是哪人?
2	他去,我就不去了。	(丐)渠走,许(丐)我就弗走罢。
3	你们坐车来,他们跟我们走。	你俫乘车走来,渠俫搭我俫相伴走。
4	我们/咱们一起走吧。	我俫相伴走□[vɔ⁰]。【排除式】 自俫相伴走□[vɔ⁰]。【包括式】
5	阿军和阿亮,他(们)俩同岁。	阿军搭/代阿亮,渠俫/两个重岁。 阿军搭/代阿亮,渠俫两个(人)重岁。
6	阿明(他)们在等你。	阿明(渠)俫<是搭>[zau²⁴]等你。
7	外婆(他)们明天来。	外婆(渠)俫明朝走来。
8	学生们放假了。	学生俫放假罢。
9	保安们都走了。	保安俫沃走爻罢。
10	李思只想着(他)自己。	李思就只想着渠自。
11	你们自己去报名吧!	你俫自走报名! 你自俫走报名!
12	自己的事情自己做。	你自格事干,你自做。
13	别人的事情别去管。	别人格事干勁走管。

267

14 大家都来看他了！　　　　大家人沃走来张渠罢$_0$！

15 狗在农村很常见。　　　　狗农村底多险多。
　　竹子在北方很罕见。　　　竹北方冇格。

16 冬笋比毛笋值钱。　　　　(个)冬笋比毛笋值钞票。

17 杨梅树快死了。　　　　　个/株杨梅树迫近死罢$_0$。
　　　　　　　　　　　　　个株/该株杨梅树迫近死罢$_0$。
　　　　　　　　　　　　　＊杨梅树迫近死罢$_0$。

18 阿明中午吃了面，没吃其他东西。　　阿明日昼面吃碗爻，别乜物事冇吃。

19 刚刚有三个小孩在河里游泳。　　头$^=$□[dəu^{31}na^{24}]有三个小细儿是溪坑底游泳。
　　一个保安被打了。　　　一个保安丐打爻。

20 有几个小孩在游泳。　　　有两个小细儿<是搭>游泳。【"两"表确数时读作本调24，表概数时读作轻声】
　　有些小孩在游泳。　　　#有俟小细儿<是搭>游泳。【语义相当于"有的"】

21 所有的学生都来了。　　　(全部格)学生沃走来罢。

22 每个医生都要戴口罩。　　每个医生沃着戴口罩。

23 她买了(一)件新衣服。　　#渠买件新衣。

24 他想找一个本地人结婚。　渠想寻个本地人结婚。

25 这是东海的带鱼。　　　　该个/个是东海格带鱼。
　　　　　　　　　　　　　＊该是东海格带鱼。
　　这带鱼是东海的。　　　个带鱼是东海格。

26 这本书给他，那本给你。　该本书/个本书/本^{323}书丐渠，许本书丐你。

27 这个水龙头漏水了。　　　该个/个个/个水龙头漏爻罢。

28 这些苹果是给你外婆的。　个俟^{24}/该俟^{24}/俟^{323}苹果是丐你外婆格。

29 (这/那)只狗死了。　　　头^{212}狗儿死爻罢。

30 那几个苹果烂了。　　　　(许)两个苹果烂爻罢。

31	这也不对,那也不对! 你自己来做吧!	个恁也弗对,许恁也弗对! 你自做!
32	红烧肉不是这样做的。	红烧肉弗是恁[naŋ³²³]/恁个[naŋ³²³kai³⁵]烧格。
33	你坐(在)这儿,我坐(在)那儿。	你坐(拉)毂[kau³²³],我坐(拉)犼[hau³⁵]。
34	我要那条黑的裤子。	我要许件黑格裤。 我要黑格许件裤。
35	贵的衣服总比便宜的耐穿。	贵格衣总比便格衣着长久侉。
36	那床新的厚的被子拿出去晒一下。	许床新格厚格被捉去晒晒。 ??新格许床厚格被捉去晒晒。 新格厚格许床被捉去晒晒。 许床厚格新格被捉去晒晒。 ??厚格许床新格被捉去晒晒。 厚格新格许床被捉去晒晒。
37	他的自行车不见了。	渠自行车(宿)哪爻罢。 渠格/部自行车(宿)哪爻罢。
38	阿明的奶奶是上海人。	阿明格阿娘[ȵie³¹]是上海人。 阿明拉阿娘是上海人。
39	阿明的学校今天放假。	阿明(侏)学堂底今日放假。
40	这辆自行车的轮胎破了。	(该部/部)自行车(格/该只/只)轮胎破爻罢。
41	这条鱼不是我的。	条鱼弗是我个[kai⁴²]。
42	这里的茶叶很有名。	毂格茶叶险有名。
43	他小时候住过的那间老屋被拆了。	渠小□[na²⁴]住格许间老屋拆爻罢。
44	刚刚送你回来的人是谁?	头□[dəu³¹na²⁴]送你走来[lei⁴²]格是乜人/南[nei³¹]人啊?
45	我最不喜欢吃的是臭豆腐。	我最弗喜欢吃格(物事)是臭豆腐。

46	卖菜的来了吗？	卖配格走来罢未啊？
47	他家里干干净净的，住着很舒服。	渠拉屋底□□□□_{干干净净}[luɔ²³luɔ²³tsei³⁵tsei³⁵]，住起蛮好过。
48	明天说不定很热。	明朝讲弗出险热/热险热。【重叠式"X险X"所表现的程度一般大于"险X"，下同】
49	他很会喝酒。	渠酒险会喝/会喝险会喝。
50	这碗菜太咸，不好吃。	个盘配太咸，<弗好>吃。
51	你这么喜欢吃，就多吃点。	你恁喜欢吃就多吃俫。
52	他数学考得最好。	渠数学最考好。 渠数学考起最好。
53	这件衣服贵，那件便宜。	该件/件衣贵(俫)，许件衣便[bi²¹²](俫)。
54	我跟他一样高。	我搭渠一色长。
55	他没有我这么高。	渠冇我恁高。
56	我比他高。	我比渠长*(俫)。
57	我爸爸比我妈妈高十公分。	我拉爸比我阿妈长十公分。
58	他儿子可能有一米八高。	渠拉儿讲弗出有米八长。
59	这条河/江有五十米宽，(不容易游过去)。	条河有五十米阔，游弗过。
60	他走路走得很快。	渠走路走起快险快。
61	他高兴得要死。/他高兴极了。	渠快活起顶弗牢。 渠快活倒罢。
62	慢慢走，别急！	慢慢走，勤急！
63	客人已经来了。	人客走来罢。
64	你们家来客人了。	你拉有人客走来罢。【"人客_{客人}"为无定】 你拉人客走来罢。【"人客_{客人}"倾向表定指。该句为歧义结构，"你拉人客"也可表领属"你家的客人"】
65	前面有很多红绿灯。 前面有红绿灯。	面前有险多红绿灯(<是搭>)。 面前有红绿灯。

66　大门上贴了/着一副对联。　　　　门上有对对联□_贴［pai⁴²］＜是搭＞。

67　书卖了。　　　　　　　　　　　　书卖爻罢。

　　杯子打碎了一个。　　　　　　　　杯打个散爻。

68　我写完作业了。　　　　　　　　　我作业写好罢。

69　她打扫干净了房间。　　　　　　　渠间底扫□□_{干净}［luɔ²³tsei³⁵］罢。

70　他逮到了一只鸟儿。　　　　　　　渠鸟捉只着。

71　他今年已经买了两部手机。　　　　渠该年手机已经买两部罢。

　　　　　　　　　　　　　　　　　　渠该年巳已经买两部手机罢。

72　我送了他一本书。　　　　　　　　我送本书丐渠。

73　房东给了他一碗饺子。　　　　　　房东丐渠一碗水饺。

　　　　　　　　　　　　　　　　　　房东端碗水饺丐渠。

74　买了一件毛衣给她女儿。　　　　　买件羊毛衫丐渠拉囡。

75　他告诉了我一件很奇怪的事。　　　渠告诉我一起险奇怪格事干。

76　阿明租了老张一套房。　　　　　　阿明望老张租套屋。【老张是房东】

　　　　　　　　　　　　　　　　　　阿明宿老张�ㅅ_{那里}屋租套来。【老张是房东】

77　老张借了我一千块钱。　　　　　　老张望/问我借（爻）一千番钿去。

　　　　　　　　　　　　　　　　　　【"我"是债主】

　　　　　　　　　　　　　　　　　　我借丐老张一千番钿。【"我"是债主】

　　　　　　　　　　　　　　　　　　我借（爻）一千番钿丐老张。【"我"是债主】

78　你在哪里干活？　　　　　　　　　你<u>是/生</u>哪做生活？

　　　　　　　　　　　　　　　　　　你生是哪做生活？

79　书放(在)桌子上。　　　　　　　　书囥是桌上。【表状态】

　　　　　　　　　　　　　　　　　　书囥（拉）桌上。【表动作】

80　他等到九点钟才走。　　　　　　　渠等到九点钟界⁼［ga²¹²］正走。

81　去他们家，要往东走，不要往　　　走渠拉，着望东走，覅望西走。

　　西走。

82　她从外婆家来。　　　　　　　　　渠（宿）外婆拉走来⁴²。

　　从这条路走。　　　　　　　　　　走个□［da²²］路过。

83　阿明拿了一本书给他。　　　　　　阿明捉本书丐渠。

271

84	陈宇给弟弟盛了一碗饭。	陈宇□盛[tau⁴⁴]碗饭起丐渠拉弟。
		陈宇帮/代渠拉弟饭□盛[tau⁴⁴]碗起。
85	我跟你一起抬。（或：我和你一起抬）	我搭/代你相伴抬！
86	我懒得跟你说话！	我弗想搭/代你讲说话！
87	跟/向/问同学借一下铅笔。	望同学铅笔借借。
88	把门关上！	（代）门关拢爻！
89	妈妈已经把电费交了。	阿妈电费已经交爻罢。
		阿妈已经代电费交爻罢。
90	你把自行车借我骑几天。	你（代）自行车借我踏两天。
91	她把我的衣服弄脏了。	渠代我格衣弄□糟[lo²²tsɛ⁴⁴]爻罢。
92	她把衣服都洗干净了。	渠代衣沃洗□□干净[cul²³tsei³⁵]罢。
93	他被蛇咬了一口。	渠丐蛇咬餐爻。
94	我的笔被他弄丢了。	（我格笔）丐渠弄哪爻罢。
95	村里的大桥被冲垮了。	村底格大桥丐冲塌爻罢。
96	花盆被人家搬走了好几个。	花盎丐别人搬几个去爻（罢）。
97	他被老师表扬了。	老师表扬/数□[sə²²cul²¹²]渠。
		老师讲渠妆好。
		?渠丐老师表扬/数□[sə²²luɔ²¹²]爻罢。
98	老师让我这个星期擦黑板。	老师叫我个个礼拜擦黑板。
99	别让他知道了。	嫑丐渠晓得。
100	你就让他报名吧。	你就丐渠走报名喏。
101	让她哭！别去理她。	丐渠哭！嫑理渠。
102	问：买菜了吗？	问：配买来罢未啊？
	答：买了。	答：买来罢。
103	（别急！）吃了晚饭再回去。	（嫑急！）黄昏吃爻（先）再走去[kʰi⁴²]。
104	明天发了工资，就把钱还你。	等明朝工资发落（先），我就代钞票丐你还。
105	他今天病了。	渠该日人孬过。
		渠该日病爻罢。

106　孩子大了就不听话了。　　　小细儿大起就弗听讲爻罢。

107　他去杭州了。　　　　　　　渠走杭州爻罢。

108　再过一周，小宝宝就一周岁了。　再过一个礼拜(添)，姆儿就对周罢$_0$。

109　要下雨了。　　　　　　　　(迫近[ba^{212}dziaŋ^{24}])落雨罢$_0$。

110　他已经吃了两碗饭了。　　　渠饭已经吃两碗(爻)罢。

　　　　　　　　　　　　　　　渠已经吃两碗饭罢。

　　　　　　　　　　　　　　　渠已经两碗饭吃(底)爻罢。

111　他一个月瘦(掉)了五斤。　　渠一个月历⁼[lei^{212}]瘦五斤爻。

　　　他一个月胖了五斤。　　　　渠一个月历⁼壮五斤起。

112　他一口气跑了五公里。　　　渠一口气射(爻)五公里。

113　那儿很远，我们走了整整三天。　许个屋宕远险远，走爻三日界⁼[ga^{212}]

　　　　　　　　　　　　　　　新⁼[saŋ^{44}]走走到。

114　你帮我把这块石头搬掉。　　你帮我相伴₋起代个石头搬去爻。

115　这个厂明年就会拆掉。　　　该厂明年就会丐拆(爻)罢$_0$。

116　门开着，里面没人。　　　　门开是狨/□[zau^{24}]，底面有人。

117　进去一看，床上躺着一个人。　走底眙眙，床上有/一个人倒是狨/□

　　　　　　　　　　　　　　　[zau^{24}]。

118　别急！坐着讲。　　　　　　勿急！坐落下来(慢慢)讲。

　　　　　　　　　　　　　　　勿急！坐搭[au]讲。

119　戴着帽子找帽子。　　　　　帽戴牢□[zau^{24}]/宿狨/□"宿狨"合音[çyau^{24}]

　　　　　　　　　　　　　　　寻帽。

120　说着说着他就哭起来了。　　讲讲讲讲，渠讲哭拉起。

　　　走着走着就走到西湖了。　　荡荡荡荡，荡到西湖边。

121　外头在下雨，带上伞。　　　外面□[zau^{24}]/?? 是狨落雨，代雨伞带牢。

122　我在写信，你先出去。　　　我□[zau^{24}]/＊是狨写信，你走出先。

　　　　　　　　　　　　　　　【"是狨"有距离义，类似于普通话的"在
　　　　　　　　　　　　　　　那里"】

123　谁吃过大蒜？　　　　　　　乜人大蒜子吃爻啊？【表完整体】

　　　　　　　　　　　　　　　乜人有吃过大蒜子啊？【表经历体】

124	李老师找过你两回了。	李老师走来寻你两遍罢。
125	他去过上海,没去过北京。	渠上海有走着/过罢,北京有走过。
126	他们家买过三台电视机。	渠拉电视机买过三台罢。
127	这个字写错了,重新写过。	个字眼写错爻罢,转新写。/转新写遍添。
128	天冷起来了。	天色冷[la^{24}]起罢。
	天热起来了。	天色热起罢。
129	别急,歇一歇再走。	勿急,休息□一会儿[oŋ^{35}](先)再走。
130	我想一下再告诉你。	我想想先,再代你讲。
131	你先吃吃看,熟了没?	你吃吃(先)眙,熟罢未?
132	我从小就会游泳。	我小□[na^{35}]就会游泳。
133	你的话,我听得懂;他的话,我听不懂。	你讲格说话,我听(来)懂;渠讲格说话,我听弗懂。
134	我敢一个人去。	我有胆一个人走去。
135	我要出去打工。	我想走出打工。
136	我可以去游泳吗?	我可以走游泳也伐?
137	可以下来吃饭了。	可以走落吃饭罢0。
138	既然他们来请你了,你得去。	渠侪走来请你罢,你着走去。
139	生病了,应该去医院。	病生起/人难过起,着走医院底眙眙。
140	要讲道理,不应该打人。	着讲道理,<弗好>拉打人。
141	辣椒吃多了,肚子会疼。	辣椒吃太多(爻)会肚痛。
142	明天要下雨。	明朝会落雨(讲)。
143	可能很多人不会来。	可能险多人不走来。
144	这么晚,他可能不来了。	恁迟罢,渠可能弗走来罢0。
145	恐怕他已经来了。	讲弗出渠已经走来罢。
146	他也许会来。	渠可能会走来。
147	他肯定要迟到了。	渠肯定(会)迟到罢0。
148	他一定是饿了,才吃了你的饭。	渠肯定是肚饿爻,界=[ga^{212}]会代你格饭吃爻。
149	A:他们说,他不是浙江人。	A:渠侪讲,渠弗是浙江人。

B：不,他是的。　　　　　　　B：冇嗒 / ＊弗,渠是格。

150　本地人不吃辣椒。　　　　　本地人弗吃辣椒格。

　　　　　　　　　　　　　　　本地人辣椒弗吃。

151　无爹无娘/无头无脑　　　　【"无"见于"无[ŋ]娘教"(詈语,没教

　　　　　　　　　　　　　　　养)等】

152　我今天没有作业要做。　　　我该日冇作业。

153　老师昨天没有布置作业。　　老师昨夜冇布置作业。

154　这条裤子还没补好,不要穿。　该条/个条/条裤还未补好,覅着先。

155　问：你要不要苹果?　　　　问：你苹果要也伐?

　　答：不要!　　　　　　　　答：覅＊(个[kai⁴²])。

156　打雷的时候,不要站在大树　打雷□[na³⁵ᐟ⁰],覅徛囥树下。

　　底下。

157　他不会游泳。　　　　　　　渠游泳游弗来。

　　　　　　　　　　　　　　　渠弗会游泳。

158　不准说话!　　　　　　　　覅讲说话!

159　你不用去了!　　　　　　　你弗用走去罢!

160　你俩别争了!　　　　　　　你(倷)两个界˭[ga²¹²]覅争!

161　你是浙江人(吗)?　　　　你是浙江人也伐?

　　　　　　　　　　　　　　　你是浙江人?【升调,有偏向】

162　你的手表准吗?　　　　　　你格手表准也伐?

163　水开了没有?　　　　　　　水涌起罢未啊?

164　(我已经告诉他了,)难道他没　我代渠讲罢格,渠冇记牢啊?

　　记住?

165　他家被偷了,对不对?　　　渠拉(屋底)丐贼偷爻,是也伐?

166　他的衣服洗干净了,是吗?　渠格衣洗□□[luɔ²³tsei³⁵]罢,是也伐?

167　你去帮他一下,行不行?　　你走帮帮渠,着也伐?

168　她唱歌好不好听?　　　　　渠唱歌好听也伐?

169　你打算不打算去?　　　　　你(有)打算走去也伐?

170　我要不要去?　　　　　　　我着走去也伐?

171　明天你能不能来？　　　　明朝你可以走来也伐？

172　明天他会不会来？　　　　明朝渠会走来也伐？

173　你要苹果还是香蕉？　　　你要苹果也还是香蕉？
　　　　　　　　　　　　　　你要苹果也，香蕉也？

174　李思是谁？　　　　　　　李思是乜人／南＝人？
　　　谁是李思？　　　　　　＊乜人／南＝人是李思？

175　村里哪个人年纪最大？　　村底哪个人／南＝人／＊乜人年龄最大？

176　我不去，谁去呢？（即：非我去　我弗走去，畀＝[ga²¹²]乜人／南＝人／＊哪
　　　不可）　　　　　　　　　个人走呐[nei²⁴]？

177　你什么时候去杭州？　　　你几那[ki³⁵na³⁵]走杭州？

178　哪里能买电饭锅？　　　　哪可以买电饭锅？

179　你买了什么？　　　　　　你买倷乜啊？

180　你买了多少鱼？　　　　　你鱼买几倷来啊？
　　　你买了几条鱼？　　　　你鱼买几条来啊？

181　从这儿到那儿有多远？　　毂到狐有几倷／几恁远啊？

182　这个题目怎么做？　　　　个题目訾那[tsʅ³⁵na³⁵]／<訾那>／<訾那>
　　　　　　　　　　　　　　恁[tsa³⁵naŋ²²]做（做）？

183　你怎么没来喝喜酒？　　　你訾那／<訾那>冇走来吃摆酒？

184　你为什么没来喝喜酒？　　你妆乜冇走来吃摆酒？

185　问：你是不是吃了什么？　问：你是不是有乜物事吃爻？
　　　答1：我没吃什么。（虚指）　答1：我有吃乜色。
　　　答2：我什么都没吃。（任指）　答2：我随乜也冇吃。

186　我记得谁跟我说过来着。　我记牢南＝人／乜人有代我讲过罢。

187　这么简单的问题，谁都会回答。　恁简单格问题，随乜人沃讲来。

188　问：校长呢？　　　　　　问：校长呐[nei]？
　　　答：校长啊，他今天去开会了。　答：校长啊，渠该日走开会爻罢。

189　水果的话，我最喜欢吃香蕉。　水果啊／呐，我最喜欢吃香蕉。

190　作业我早就做完（它）了。　作业我早早做完罢。

191　我，那道菜，吃过了。　　我许盘配有吃吃罢。

192	阿明客厅扫过了,厨房没扫。	阿明客厅扫爻罢,厨房间还未扫。
193	问:谁让你来的?	问:乜人/南˭人叫你走来格啊?
	答:村长让我来的。	答:村长叫我走来格。
194	问:书记让你来的吗?	问:(是)书记叫你走来格啊?
	答:是村长让我来的。	答:是村长叫我走来格。
195	小王是昨天去学校报到的。	小王是昨夜日走学堂底报到格。
196	我们是找小王,不是找小李。	我倷是寻小王,弗是寻小李。
197	我只去过上海。	我就(只有)上海有走着/过罢。
198	只有我去过上海。	就(只有)我有走过上海。
199	他连泥鳅都吃。	渠泥鳅也吃。
200	我也吃过泥鳅。	我也有吃过泥鳅。【焦点一般是"我"】
		我泥鳅也有吃过。【焦点一般是"泥鳅"】

第九节　东 阳 话

东阳市隶属于浙江省金华市,东阳方言属于吴语婺州片。本文记录和讨论的是东阳市马宅镇的方言。① 本节的注音参照申屠婷婷博士论文《吴语东阳马宅话语法专题研究》(2021b)的音系。

9.1　东阳(马宅)话语法范畴特点

(一) 人称与数

东阳话的三身代词均无强调式。人称代词的复数标记"拉[la²¹¹]"来源于"两个"的合音,可后接于人称代词(含反身代词)、称人专有名词、亲属称谓及其他普通称人名词,同时还可用于动物名词、无生名词与时间词。

人称代词包括式"俺˭娜˭"为第一人称代词单数和第二人称复数的复合形式,其中第一人称部分使用金华地区普遍存在的[a],这个形式可能是东阳(马宅)话中较早的语音形式(详参李旭平、申屠婷婷 2016)。

---

① 方言点:东阳市马宅镇,调查时间:2022 年 1 月、2024 年 7 月。

表 4-49　东阳话的人称代词

	三身代词			反身代词 （自己）	旁指代词 （别人）	统称代词 （大家）
	第一身	第二身	第三身			
单数	我 u^{423}	尔 n^{423}	渠 gəɯ^{423}	自 我/尔/渠自	别个	大家
复数	我拉 u^{423}la^{211} 俺＝娜＝an^{423}-na^{211}	尔拉 n^{423}la^{211}	渠拉 gəɯ^{423}la^{211}	自拉 我/尔/渠自拉		

（二）指称

东阳话中的光杆名词可以表有定、无定、类指、通指。"数+量+名"结构一般不可以直接出现于主语位置,需要使用"有",即便是表概数的"两［lio^{353}］+量+名"也不可表有定。东阳话中存在定指量名结构。东阳话的指示词为远近二分系统。近指的基本指示语素为"个［kaʔ^{42}］",远指的基本指示语素为"哝［nom^{211}］"。东阳话的具体指示表达可归纳如下：

表 4-50　东阳话的指示表达

	近　指	远　指
方位指示	（个）块儿/埭儿	哝块儿/埭儿
个体指示	（个）个 （个）些	哝个 哝些
方式指示	亨［hε^{34}］	哝亨
程度指示	亨	

（三）题元标记

东阳话里的题元标记可简单归纳如下：

表 4－51　东阳话的题元标记

题元角色	方所	目的	向格	来源	经由	并列	伴随
语法标记	幽 ˭[iəɯ³⁴]	得[təɯ⁴³⁴]	朝	从	∅	和[xa⁵²]	和

题元角色	与格	替代/受益	处置	被动	使动	允让
语法标记	得	帮[mo³⁴]	帮/∅	得	讴	讴

其中需要注意的是,东阳话中表目的、与格、被动意义的标记均为"得"。被动标记"得"之后往往需要出现施事论元,即一般不允许短被动,但当施事为无生名词时则可以省去,试比较下面两例:

(24) 我支笔得＊(渠)捹打乌罢。(我的笔被他弄丢了。)

(25) 村党里阿桥得冲去罢。(村里的大桥被冲垮了。)

(四) 体范畴

东阳话中的体意义编码方式如下:

表 4－52　东阳话的体范畴

体意义	语法标记	体意义	语法标记
完结体	V-喇去[la²¹¹əɯ⁰]/起来/来	持续体	V-哝
完整体	V-喇	进行体	幽哝/幽埭儿-V
完成体	S-罢[pa⁴³⁴]/喔[uə⁰]	短时体	V-记儿
经历体	V-过	尝试体	VV 起儿
重行体	V-过	起始体	V-来

东阳话可以用"喇"编码完整体意义。据申屠婷婷(2021a),东阳话中的动词重叠也可以表示完整体意义,①但需要注意的是,动词重叠还与持续体、尝试

---

① 原文记作完成体(perfect),但结合文章例证描述和我们的调查来看,东阳话中的动词重叠所用于的体意义应更近于完整体(perfective)。例如"我自鱼儿钓钓归去(我自己钓了鱼再回去)",同时这种用法是非常受限的。

体等其他体意义关联。此外,比起使用完整体标记,东阳话更倾向使用一系列的完结体直接标记事件的终结点来表达完整事件。

至于完成体标记"罢"和"喔",一般已然事件时用"罢",将然事件用"喔",但也存在"罢/喔"的混用现象,受到情态语义的影响。

（五）情态与否定

东阳话中常见的情态动词有"会""要""好""该"等,还有一般置于句尾的"无节ᵈ数/也无数"等,它们所表达的情态意义如下:

表 4 - 53　东阳话的情态

情态动词/副词	道义情态	动力情态	认识情态
会		+	+
要		+	+
好	+		
该	+		
无节ᵈ数/也无数			+

东阳话的基本否定词包括"无北[m¹¹pai⁵²]""未[min³⁵³]"和"弗[faʔ⁴²]",三者均可独立成句回答问题。"无北"可以用于否定存在、否定程度和否定已然事件,而"未"一般用于否定事件的结果状态。"弗"一般用于否定"是"字句或表其他的一般否定。

此外,"弗"会与情态词发生合音,如"弗要""弗会""弗用",也存在相应的合音形式。东阳话中还有一个较为特别的否定情态词"难过/难",例如:

（26）该讲道理,难过/难打侬。（要讲道理,不应该打人。）

（六）疑问

东阳话中,是非问句可以通过升调直接表达,但带有偏向义（如表反问语气）;一般通过"S-弗?""S-未?"等形式来编码。正反问句形式为"V 弗 V"以及"有弗有",但"＊有无北""＊V 未 V"等形式均不合法。选择问句使用选择连词"还是"。东阳话中常见的特殊疑问词如下:

表 4 – 54　东阳话的特殊疑问词

语　义	疑　问　词
Where 问处所	蛮$^=$mɑn^{211}、蛮$^=$块儿
Which 问选择	蛮$^=$个
What 问事物	节$^=$西$^=$tɕia^{52}çi^{52}
Who 问人	节$^=$个
When 问时间	节$^=$间$^=$tɕia^{52}tɕiɑn^{52}
Why 问原因	节$^=$干$^=$tɕia^{52}kɯ^{52}
How many/How much 问数量	几（+量词）/几许
How 问方式	生儿 sɛn^{423}

9.2　东阳(马宅)话语法调查表

序号	测 试 例 句	方 言 表 达
1	我是浙江人,你是哪里人?	我是浙江侬,尔是蛮$^=$侬?
2	他去,我就不去了。	渠去,我便弗去喔。
3	你们坐车来,他们跟我们走。	尔拉坐车来,渠拉跟我拉去。
4	我们/咱们一起走吧。	我拉后$^=$干$^=$儿去哆。
		俺娜后$^=$干$^=$儿去哆。【包括式】
5	阿军和阿亮,他(们)俩同岁。	阿军和阿亮,渠拉两个同年。
6	阿明(他)们在等你。	阿明(渠)拉幽哝等尔。
7	外婆(他)们明天来。	阿婆$^?$(渠)拉明朝来。
8	学生们放假了。	学生拉放假罢。
9	保安们都走了。	保安拉都去罢。
10	李思只想着(他)自己。	李思便想着＊(渠)自。
11	你们自己去报名吧!	尔自拉去报名哆。
12	自己的事情自己做。	自阿事干自做。

13	别人的事情别去管。	别个阿事干<u>弗要</u>/<弗要>管。
14	大家都来看他了!	大家都来望渠罢。
15	狗在农村很常见。	家狗幽农村里多猛。
	竹子在北方很罕见。	竹北方甚少望着。
16	冬笋比毛笋值钱。	个冬笋比毛笋值钞票。
17	杨梅树快死了。	(株)杨梅树要倒罢。
18	阿明中午吃了面,没吃其他东西。	阿明午饭食面,无北食别样东西。
		阿明午饭食喇*(一碗)面,无北食别样东西。
19	刚刚有三个小孩在河里游泳。	正□⁼腔_{现在}[ŋio⁵²tɕʰian⁵²],有三个小侬儿幽唻坑里游泳。
	一个保安被打了。	一个保安得别个打去。
20	有几个小孩在游泳。	有两个小侬幽唻游泳。
		【确数"两"读为lio⁴²³,表概数时读为lio³⁵³】
	有些小孩在游泳。	有些[seʔ⁵²]小侬幽唻游泳。
21	所有的学生都来了。	(统个)学生都来罢。
22	每个医生都要戴口罩。	个个医生都要戴口罩。【量词重叠】
23	她买了(一)件新衣服。	渠*(一)件新衣裳买来。
		渠买喇(一)件新衣裳。
24	他想找一个本地人结婚。	渠想寻(一)个本地侬结婚。
25	这是东海的带鱼。	个是东海阿带鱼儿。
		个个是东海阿带鱼儿。
	这带鱼是东海的。	个带鱼是东海阿。
26	这本书给他,那本给你。	(个)本书分得渠,唻本书分得尔。
		(个)本书捱[ia⁴³⁴]得渠,唻本书捱得尔。
27	这个水龙头漏水了。	(个)个水龙头漏水罢。
28	这些苹果是给你外婆的。	(个)些苹果是分/捱得尔阿外婆阿。
29	(这/那)只狗死了。	(个)只家狗倒喇去罢。
		唻只家狗倒喇去罢。

30	那几个苹果烂了。	哝两个苹果烂喇去罢。
31	这也不对,那也不对! 你自己来做吧!	亨也弗是,哝亨也弗是! 尔自来做哆。
32	红烧肉不是这样做的。	红烧肉弗是亨烧阿。
33	你坐(在)这儿,我坐(在)那儿。	尔坐块儿/埭儿,我坐哝块儿/埭儿。
34	我要那条黑的裤子。	我要哝株黑阿裤。 我要黑阿(哝)株裤。
35	贵的衣服总比便宜的耐穿。	贵阿衣裳总比便宜阿经穿。
36	那床新的厚的被子拿出去晒一下。	哝床新阿厚阿被馱出去晒记儿去。 新阿哝床厚阿被馱出去晒记儿去。 新阿厚阿哝床被馱出去晒记儿去。 哝床厚阿新阿被馱出去晒记儿去。 厚阿哝床新阿被馱出去晒记儿去。 厚阿新阿哝床被馱出去晒记儿去。
37	他的自行车不见了。	渠阿/部自行车寻弗着罢。 渠,自行车寻弗着罢。【话题结构】
38	阿明的奶奶是上海人。	阿明(阿)阿孃儿是上海侬。【受到"阿"的语音影响才出现了省略】
39	阿明的学校今天放假。	阿明阿学堂今日放假。 阿明拉学堂今日放假。
40	这辆自行车的轮胎破了。	部自行车阿轮胎破(喇去)罢。 部自行车个轮胎破(喇去)罢。
41	这条鱼不是我的。	(个)个鱼儿弗是我阿。
42	这里的茶叶很有名。	(个)块儿/埭儿阿茶叶有名猛。
43	他小时候住过的那间老屋被拆了。	渠小间住阿哝间老屋拆喇去罢。 渠小间住阿间老屋拆喇去罢。 【"阿"不可省略,"﹡渠小间住哝间老屋/﹡渠小间住间老屋"】
44	刚刚送你回来的人是谁?	正□⁼腔现在[n̠io⁵²tɕʰian⁵²]送尔转来阿/个

283

		侬是节=个?
45	我最不喜欢吃的是臭豆腐。	臭豆腐,我甚弗钟意食。 我甚弗钟意食阿(东西)是臭豆腐。
46	卖菜的来了吗?	卖菜阿来未?
47	他家里干干净净的,住着很舒服。	渠□=家[xuə^{52}]处头儿净净洁洁儿去,住起来舒服猛。
48	明天说不定很热。	明朝可能危险热/热猛。 明朝讲弗定危险热/热猛。
49	他很会喝酒。	渠危险会食酒。 渠酒危险会食。
50	这碗菜太咸,不好吃。	(个)碗菜滋味猛,弗好食。
51	你这么喜欢吃,就多吃点。	尔亨钟意食喂多食点儿。
52	他数学考得最好。	渠数学考得甚好。
53	这件衣服贵,那件便宜。	(个)件衣裳贵,哝件便宜。
54	我跟他一样高。	我和渠一样长。
55	他没有我这么高。	渠无北我亨长。
56	我比他高。	渠,还是我长*(些)。 我比渠长。
57	我爸爸比我妈妈高十公分。	我阿爸比我阿妈长十公分。
58	他儿子可能有一米八高。	渠阿儿可能有一米八长。 渠□=家[xuə^{52}]个儿可能有一米八长。
59	这条河/江有五十米宽,(不容易游过去)。	(个)埭量词坑有五十米宽,游弗大过。
60	他走路走得很快。	渠躐[liɛ^{211}]路躐得危险快。
61	他高兴得要死。/他高兴极了。	渠高兴□=极其[deɪ^{211}]去(罢)。
62	慢慢走,别急!	宽慢个儿躐,弗要急。
63	客人已经来了。	客来罢。
64	你们家来客人了。	尔□=家[xuə^{52}]有客来罢。
65	前面有很多红绿灯。	前头有好些红灯。

	前面有红绿灯。	前头有红灯。
66	大门上贴了/着一副对联。	门口头(有)一副对贴哝。
67	书卖了。	书卖喇去罢。
	杯子打碎了一个。	一个杯摔喇去罢。
68	我写完作业了。	我作业写好罢。
69	她打扫干净了房间。	(个)房间渠揢净洁罢。
		渠(个)房间渠揢净洁罢。
70	他逮到了一只鸟儿。	渠一只鸟儿搭着。
71	他今年已经买了两部手机。	渠今年已经两个手机买来。
		渠今年手机已经两个买来罢。
72	我送了他一本书。	我一本书送得渠。
		*/??我送得渠一本书。
73	房东给了他一碗饺子。	房东一碗饺子分/揢得渠。
74	买了一件毛衣给她女儿。	一件毛线衣儿买得渠阿囡儿。
		帮渠阿囡儿买喇一件毛线衣儿。
75	他告诉了我一件很奇怪的事。	渠和我讲喇一件危险奇怪阿事干。
76	阿明租了老张一套房。	阿明租喇一套屋得老张。【阿明是房东】
		阿明从老张哝一套屋租来。【老张是房东】
77	老张借了我一千块钱。	老张借得我一千洋钿。【老张是债主】
		老张从我埭儿一千洋钿借去。【"我"是债主】
78	你在哪里干活？	尔幽蛮⁼做生活？
79	书放(在)桌子上。	书摆(得)台桌里。　【祈使】
		书摆哝台桌里。　　【描述】
80	他等到九点钟才走。	渠等到[to⁵²]九点钟再去。
		渠等得九点钟再去。
81	去他们家，要往东走，不要往西走。	去渠□⁼家[xuə⁵²]，该朝东面向蹓，弗要朝西面向蹓。
82	她从外婆家来。	渠从阿婆□⁼家[xuə⁵²]来。

285

	从这条路走。	躐个埭路去。
83	阿明拿了一本书给他。	阿明驮喇一本书得渠。
84	陈宇给弟弟盛了一碗饭。	陈宇帮渠阿弟儿置喇一碗饭。
85	我跟你一起抬。（或：我和你一起抬）	我和尔后¯干¯儿/做对扛。
86	我懒得跟你说话！	我懒得和尔讲话。
87	跟/向/问同学借一下铅笔。	去同学哝铅笔借支来。
88	把门关上！	门关起来！
89	妈妈已经把电费交了。	电费妈交喇去罢。
90	你把自行车借我骑几天。	尔阿自行车借我骑两日。
		尔自行车借我骑两日。
		*尔帮自行车借我骑两日。
91	她把我的衣服弄脏了。	渠帮我阿衣服捱肮糟罢！
92	她把衣服都洗干净了。	渠帮衣裳都洗净洁罢。
93	他被蛇咬了一口。	渠得蛇一口咬去。
94	我的笔被他弄丢了。	我支/阿笔得渠捱打乌弄丢罢。
95	村里的大桥被冲垮了。	村党里阿桥得冲去罢。
		【此处允许短被动句，但可能仅限于施事为无生命名词的情况】
96	花盆被人家搬走了好几个。	花盆好两个得别个端去。
		*/??好两个花盆得别个端去。
97	他被老师表扬了。	?渠得老师表扬罢。
		【主动句"老师表扬渠罢"更自然】
98	老师让我这个星期擦黑板。	老师讴我个个星期擦黑板。
99	别让他知道了。	弗要得/讴渠晓得。
100	你就让他报名吧。	尔讴渠报名好喔。
		尔讴渠报名哆。
101	让她哭！别去理她。	凭渠自哭！弗要理渠。
102	问：买菜了吗？	问：菜有买来弗？/菜买来未？

	答：买了。	答：买来罢。
103	（别急！）吃了晚饭再回去。	弗要急！夜饭食食再归去_{回家}／转去_{回去}。
104	明天发了工资，就把钱还你。	等明朝发工资，便帮钞票还得尔。
105	他今天病了。	渠今日儿生病罢。
106	孩子大了就不听话了。	小侬儿大来便弗听话喔。
107	他去杭州了。	渠去杭州罢。
		?渠杭州去罢。
108	再过一周，小宝宝就一周岁了。	再过一个星期，个小侬儿便一周岁罢。
109	要下雨了。	要落雨喔。
110	他已经吃了两碗饭了。	渠两碗饭食喇去罢。
111	他一个月瘦（掉）了五斤。	渠一个月五斤轻喇去／重起来。
	他一个月胖了五斤。	渠一个月轻／重喇五斤。
112	他一口气跑了五公里。	渠一口气趖喇五公里。
113	那儿很远，我们走了整整三天。	唠块儿危险远，三日躅喇去，再躅到。
114	你帮我把这块石头搬掉。	尔帮我块石头移移出去。
115	这个厂明年就会拆掉。	个厂明年便会拆喇去。
116	门开着，里面没人。	门开唠，里头儿无北侬。
117	进去一看，床上躺着一个人。	躅归一记望，床里一个侬眠唠。
118	别急！坐着讲。	弗要急！坐落来讲。
119	戴着帽子找帽子。	帽戴唠寻帽。
120	说着说着他就哭起来了。	讲讲讲讲渠便哭来喔。
		讲去讲去渠便哭来喔。
	走着走着就走到西湖了。	走走走走便躅到西湖喔。
		走去走去便躅到西湖喔。
121	外头在下雨，带上伞。	外头儿幽唠落雨，洋伞带去。
122	我在写信，你先出去。	我幽埭儿写信，尔出去起。
123	谁吃过大蒜？	节⁼个食大蒜过？【近过去】
		节⁼个食过大蒜？【经历】
124	李老师找过你两回了。	李老师寻尔两趟罢。

125　他去过上海，没去过北京。　　渠上海去过，北京无北去过。

126　他们家买过三台电视机。　　渠□＝家[xuə⁵²]买过三部电视机。

　　　　　　　　　　　　　　　电视机，渠□＝家[xuə⁵²]买过三部。

127　这个字写错了，重新写过。　　(个)个字写错罢，写过。

128　天冷起来了。　　　　　　　　天色冷来罢。

　　　天热起来了。　　　　　　　天色热来罢。

129　别急，歇一歇再走。　　　　　弗要急，歇记儿本＝[mən⁵²]再去。

130　我想一下再告诉你。　　　　　我想记儿本＝再和尔讲。

　　　　　　　　　　　　　　　　我想想起儿看再和尔讲。

131　你先吃吃看，熟了没？　　　　尔食食起儿起先，熟未熟？

132　我从小就会游泳。　　　　　　我从小便会游泳。

133　你的话，我听得懂；他的话，我　　尔阿话，我听得懂；渠阿话，我听弗懂。
　　听不懂。

134　我敢一个人去。　　　　　　　我敢一个人去。

　　　　　　　　　　　　　　　　我一个人敢去。

135　我要出去打工。　　　　　　　我要出去打工。

136　我可以去游泳吗？　　　　　　我好去游泳弗？

　　　　　　　　　　　　　　　　??我好弗好去游泳？

137　可以下来吃饭了。　　　　　　好落来食饭喔/罢。

138　既然他们来请你了，你得去。　　渠拉来讴尔罢喂尔该去。

139　生病了，应该去医院。　　　　生病罢喂该去医院。

140　要讲道理，不应该打人。　　　该讲道理，难过不能打侬。

　　　　　　　　　　　　　　　　该讲道理，难不能打侬。

141　辣椒吃多了，肚子会疼。　　　辣茄儿食多猛，肚要痛猛。

　　　　　　　　　　　　　　　【"猛"表中性程度义(相当于"很")时为
　　　　　　　　　　　　　　　[mai⁴²³]，表过量/偏离义(相当于"太")
　　　　　　　　　　　　　　　时为[mai⁵²]】

142　明天要下雨。　　　　　　　　明朝要落雨。

143　可能很多人不会来。　　　　　好些侬弗会来也无数。

		无节﹦数好些侬弗会来。
144	这么晚，他可能不来了。	亨夜罢，渠无节﹦数弗来罢。
		亨夜罢，无节﹦数渠弗来罢。
145	恐怕他已经来了。	无节﹦数渠（已经）来罢。
146	他也许会来。	渠会来也无数。
147	他肯定要迟到了。	渠肯定要迟到罢。
148	他一定是饿了，才吃了你的饭。	渠肯定肚饥罢，才食喇尔阿饭。
149	A：他们说，他不是浙江人。	A：渠拉讲，渠弗是浙江侬。
	B：不，他是的。	B：弗，渠是啊。
150	本地人不吃辣椒。	本地侬弗食辣茄儿。
		本地侬辣茄儿弗食。
151	无爹无娘／无头无脑	【"无"见于"无事"（没关系）、"无劲"（没意思）】
152	我今天没有作业要做。	我今日儿无北作业要做。
153	老师昨天没有布置作业。	老师上日儿无北布置作业。
154	这条裤子还没补好，不要穿。	株裤还未补好，弗要穿。
155	问：你要不要苹果？	问：苹果尔要弗（要）？
	答：不要！	答：弗要／＊＜弗要＞。
156	打雷的时候，不要站在大树底下。	响雷公间，弗要／＜弗要＞站得树下去。
157	他不会游泳。	渠游泳弗会游。
158	不准说话！	弗要讲话。
159	你不用去了！	尔弗用／甮去罢。
160	你俩别争了！	尔拉两个弗要／＜弗要＞争喔。
161	你是浙江人（吗）？	尔是浙江侬弗？
		尔是弗是浙江侬？
		尔是浙江人？【有偏向义，表反问】
162	你的手表准吗？	尔阿表准弗（准）？
163	水开了没有？	水烧滚未？

164	（我已经告诉他了，）难道他没记住？	我已经和渠讲过罢，还怪渠记弗着？
165	他家被偷了，对不对？	渠家得小偷儿偷过罢，是弗？
166	他的衣服洗干净了，是吗？	渠阿/件衣裳洗净洁罢，是弗？
167	你去帮他一下，行不行？	尔去帮记儿渠，无事弗？
168	她唱歌好不好听？	渠唱歌好听弗？
		渠唱歌好弗好听？
169	你打算不打算去？	尔有弗有打算去？
		尔打弗打算去？
170	我要不要去？	我该弗该去？
171	明天你能不能来？	明朝尔好弗好来？【请求】
		明朝尔好来弗？ 【中性】
172	明天他会不会来？	明朝渠会弗会来？
		明朝渠会来弗？
173	你要苹果还是香蕉？	尔要苹果还是香蕉？
174	李思是谁？	李思是节＝个？
	谁是李思？	节＝个/蛮＝个是李思？
175	村里哪个人年纪最大？	村里节＝个/蛮＝个年纪甚大？
176	我不去，谁去呢？（即：非我去不可）	我弗去，节＝个去呢[ȵi]？
177	你什么时候去杭州？	尔节＝间去杭州？
178	哪里能买电饭锅？	蛮＝（块儿）好买电饭锅？
179	你买了什么？	尔节＝西买来？
180	你买了多少鱼？	尔几许鱼儿买来？
	你买了几条鱼？	尔几个鱼儿买来？
181	从这儿到那儿有多远？	从块儿到哝块儿有几许远？
182	这个题目怎么做？	（个）道题目生儿做做？
183	你怎么没来喝喜酒？	尔生儿弗/无北来食喜酒？
184	你为什么没来喝喜酒？	尔节＝干弗/＊无北来食喜酒？

185　问：你是不是吃了什么？　　　问：尔是弗是节⁼西⁼食过？/尔是弗是食
　　　　　　　　　　　　　　　　　　过节⁼西⁼？

　　　答1：我没吃什么。（虚指）　　答1：我无北食节⁼西⁼。

　　　答2：我什么都没吃。（任指）　答2：我（随便）节⁼西⁼都无北食过。

186　我记得谁跟我说过来着。　　　我记得节⁼个和我讲过亨。

187　这么简单的问题，谁都会回答。　亨简单阿问题，（随便）节⁼个都会回答。

188　问：校长呢？　　　　　　　　问：校长呢？

　　　答：校长啊，他今天去开会了。　答：校长哩，渠哩，今日儿去开会罢。

189　水果的话，我最喜欢吃香蕉。　水果哩我哩甚钟意食香蕉。

190　作业我早就做完（它）了。　　作业我老早便做好＊（渠）罢。

191　我，那道菜，吃过了。　　　　哝个菜，我，吃过罢。

　　　　　　　　　　　　　　　　　我，哝个菜，吃过罢。【用于"对举"】

192　阿明客厅扫过了，厨房没扫。　阿明客厅扫过罢，镬灶间还未扫。

193　问：谁让你来的？　　　　　　问：节⁼个讴尔来阿？

　　　答：村长让我来的。　　　　　答：村长讴我来啊。

194　问：书记让你来的吗？　　　　问：（是）书记讴尔来阿弗？

　　　答：是村长让我来的。　　　　答：（是）村长讴我来阿。

195　小王是昨天去学校报到的。　　小王是上日儿去学堂报到阿。

196　我们是找小王，不是找小李。　我拉是寻小王，弗是寻小李。

197　我只去过上海。　　　　　　　我便只去过上海。

　　　　　　　　　　　　　　　　　我便只上海去过。

198　只有我去过上海。　　　　　　便只我去过上海。

　　　　　　　　　　　　　　　　　上海，便只我去过。

199　他连泥鳅都吃。　　　　　　　渠连泥鳅都食。

200　我也吃过泥鳅。　　　　　　　泥鳅我也食过。

第十节　丽　水　话

丽水方言属吴语处衢片，因偏居浙赣闽交界山区，北部有婺州片阻挡，是受北方方言冲刷最轻的地区之一。一些学者提出,处衢片可以进一步细分为龙衢、处州、三山等小片,以更好地反映其内部的语言差异和特点。本节调查和讨论丽水莲都区方言(新派)的语法情况。①

10.1 丽水话语法范畴特点

(一) 人称与数

丽水话中没有强调式代词,三身代词的复数形式使用后缀"-侬[nã]",人称代词情况可归纳如下表:

表4-55 丽水话的人称代词

	三身代词			反身代词 (自己)	旁指代词 (别人)	统称代词 (大家)
	第一身	第二身	第三身			
单数	我[ŋuo⁴⁴]	你[n̩i⁴⁴]	渠[gɯ²²]	自 我自 你自 渠自	别侬 [bɛʔ²nen²²]	大势 ̄侬 [duɔ²²zi²²nen²²]
复数	我侬 包括式: 跟你 gãn̩i	你侬	渠侬			

复数标记"-侬"除用于三身代词外,还可以用于称人专有名词、亲属称谓、普通称人名词等。

(二) 指称

丽水话的光杆名词可以表定指、不定指、类指与通指,且不存在定指量名结构。其指示词系统是较为典型的二分格局,基本指示语素为"乙[iʔ⁵]"和"许[ɦiaʔ⁵]"。

表4-56 丽水话的指示表达

	近 指	远 指
方位指示	乙搭[təʔ⁰]	许搭
个体指示	乙个 乙+量词 乙+名词	许个 许+量词 许+名词

---

① 方言点:丽水市莲都区,调查时间:2021年12月。

	近　指	远　指
方式指示	乙色［sɛʔ⁰］	许色
程度指示	乙色	

"乙"和"许"均不可直接作论元成分(如例 27a),需与量词组合(如例 27b—c)。例如:

(27) a. *乙是东海格带鱼。(这是东海的带鱼。)

　　　b. 乙个是东海格带鱼。【不区分单复数】

　　　c. 乙条是东海格带鱼。【单数】

需要注意的是,"乙"与通用量词"个"组合时,"乙个"不区分单复数,而与专用量词组合时,如"乙条"的指代对象必须为单数。"指量名"结构也有类似的表现:

(28) a. 乙个带鱼是东海格。【不区分单复数】

　　　b. 乙条带鱼是东海格。【单数】

　　　c. 乙侏带鱼是东海格。【复数】

(三) 题元标记

丽水话中常见的题元标记可归纳如下表所示:

表 4-57　丽水话的题元标记

题元角色	方所	目的	向格	来源	经由	并列	伴随
语法标记	得/勒/□在［ti］	得［təʔ⁵］	望	从［dʑioŋ²²］	∅	跟	跟

题元角色	与格	替代/受益	处置	被动	使动	允让
语法标记	乞［kʰəʔ⁵］	帮	帮	乞	叫/让	让

丽水话中"徛"可表"在"义,例如"(有)三个鬼儿徛坑里游泳(有三个小孩在河里游泳)"。但我们认为,丽水话的"徛"更像动词"在"而非典型的介词,原因在于丽水话里不存在"V+徛+处所名词"这一结构形式,而只有"徛+处所名词(+V)"。

(四) 体范畴

丽水话中常见的体标记可初步归纳为表 4-58:

表 4-58　丽水话的体范畴

体意义	语法标记	体意义	语法标记
完结体	V-落[lə⁰]	持续体	V-搭/里
完整体	V-得/勒[lə⁰]-数量短语 S-(落)罢	进行体	徛里-VP
完成体	S-罢	短时体	VV、V 记
经历体	(有)V-过 VP-过	尝试体	VV 望
重行体	—	起始体	V-起

前人研究常把丽水话中出现在动词后的体标记[lə⁰]作"了"。我们认为,丽水话中语音形式同为 lə⁰ 的标记,很有可能对应两个不同的标记,即有着不同的词汇来源:一为"落",它出现在动词后表完结体意义,例如"乙个厂明年便会拆落(这个厂明年就会拆掉)",二为"勒"("得"的弱化),它出现在"V+数量短语"之中,例如"渠已经吃勒/得两碗饭罢(他已经吃了两碗饭了)"。据陶寰(1995),丽水龙泉、遂昌也均以"落"作为体标记。据此,我们在调查中区分体标记"落"和"勒(/得)"。

进行体和持续体标记均来自"徛搭/里"(相当于"在+处所成分"),其中"徛里"发展为进行体标记,"搭/里"发展为持续体标记。

(五)情态与否定

情态方面,丽水话里主要的情态动词/副词可归纳如下:

表 4-59　丽水话的情态

情态动词/副词	道义情态	动力情态	认识情态
要	+	+	+
会		+	+
有敢/有胆		+	

情态动词/副词	道义情态	动力情态	认识情态
保证			+
讲弗来			+

否定方面,丽水话的基本词否定语素有"没[mei⁵²]"和"弗[fəʔ⁵]"。"没(有)"用于存在否定和否定已然事件。"弗"用于一般否定。需要注意的是,在"V-弗-V"的结构中,动词的清浊会影响否定词的语音形式,如"是-勿[vəʔ]-是"。

此外,丽水话中还存在一个情态否定词"□[ŋə⁵²]",其语义相当于"别、不要",应来自否定词与情态动词的合音。

（六）疑问

丽水话中可以通过三种策略来表达极性问句。一为通过句末升调,如"你是浙江侬?",这时往往带有倾向性;二为通过"S-弗/没?"的形式,例如"你格手表准弗?（你的手表准吗?）";三是通过正反问句（反复问句）的形式,如"渠唱歌好弗好听?（他唱歌好不好听?）"。丽水话以连词"还是"构成选择问句。

丽水话的特殊疑问词可归纳如下:

表4-60　丽水话的特殊疑问词

语　　义	疑　问　词
Where 问处所	□□[tsʰeʔ⁵lə⁵⁴⁴]
Which 问选择	岜个[tɕʰiʔ⁵kuɔ⁰]
What 问事物	□□□[tɕiaʔ⁵məʔ²tɕie⁵⁴⁴]
Who 问人	□[tɕiaʔ⁵]侬
When 问时间	岜时候
Why 问原因	□事干[tɕiaʔ⁵zɿ²¹kuẽ⁵²]、 □□[nɛ²¹zeʔ²]

语　义	疑　问　词
How many／How much 问数量	几粒、几+量词
How 问方式	□□[nɛ²¹zeʔ²]

10.2　丽水话语法调查表

序号	测　试　例　句	方　言　表　达
1	我是浙江人,你是哪里人?	我是浙江侬,你是□□哪里[tsʰeʔ⁵lə⁵⁴⁴]侬?
2	他去,我就不去了。	渠去,我便弗去罢。
3	你们坐车来,他们跟我们走。	你侬坐车来,渠侬跟我侬来。
4	我们/咱们一起走吧。	我侬一起去(,你便□别[ŋə⁵²]去罢)。 跟你一起去。
5	阿军和阿亮,他(们)俩同岁。	阿军跟阿亮,渠侬(两个)同岁。 阿军跟阿亮,渠两个同岁。
6	阿明(他)们在等你。	阿明(渠)侬徛里候你。 【使用"渠"更自然,下同】
7	外婆(他)们明天来。	外婆(渠)侬明朝来。
8	学生们放假了。	学生放假。 学生(渠)侬放假。
9	保安们都走了。	保安??(渠)侬都去罢。【真性或连类复数】
10	李思只想着(他)自己。	李思便只顾勒渠自。
11	你们自己去报名吧!	你侬自去报名。
12	自己的事情自己做。	自格事干自做。
13	别人的事情别去管。	别侬格事干□别[ŋə⁵²]走去管。
14	大家都来看他了!	大势═侬都走来望渠!
15	狗在农村很常见。	农村里搭□□狗[kuɔ⁴⁴kɯ⁵⁴⁴]很多。
	竹子在北方很罕见。	毛竹勒北方很[xuan²²]少。
16	冬笋比毛笋值钱。	(乙)冬笋比毛笋值价钿。

		乙个冬笋比毛笋值价钿。
17	杨梅树快死了。	杨梅树快倒罢。
		许□_楳[tã]杨梅树快倒罢。
		*□_楳[tã]杨梅树快倒罢。
18	阿明中午吃了面,没吃其他东西。	阿明吃格是面,没吃其他东西。
		阿明吃勒(滴_点[tiʔ]/碗)面,没吃其他东西。
19	刚刚有三个小孩在河里游泳。一个保安被打了。	才仔(有)三个鬼[kuẽ]儿徛坑里游泳。有一个保安丏侬打落罢。
20	有几个小孩在游泳。有些小孩在游泳。	有几个鬼儿徛里游泳。有的/有粒_些[ləʔ⁵]鬼儿徛里游泳。
21	所有的学生都来了。	学生都来罢。
22	每个医生都要戴口罩。	医生都要戴口罩。
23	她买了(一)件新衣服。	渠买勒(一)件新衣裳。
24	他想找一个本地人结婚。	渠忖寻(一)个本地人结婚。
25	这是东海的带鱼。	乙个是东海格带鱼。【不区分单复数】
		*乙是东海格带鱼。
	这带鱼是东海的。	乙个带鱼是东海格。【不区分单复数】
		乙条带鱼是东海格。【单数】
		乙倸带鱼是东海格。【复数】
26	这本书给他,那本给你。	乙本书乞渠,许本书乞你。
27	这个水龙头漏水了。	乙个水龙头漏水落罢。
		乙水龙头漏水落罢。
28	这些苹果是给你外婆的。	乙粒(苹果)是乞你外婆格。
29	(这/那)只狗死了。	乙/许只狗倒*(落)罢。
		狗倒*(落)罢。
30	那几个苹果烂了。	许几/两个苹果烂落罢。
31	这也不对,那也不对! 你自己来做吧!	乙色弗对,许色弗对,你自来做。

32　红烧肉不是这样做的。　　　红烧肉弗是乙色做格。

33　你坐(在)这儿,我坐(在)那儿。　你坐乙搭,我坐许搭。【祈使】

渠坐□在[ti]乙搭。【描述该语境一般需
用第三人称表达更为自然,下同】

渠坐得/勒乙搭。【描述】

34　我要那条黑的裤子。　　　我要许件黑格布裤。

我要黑格许件布裤。

35　贵的衣服总比便宜的耐穿。　贵格衣裳总比便宜格穿长久滴。

36　那床新的厚的被子拿出去晒　许床新格厚格棉被约出去晒一记。
　　一下。

新格许床厚格棉被约出去晒一记。

新格厚格许床棉被约出去晒一记。

许床厚格新格棉被约出去晒一记。

厚格许床新格棉被约出去晒一记。

厚格新格许床棉被约出去晒一记。

37　他的自行车不见了。　　　渠格自行车寻弗着落罢。

渠(格)许辆自行车寻弗着落
罢。

38　阿明的奶奶是上海人。　　阿明格奶奶[nuɔ²²⁴]是上海人。

39　阿明的学校今天放假。　　阿明(格)学堂今日放落罢。

40　这辆自行车的轮胎破了。　乙辆自行车格轮胎破落罢。

41　这条鱼不是我的。　　　　乙梗鱼弗是我格。

42　这里的茶叶很有名。　　　乙搭格茶叶蛮有名。

43　他小时候住过的那间老屋被　渠小时间徛过*(格)许间老屋丐拆
　　拆了。　　　　　　　　　落罢。

44　刚刚送你回来的人是谁?　才仔送你回来格侬是□[tɕiaʔ⁵]侬?

45　我最不喜欢吃的是臭豆腐。　我顶弗喜欢吃格(东西)是臭豆腐。

46　卖菜的来了吗?　　　　　卖菜格(人)来勒没?

47　他家里干干净净的,住着很　渠屋搭光光生生格,徛得[ɣəʔ]/勒/起/
　　舒服。　　　　　　　　搭[təʔ]很舒服。

48　明天说不定很热。　　　　明朝讲弗定很热。

49	他很会喝酒。	渠很会喝酒。
50	这碗菜太咸,不好吃。	乙碗菜忒咸,弗好吃。
51	你这么喜欢吃,就多吃点。	你乙色喜欢吃,便吃多滴。
52	他数学考得最好。	渠数学考得/*勒顶好。
53	这件衣服贵,那件便宜。	乙件衣裳贵,许件便宜。
54	我跟他一样高。	我跟渠一样□高[diŋ²²]。
55	他没有我这么高。	渠没有我乙色高。
56	我比他高。	我比渠高。
		我比渠高(滴些)。
		渠还是我高(滴些)。
57	我爸爸比我妈妈高十公分。	我爸爸比妈妈高十公分。
58	他儿子可能有一米八高。	渠儿可能有一米八(乙色)高。
59	这条河/江有五十米宽,(不容易游过去)。	溪有五十米(乙色)阔,游弗过去。
60	他走路走得很快。	渠走路走得/*勒/*起很快。
61	他高兴得要死。/他高兴极了。	渠开心倒罢。
62	慢慢走,别急!	慢滴走,□别[ŋə⁵²]慌!
63	客人已经来了。	侬客已经(走)来罢。
64	你们家来客人了。	你侬屋里客(走)来罢。【有定】
		你侬屋里有客(走)来罢。【无定】
65	前面有很多红绿灯。	前头有很多红灯。
	前面有红绿灯。	前头有红灯。
66	大门上贴了/着一副对联。	门头贴勒一副对联。
		门头有一副对联贴得/*勒/□在[ti]许搭。
67	书卖了。	书卖落罢。
	杯子打碎了一个。	杯敲勒一个罢。
68	我写完作业了。	我作业做好(落)罢/做完(落)罢。
69	她打扫干净了房间。	渠(帮)房间揩光生落罢。

		房间，渠揩光生落罢。
70	他逮到了一只鸟儿。	渠捉着一只鸟。
		渠鸟捉着一只。【问答语境】
71	他今年已经买了两部手机。	渠今年手机已经买勒两只罢。
		渠今年手机已经两只买落罢。【强调数量】
72	我送了他一本书。	我送勒渠一本书。
		我送勒一本书(乞)渠。
73	房东给了他一碗饺子。	房东乞勒渠一碗水饺。
		房东乞勒一碗水饺渠。
74	买了一件毛衣给她女儿。	买勒(一)件毛线乞渠囝。
		乞渠囝买勒(一)件毛衣。
75	他告诉了我一件很奇怪的事。	渠跟我讲勒一件很奇怪格事件。
76	阿明租了老张一套房。	阿明租勒套屋*(乞)老张。【阿明是房东】
		阿明租勒老张(一)套屋。【老张是房东】
		阿明走老张里/搭租勒一套屋。【老张是房东】
77	老张借了我一千块钱。	老张借乞我一千块洋钿。【老张是债主】
		老张借勒我一千块洋钿。【老张是债主】
		老张走我里/搭借勒一千块洋钿。【"我"是债主】
78	你在哪里干活？	你徛□□[tsʰeʔ⁵lə⁵⁴⁴]做道路？
79	书放(在)桌子上。	书囥□在[ti]桌里。【描述状态】
		书囥桌里。
		你帮我把书囥得桌里。【祈使】
		我帮书囥勒/□在[ti]桌里。【描述】
80	他等到九点钟才走。	渠候得九点钟才去。
81	去他们家，要往东走，不要往西走。	走渠侬屋里，要望东走，□[ŋə⁵²]望西走。
82	她从外婆家来。	渠从外婆屋里走来格。

	从这条路走。	从乙条路走。
83	阿明拿了一本书给他。	阿明约勒一本书乞渠。
84	陈宇给弟弟盛了一碗饭。	陈宇□[təɯ²⁴]勒一碗饭乞弟弟。
		陈宇帮/＊乞渠弟弟□[təɯ²⁴]勒一碗饭。
85	我跟你一起抬。（或：我和你一起抬）	我跟你一起抬。
86	我懒得跟你说话！	我懒□[ti]跟你念[ȵiɛ²³¹]话。
87	跟/向/问同学借一下铅笔。	问/跟同学借记铅笔。
88	把门关上！	门关上□[xə]。
		帮门关上□[xə]。
89	妈妈已经把电费交了。	老娘已经帮电费交落罢。
		电费老娘已经交落罢。
		＊老娘电费已经交落罢。【语义为"妈妈,电费我已经交了"】
90	你把自行车借我骑几天。	你帮自行车借我骑两日。
91	她把我的衣服弄脏了。	渠帮我格衣裳弄龌龊落罢。
92	她把衣服都洗干净了。	渠帮衣裳都洗光生落罢。
93	他被蛇咬了一口。	渠乞蛇啮勒一餐。
94	我的笔被他弄丢了。	我格笔乞(渠)弄没落罢。
95	村里的大桥被冲垮了。	村里格桥乞冲落罢。
96	花盆被人家搬走了好几个。	花盆乞别侬搬去勒好两个。
97	他被老师表扬了。	渠乞老师表扬过罢。
98	老师让我这个星期擦黑板。	老师叫/让我乙个星期擦黑板。
99	别让他知道了。	□[ŋə⁵²]叫/乞/让渠晓得。
100	你就让他报名吧。	你便让/乞渠报名好罢。
101	让她哭！别去理她。	让渠哭,□[ŋə⁵²]理渠。
102	问：买菜了吗？	问：菜买落没？
	答：买了。	答：买好/落罢。
103	（别急！）吃了晚饭再回去。	乌日吃落再归去。

104	明天发了工资,就把钱还你。	明朝发工资,便帮老钿还乞你。
		明朝工资发落,便帮老钿还乞你。
105	他今天病了。	渠今日生毛病罢。
106	孩子大了就不听话了。	鬼儿大起便弗听话罢。
107	他去杭州了。	渠走杭州去罢。
108	再过一周,小宝宝就一周岁了。	再过一个星期,鬼儿便一周岁罢。
109	要下雨了。	*(要)落雨罢。
110	他已经吃了两碗饭了。	渠已经吃勒/得两碗饭罢。
		渠已经两碗饭吃落罢。
111	他一个月瘦(掉)了五斤。	渠一个月瘦勒/落五斤(罢)。
	他一个月胖了五斤。	渠一个月壮勒五斤(罢)。
		渠一个月壮起五斤(罢)。
112	他一口气跑了五公里。	渠一口气跑勒五公里。
113	那儿很远,我们走了整整三天。	许搭很远,走勒/得三日才走到。
114	你帮我把这块石头搬掉。	你帮我乙块石头搬落。
		乙块石头你帮我搬落。
115	这个厂明年就会拆掉。	乙个厂明年便会拆落。
116	门开着,里面没人。	门开搭[təʔ]/里[ləʔ],底头没侬。
		门开□在[ti]许搭,底头没侬。
117	进去一看,床上躺着一个人。	底去一望,床里躺里个侬。
118	别急!坐着讲。	□[ŋə⁵²]慌,坐搭/里/落来念。
119	戴着帽子找帽子。	帽带起/落徛里寻帽。
120	说着说着他就哭起来了。	渠讲讲便哭起罢。
	走着走着就走到西湖了。	走走便走到西湖罢。
121	外头在下雨,带上伞。	外头徛里落雨,雨伞带起。
122	我在写信,你先出去。	我徛里写信,你先出去/出去先。
123	谁吃过大蒜?	□[tɕiaʔ⁵]侬吃大蒜过罢?
		□[tɕiaʔ⁵]侬吃过大蒜?
124	李老师找过你两回了。	李老师寻过你两回罢。

李老师寻你两回过罢。

李老师有寻过你两回。

＊李老师有寻你两回过。

125	他去过上海,没去过北京。	渠去过上海,没去过北京。
		渠上海有去过,北京没去过。
126	他们家买过三台电视机。	渠侬屋里买过/勒三台电视机。
127	这个字写错了,重新写过。	乙个字写□[da]落罢,＊(重新)写过。
128	天冷起来了。	天冷起罢。
	天热起来了。	天热起罢。
129	别急,歇一歇再走。	□[ŋə⁵²]慌,歇歇先再走。
130	我想一下再告诉你。	我想记先再跟你讲。
131	你先吃吃看,熟了没?	你先吃吃望,熟落没?
132	我从小就会游泳。	我从小便会游泳。
133	你的话,我听得懂;他的话,我 听不懂。	你格话,我听得懂;渠格话,我听弗懂。
134	我敢一个人去。	我有敢一个人去。
		我有胆一个人去。
135	我要出去打工。	我要出去打工。
136	我可以去游泳吗?	我可以去游泳伐?
137	可以下来吃饭了。	可以落来吃饭罢。
138	既然他们来请你了,你得去。	渠侬来请你罢,你要去。
139	生病了,应该去医院。	生毛病,要去医院。
140	要讲道理,不应该打人。	要讲道理,弗应该打侬。
141	辣椒吃多了,肚子会疼。	辣椒吃多落,肚皮会痛。
142	明天要下雨。	明朝要落雨。
143	可能很多人不会来。	可能很多侬弗会来。
144	这么晚,他可能不来了。	乙色迟,渠可能/讲弗来弗来罢。
145	恐怕他已经来了。	讲弗来渠已经来罢。
146	他也许会来。	渠可能会来。

147	他肯定要迟到了。	渠保证要迟到罢。
148	他一定是饿了,才吃了你的饭。	渠保证是肚饥罢,才吃勒你格饭。
149	A:他们说,他不是浙江人。	A:渠侬讲,渠弗是浙江人。
	B:不,他是的。	B:弗是,渠是格。
150	本地人不吃辣椒。	本地人辣椒弗吃。
151	无爹无娘/无头无脑	没爹娘/没头脑
152	我今天没有作业要做。	我今天没(有)作业要做。
153	老师昨天没有布置作业。	老师昨暝没(有)布置作业。
154	这条裤子还没补好,不要穿。	乙件布裤还没补好,□[ŋə⁵²]着。
155	问:你要不要苹果?	问:你要弗要苹果?/你要苹果弗?
	答:不要!	答:弗要。/＊□[ŋə⁵²]。
156	打雷的时候,不要站在大树	要打雷,□[ŋə⁵²]待树下头。
	底下。	
157	他不会游泳。	渠弗会游泳。
158	不准说话!	不准念话。
		□[ŋə⁵²]念话。
159	你不用去了!	你□[ŋə⁵²]去□[ti]。
160	你俩别争了!	你两个□[ŋə⁵²]争□[ti]罢!
		你两个□[ŋə⁵²]争咯!
161	你是浙江人(吗)?	你是浙江侬?【升调,有倾向性】
		你是浙江侬弗?
		你是勿是浙江侬?
162	你的手表准吗?	你格手表准弗?
		你格手表准弗[fə?⁵]准?
163	水开了没有?	水滚落没/＊弗?
164	(我已经告诉他了,)难道他没	□难道[kua]渠没记住没?
	记住?	
165	他家被偷了,对不对?	渠屋里乞偷落罢,是勿是?/是弗?
166	他的衣服洗干净了,是吗?	渠格衣裳洗光生罢,是弗?

167　你去帮他一下,行不行?　　　你走去帮记渠,可以弗?

168　她唱歌好不好听?　　　　　　渠唱歌好听弗?

　　　　　　　　　　　　　　　　渠唱歌好弗好听?

169　你打算不打算去?　　　　　　你打[nɛ]算去弗?

　　　　　　　　　　　　　　　　你打弗打算去?

170　我要不要去?　　　　　　　　我要弗要去?

171　明天你能不能来?　　　　　　明朝你可以来弗?

172　明天他会不会来?　　　　　　明朝渠会弗会来?

173　你要苹果还是香蕉?　　　　　你要苹果还是香蕉?

174　李思是谁?　　　　　　　　　李思是□[tɕiaʔ⁵]侬?

　　　　　　　　　　　　　　　　李思是岂个?

　　　谁是李思?　　　　　　　　□[tɕiaʔ⁵]侬是李思?

　　　　　　　　　　　　　　　　岂个是李思?

175　村里哪个人年纪最大?　　　　村里/搭岂个侬年纪顶大?

　　　　　　　　　　　　　　　　村里/搭□[tɕiaʔ⁵]侬年纪顶大?

176　我不去,谁去呢?(即:非我去　我弗去□…的话[zie],□[tɕiaʔ⁵]侬去?
　　　不可)

177　你什么时候去杭州?　　　　　你岂时候去杭州?

178　哪里能买电饭锅?　　　　　　□□[tseʔ⁵lə‧⁵⁴⁴]可以买电饭锅?

179　你买了什么?　　　　　　　　你买勒□□□[tɕiaʔ⁵məʔ²tɕie⁵⁴⁴]?

180　你买了多少鱼?　　　　　　　你买勒几粒鱼?

　　　你买了几条鱼?　　　　　　你买勒几梗鱼?

181　从这儿到那儿有多远?　　　　从乙搭到许搭,有几粒远?

182　这个题目怎么做?　　　　　　乙(个)题目□□[nɛ²¹zeʔ²]做?

183　你怎么没来喝喜酒?　　　　　你□□[nɛ²¹zeʔ²]没来喝酒?

184　你为什么没来喝喜酒?　　　　你□[tɕiaʔ⁵]事干没来喝酒?

185　问:你是不是吃了什么?　　　问:你是勿是吃勒□□□[tɕiaʔ⁵məʔ²tɕie⁵⁴⁴]?

　　　答1:我没吃什么。(虚指)　答1:我没吃□□□[tɕiaʔ⁵məʔ²tɕie⁵⁴⁴]。

　　　答2:我什么都没吃。(任指)

答2：我（＊随便）□□□[tɕiaʔ⁵məʔ²tɕie⁵⁴⁴]
都没吃。

186	我记得谁跟我说过来着。	我记着□[tɕiaʔ⁵]侬跟我念过格。
187	这么简单的问题，谁都会回答。	乙色简单格问题，□[tɕiaʔ⁵]侬都会。
188	问：校长呢？	问：校长呢？
	答：校长啊，他今天去开会了。	答：校长么，渠今日走去开会□[xə]罢。
189	水果的话，我最喜欢吃香蕉。	水果□…的话[ʑie]，我顶喜欢吃香蕉。
190	作业我早就做完（它）了。	作业我老早便做完罢。
191	我，那道菜，吃过了。	我许道菜吃过罢。
		许道菜我吃过罢。
192	阿明客厅扫过了，厨房没扫。	阿明客厅扫过罢，厨房间没扫。
193	问：谁让你来的？	问：□[tɕiaʔ⁵]侬叫你来格？
	答：村长让我来的。	答：村长叫我来格。
194	问：书记让你来的吗？	问：书记叫你来格弗？
	答：是村长让我来的。	答：是村长叫我来格。
195	小王是昨天去学校报到的。	小王是昨暝走学堂报到格。
196	我们是找小王，不是找小李。	我侬是寻小王，弗是找小李。
197	我只去过上海。	我便去过上海。
198	只有我去过上海。	便是我去过上海。
199	他连泥鳅都吃。	渠（连）泥鳅都吃。
200	我也吃过泥鳅。	我也吃过泥鳅。

参 考 文 献

鲍士杰　1998　《杭州方言词典》,南京：江苏教育出版社。

曹志耘　1987　《金华汤溪方言的词法特点》,《语言研究》第 1 期。

曹志耘　1988　《金华方言的句法特点》,《中国语文》第 4 期。

曹志耘　1996　《金华汤溪方言的体》,载于张双庆主编《动词的体》,香港：香港中文大学
　　中国文化研究所、吴多泰中国语文研究中心。

曹志耘　2002　《南部吴语语音研究》,北京：商务印书馆。

曹志耘　2008　《汉语方言地图集》,北京：商务印书馆。

陈玉洁　2007　《量名结构与量词的定语标记功能》,《中国语文》第 6 期。

陈玉洁、吴　越　2019　《显赫语义和语义扩张——以吴语间接题元标记为例》,《当代语言
　　学》第 3 期。

陈忠敏　1996　《论北部吴语一种代词前缀"是"》,《语言研究》第 2 期。

崔山佳　2006　《方言中几个比较特殊的形容词重叠形式》,《台州学院学报》第 1 期。

崔山佳　2018　《吴语语法共时与历时比较》,杭州：浙江大学出版社。

丁　健　2020　《吴语路桥方言的完结体标记"爻""完""起"》,《语言研究》第 2 期。

丁　健　2014　《可别度对受事次话题句的影响——以吴语台州话为例》,《中国语文》第
　　2 期。

丁　健　2017　《吴语路桥话动前无定受事的句法性质与形成动因》,《当代语言学》第
　　4 期。

丁声树　1989　《汉语方言调查词汇手册》,《方言》第 2 期。

丁声树、李　荣　1958　《汉语方言调查词汇表》,北京：中国社科院语言所。

丁声树、李　荣　1956　《汉语方言调查简表》,北京：中国社科院语言所。

丁声树、吕叔湘、李　荣等　1961　《现代汉语语法讲话》,北京：商务印书馆。

董秀芳　2016　《主观性表达在汉语中的凸显性及其表现特征》,《语言科学》第 6 期。

范晓蕾 2020 《普通话"了₁""了₂"的语法异质性》,北京:北京大学出版社。

范晓蕾 2021 《论"了₂"的时体助词与动相补语之分》,《语言科学》第 1 期。

方 梅 2002 《指示词"这"和"那"在北京话中的语法化》,《中国语文》第 4 期。

方松熹 2002 《义乌方言》,北京:中国文联出版社。

傅国通 2008 《浙江吴语的特征》,《汉语史学报》第 1 期。

傅国通 2010 《方言丛稿》,北京:中华书局。

傅国通、方松熹、蔡勇飞等 1985 《浙江吴语分区》,杭州:浙江省语言学会编委会。

郭 锐、陈 颖、刘 云 2017 《从早期北京话材料看虚词"了"的读音变化》,《中国语文》第 4 期。

胡 方 2018 《宁波方言的指示词》,《当代语言学》第 4 期。

胡明扬 1957 《海盐通园方言的代词》,《中国语文》6 月号。

胡明扬 1996 《汉语方言体貌论文集》,南京:江苏教育出版社。

胡明扬 1998 《刘复〈中国文法通论〉读后》,《汉语学习》第 5 期。

黄 河 2021 《西北部吴语事物疑问代词的来源》,《方言》第 2 期。

黄晓东 2004 《台州方言的人称代词》,载于曹志耘主编《北京语言大学汉语语言学文萃·方言卷》,北京:北京语言大学出版社。

黄晓雪 2018 《吴语处置标记的类型考察》,*Journal of Chinese Linguistics* 46。

江蓝生 2012 《汉语连—介词的来源及其语法化的路径和类型》,《中国语文》第 4 期。

金 龙 2022 《吴语台州方言词汇语法动态演变研究》,浙江大学博士学位论文。

金立鑫 1988 《试论"了"的时体特征》,《语言教学与研究》第 1 期。

金立鑫 1999 《现代汉语"了"研究中"语义第一动力"的局限》,《汉语学习》第 5 期。

金立鑫 2019 《汉语语序的类型学特征》,《解放军外国语学院学报》第 4 期。

金立鑫、于秀金 2012 《从与 OV-VO 相关和不相关参项考察普通话的语序类型》,《外国语》第 2 期。

雷艳萍 2019 《浙江方言资源典藏·丽水》,杭州:浙江大学出版社。

黎锦熙 1992 《新著国语文法》,北京:商务印书馆(商务印书馆 1924 年初版)。

李 蓝 2003 《现代汉语方言差比句的语序类型》,《方言》第 3 期。

李 蓝、曹茜蕾 2013 《汉语方言中的处置式和"把"字句(上)》,《方言》第 1 期。

李 蓝、曹茜蕾 2013 《汉语方言中的处置式和"把"字句(下)》,《方言》第 2 期。

李方桂 1973 《中国的语言和方言》,*Journal of Chinese Linguistics* 1(1)(初刊于《中国年鉴》,1937 年)。

李如龙、张双庆主编 1997 《动词谓语句》(中国东南部方言比较研究丛书·第三辑),广州:暨南大学出版社。

李如龙、张双庆主编 1999 《代词》(中国东南部方言比较研究丛书·第四辑),广州:暨南大学出版社。

李如龙、张双庆主编 2000 《介词》(中国东南部方言比较研究丛书·第五辑),广州:暨南大学出版社。

李小凡 1998 《苏州方言语法研究》,北京:北京大学出版社。

李旭平 2018a 《吴语名词性短语的指称特点——以富阳话为例》,《中国语文》第1期。

李旭平 2018b 《吴语指示词的内部结构》,《当代语言学》第4期。

李旭平 2022 《再论量词和复数标记不共现原则——从甘青汉语说起》,《当代语言学》第6期。

李旭平、申屠婷婷 2016 《吴语包括式人称代词的构成和类型》,《汉语史学报》第1期。

李旭平、申屠婷婷 2020 《吴语东阳话量名的定指和不定指功能——兼论"准指示词类型"的再分化》,《常熟理工学院学报》第4期。

李旭平、孙晓雪 待刊 《吴语强调式人称代词的句法—语用界面研究》,*Journal of Chinese Linguistics*。

李旭平、吴 剑 待刊 《吴语的进行体标记的词汇类型和句法性质》。

林素娥 2015 《一百多年来吴语句法类型演变研究——基于西儒吴方言文献的考察》,北京:中国社会科学出版社。

林素娥 2023 《早期宁波话虚词"勒"[ləʔ]和"仔"[tsɿ]及其来源再议》,"第三届吴方言语法研讨会"会议论文。

林素娥、郑 幸 2014 《宁波话"还是"差比句》,《方言》第1期。

刘 复 1920 《中国文法通论》,上海:群益书社。

刘丹青 1986 《苏州方言定中关系的表示方式》,《苏州大学学报》第2期。

刘丹青 2001 《吴语的句法类型特点》,《方言》第4期。

刘丹青 2002 《汉语类指成分的语义属性和句法属性》,《中国语文》第5期。

刘丹青 2003 《语序类型学与介词理论》,北京:商务印书馆。

刘丹青 2013 《汉语方言领属结构的语法库藏类型》,《语言研究集刊》(第十辑),上海:上海教育出版社。

刘丹青 2017 《语法调查研究手册》(第二版),上海:上海教育出版社。

刘丹青撰、叶岑祥校 1996 《苏州方言的体范畴系统与半虚化体标记》,载于胡明扬主编

《汉语方言体貌论文集》,南京:江苏教育出版社。

卢笑予　2018　《浙江临海古城方言的指示词系统》,《方言》第 2 期。

卢笑予、蔡黎雯　2019　《汉语方言"过"类修正重行结构——兼论吴语"V 过 O"结构的形成与类型学意义》,《语言研究集刊》第 2 期。

陆俭明　1993　《现代汉语句法论》,北京:商务印书馆。

吕叔湘　1942　《中国文法要略》,北京:商务印书馆。

吕叔湘　1999　《现代汉语八百词》(增订本),北京:商务印书馆(商务印书馆 1980 年初版)。

吕叔湘　1990　《"个"字的应用范围,附论单位词前一字的脱落》,载于《吕叔湘文集》(第 2 卷),北京:商务印书馆(原载《中国文化研究汇刊》第四卷,1944 年)。

吕叔湘著,江蓝生补　1985　《近代汉语指代词》,上海:学林出版社。

梅祖麟等　1995　《吴语和闽语的比较研究》(中国东南方言比较研究丛书·第一辑),上海:上海教育出版社。

潘悟云　1996　《温州方言的体和貌》,载于张双庆主编《动词的体》,香港:香港中文大学中国文化研究所、吴多泰中国语文研究中心。

潘悟云、陶　寰　1999　《吴语的指代词》,载于李如龙、张双庆主编《代词》,广州:暨南大学出版社。

彭利贞　2007　《现代汉语情态研究》,北京:中国社会科学出版社。

钱曾怡　2002　《嵊县长乐话语法三则》,载于钱曾怡著《汉语方言研究的方法与实践》,北京:商务印书馆(原载于《吴语论丛》,上海教育出版社,1988 年)。

钱乃荣　2006　《英国传教士 J. Edkins 在吴语语言学上的杰出贡献——〈上海方言口语语法〉评述》,载于钱乃荣著《现代汉语研究论稿》,上海:学林出版社。

钱乃荣　2011　《从语序类型看上海方言》,载于游汝杰、丁治民、葛爱萍主编《吴语研究——第六届国际吴方言学术研讨会论文集》,上海:上海教育出版社。

钱乃荣　2014a　《上海方言中的后置词》,载于游汝杰、王洪钟、陈轶亚主编《吴语研究——第七届国际吴方言学术研讨会论文集》,上海:上海教育出版社。

钱乃荣　2014b　《上海方言著作研究》,上海:上海大学出版社。

桥本万太朗(Hashimoto Mantaro)著,余志鸿译　2008　《语言地理类型学》,北京:世界图书出版公司。

桥本万太朗(Hashimoto Mantaro)著,王希哲译　1986　《汉语声调系统的阿尔泰化》,《晋中师范高等专科学校学报》第 2 期。

阮桂君　2009　《宁波方言语法研究》,武汉:华中师范大学出版社。

阮咏梅　2012　《浙江温岭方言研究》,苏州大学博士学位论文。

阮咏梅　2013　《温岭方言研究》,北京:中国社会科学出版社。

申屠婷婷　2021a　《吴语东阳马宅话语法专题研究》,浙江大学博士学位论文。

申屠婷婷　2021b　《浙江东阳方言的动词重叠与体范畴》,《方言》第3期。

盛益民　2010　《绍兴柯桥话多功能虚词"作"的语义演变——兼论太湖片吴语受益者标记
　　来源的三种类型》,《语言科学》第2期。

盛益民　2013　《吴语人称代词复数标记来源的类型学考察》,《语言学论丛》第2期。

盛益民　2021　《吴语绍兴(柯桥)方言参考语法》,北京:商务印书馆。

盛益民　2022　《语义范畴的寄生表达——以绍兴方言体标记"上"寄生表达反预期语义为
　　例》,《当代语言学》第5期。

盛益民、李旭平　2018　《富阳方言研究》,上海:复旦大学出版社。

盛益民、陶　寰　2019　《话题显赫和动后限制——塑造吴语受事前置的两大因素》,《当代
　　语言学》第2期。

盛益民、陶　寰、金春华　2016　《准冠词型定指"量名"结构和准指示词型定指"量名"结
　　构——从吴语绍兴方言看汉语方言定指"量名"结构的两种类型》,《语言学论丛》第
　　1期。

盛益民、吴　越　2020　《从允让动词到强调代词标记——人称代词语用编码的一种来源
　　方式》,《当代修辞学》第5期。

石　锋、贺　阳　2013　《胡明扬先生语言学成就和贡献》,收录于贺阳编《烛照学林——胡
　　明扬先生纪念文集》,北京:商务印书馆。

石汝杰　1996　《苏州方言的体》,载于张双庆主编《动词的体》,香港:香港中文大学中国
　　文化研究所、吴多泰中国语文研究中心。

石汝杰、刘丹青　1985　《苏州方言量词的定指用法及其变调》,《语言研究》第1期。

史皓元(Richard VanNess Simmons)、石汝杰、顾　黔　2006　《江淮官话与吴语边界的方言
　　地理学研究》,上海:上海教育出版社。

孙立新　2002　《关中方言代词概要》,《方言》第3期。

孙立新　2021　《关于关中方言人称代词的补充讨论》,《甘肃高师学报》第1期。

孙晓雪　2023　《完结、完整与完成:吴语体范畴研究》,浙江大学博士学位论文。

汤珍珠、陈忠敏、吴新贤　1997　《宁波方言词典》,南京:江苏教育出版社。

陶　寰　1995　《论吴语的时间标记》,复旦大学博士学位论文。

汪　平　1984　《苏州话的"仔、哉、勒"》,《语言研究》第 2 期。

汪　平　1984　《苏州话里表疑问的"阿、曾啊、啊"》,《中国语文》第 5 期。

汪　平　2011　《苏州方言研究》,北京：中华书局。

汪化云、姜淑珍　2023　《杭州方言语法研究》,北京：商务印书馆。

汪化云、谢冰凌　2012　《杭州方言的动词重叠》,《浙江外国语学院学报》第 6 期。

汪维辉　2018　《宁波话"昨天、今天、明天"系列词探源》,《浙江大学学报》第 5 期。

汪维辉、秋谷裕幸　2010　《汉语"站立义"词的现状与历史》,《中国语文》第 4 期。

王　健　2018　《皖南方言中的"着""了"交替现象》,《汉语学报》第 3 期。

王　健、顾　静　2019　《苏州渭塘话"啥"的特殊用法》,《方言》第 2 期。

王　力　1985　《中国现代语法》,北京：商务印书馆(商务印书馆 1944 年初版)。

王福堂　1959　《绍兴话记音》,《语言学论丛》第 1 期。

王洪钟　2011　《海门方言语法专题研究》,芜湖：安徽师范大学出版社。

王文胜　2012　《吴语处州方言的地理比较》,杭州：浙江大学出版社。

魏业群、崔山佳　2016　《诸暨方言量名结构的考察》,《语言研究》第 1 期。

温昌衍　2020　《汉语方言的重行体助词"过"》,《方言》第 4 期。

吴　越　2019　《现代汉语代词及相关形式的指称研究》,浙江大学博士学位论文。

吴福祥　2001　《南方方言几个状态补语标记的来源(一)》,《方言》第 4 期。

吴福祥　2002　《南方方言几个状态补语标记的来源(二)》,《方言》第 1 期。

吴福祥　2005　《汉语体标记"了、着"为什么不能强制性使用》,《当代语言学》第 3 期。

伍　巍、王媛媛　2006　《南方方言性别标记的虚化现象研究》,《中国语文》第 4 期。

夏俐萍、唐正大　2021　《汉语方言语法调查问卷》,上海：上海教育出版社。

肖　萍、陈昌仪　2004　《江西境内赣方言人称代词单数的"格"之考察》,《南昌大学学报》第 6 期。

小川环树　1981　《苏州方言的指示代词》,《方言》第 4 期。

谢自立　1980　《苏州方言的五个合音字》,《方言》第 4 期。

徐　杰　1999　《疑问范畴与疑问句式》,《语言研究》第 2 期。

徐　杰、李英哲　1993　《焦点和两个非线性语法范畴："否定""疑问"》,《中国语文》第 2 期。

徐　越　2002　《杭州方言儿缀词研究》,《杭州师范学院学报》第 2 期。

徐　越　2007　《浙北杭嘉湖方言语音研究》,北京：中国社会科学出版社。

徐　越　2013　《杭州方言与宋室南迁》,杭州：杭州出版社。

徐烈炯　2002　《汉语是话语概念结构化语言吗?》,《中国语文》第 5 期。

许秋莲　2007　《衡东新塘方言量名结构研究》,湖南师范大学硕士学位论文。

徐通锵　1985　《宁波方言的"鸭"类词和"儿化"的残迹》,《中国语文》第 3 期。

颜逸明　1994　《吴语概说》,上海:华东师范大学出版社。

颜逸明　2000　《浙南瓯语》,上海:华东师范大学出版社。

叶　晨　2011　《天台方言中的量词重叠"A 加 A"式》,《汉字文化》第 4 期。

叶祥苓　1988　《苏州方言志》,南京:江苏教育出版社。

游汝杰　1981　《温州方言的语法特点及其历史渊源》,《复旦学报》S1 期。

游汝杰　1988　《温州方言的语法特点及其在台语里的对应表现》,载于《吴语论丛》,上海:
　　上海教育出版社。

游汝杰　1993　《吴语的人称代词》,载于梅祖麟等《吴语和闽语的比较研究》(中国东南方
　　言比较研究丛书·第一辑),上海:上海教育出版社。

游汝杰　2018　《汉语方言学导论》(修订本),上海:上海教育出版社。

游汝杰　2019　《吴语方言学》,上海:上海教育出版社。

袁家骅等　1960[2001]　《汉语方言概要》,北京:文字改革出版社/语文出版社。

袁毓林　2002　《方位介词"着"及相关的语法现象》,《中国语文研究》第 2 期。

张安生　2013　《甘青河湟方言名词的格范畴》,《中国语文》第 4 期。

张伯江、方　梅　1996　《汉语功能语法研究》,南昌:江西教育出版社。

张双庆主编　1996　《动词的体》(中国东南方言比较研究丛书·第二辑),香港:香港中文
　　大学中国文化研究所、吴多泰中国语文研究中心。

赵元任　1926　《北京、苏州、常州语助词的研究》,《清华大学学报(清华学报)》第 2 期。

赵元任　1928　《现代吴语的研究》,北京:北京出版社。

赵元任著,吕叔湘译　1968/1979　《汉语口语语法》,北京:商务印书馆。

郑　伟　2005　《常州方言的指示代词》,《吴语研究——第三届国际吴方言学术研讨会论
　　文集》,上海:上海教育出版社,306—312 页。

郑　伟　2010a　《论北部吴语与闽语的历史关系——几个词汇上的证据》,*Journal of
　　Chinese Linguistics* 38(1)。

郑　伟　2010b　《现代和早期吴语中"上"的完成体用法》,《方言》第 1 期。

郑　伟　2017　《吴语虚词及其语法化研究》,上海:上海教育出版社。

郑张尚芳　1980　《温州方言儿尾词的语音变化》,《方言》第 4 期。

郑张尚芳　2002　《闽语与浙南吴语的深层联系》,载于丁邦新、张双庆编《闽语研究及其与

周边方言的关系》,香港：中文大学出版社。

郑张尚芳　1998/2012　《郑张尚芳语言学论文集》,北京：中华书局。

郑张尚芳　2008　《温州方言志》,北京：中华书局。

中国社会科学院和澳大利亚人文科学院　1987　《中国方言地图集》,香港：朗文出版社。

朱德熙　1980　《北京话、广州话、文水话和福州话里的"的"字》,《方言》第 3 期。

朱德熙　1982a　《语法讲义》,北京：商务印书馆。

朱德熙　1982b　《潮阳话和北京话重叠式象声词的构造》,《方言》第 3 期。

朱德熙　1985　《汉语方言里的两种反复问句》,《中国语文》第 1 期。

朱德熙　1991　《"V-neg-VO"与"VO-neg-V"两种反复问句在汉语方言里的分布》,《中国语文》第 5 期。

Abbots, Abbott　2010　*Reference*. New York：Oxford University Press.

Albert Bourgeois(蒲君男)　1941　*Grammaire du dialect de Changhai*(《上海方言语法》). Shanghai：Imprimerie de Tou-sè-wè(土山湾).

Carlson, Gregory N.　1977　*Reference to Kinds in English*. Ph. D. thesis. University of Massachusetts.

Chafe, W.　1987　Cognitive constraints on information flow. In Tomlin, R. (ed.), *Coherence and Grounding in Discourse*. Amsterdam：John Benjamins Publishing Company.

Chappell, Hilary(曹茜蕾)　2015　Linguistic areas in China for differential object marking, passive, and comparative constructions. In Hilary Chappell (ed.), *Diversity in Sinitic Languages*, Oxford：Oxford University Press, 13 - 52.

Chappell, Hilary (曹茜蕾) and Alain Peyraube (贝罗贝)　2015　The comparative construction in Sinitic languages：Synchronic and diachronic variation, In Hilary Chappell (ed.), *Diversity in Sinitic Languages*. Oxford：Oxford University Press.

Chappell, Hilary(曹茜蕾) and Alain Peyraube(贝罗贝)　2006　The analytic causatives of early modern southern Min in a diachronic perspective. Halshs-00180707.

Chappell, Hilary(曹茜蕾) and Alain Peyraube(贝罗贝)　2007　《近代早期闽南话分析型致使结构的历史探讨》,《方言》第 1 期。

Chen Zhongmin(陈忠敏)　1999　The Common Origin of Diminutives in Southern Chinese Dialects and Southeast Asian languages, *Linguistics of the Tibeto-Burman Area* 22(2)：21 - 48.

Comrie, Bernard and Norval Smith　1977　Lingua descriptive studies：Questionnaire. *Lingua*

42: 1 - 72.

Comrie, Bernard　1976　*Aspect: an introduction to the study of verbal aspect and related problems.* Cambridge: Cambridge University Press.

Corbett, Greville G.　2000　*Number.* Cambridge: Cambridge University Press.

Davis, Henry, Carrie Gillon and Lisa Matthewson　2014　How to investigate linguistic diversity: Lessons from the Pacific Northwest. *Language* 90(4): e180 - e226.

Dixon, R.M.W.　1997　*The Rise and Fall of Languages.* Cambridge: Cambridge University Press.

Dryer, Matthew S.　1992　The Greenbergian Word Order Correlations, *Language* 68(1): 81 - 138.

Dryer, Matthew S.　2006　Descriptive Theories, Explanatory Theories, and Basic Linguistic Theory. In Felix Ameka, Alan Dench, and Nicholas Evans (eds.), *Catching Language: Issues in Grammar Writing.* Berlin: Mouton de Gruyter.

Edkins, Joseph(艾约瑟)　1853　*A Grammar of Colloquial Chinese—as Exhibited in the Shanghai Dialect*(《上海方言口语语法》). Shanghai: Presbyterian Mission Press(中译本,北京: 外语教学与研究出版社,2011 年).

Erteschik-Shir, Nomi　2007　*Information structure: The syntax-discourse interface.* Oxford: Oxford University Press.

Boas, Franz　1896　The Limitations of the Comparative Method of Anthropology. *Science* 4(103): 901 - 908.

Frege, Gottlob　1892　Über Sinn und Bedeutung(On Sense and Reference), *In Zeitschrift für Philosophie und philosophische Kritik* 100: 25 - 50.

Greenberg, Joseph　1963/1966　Some Universals of Grammar with Particular Reference to the Order of Meaningful Elements, In Joseph Greenberg (ed.), *Universals of Language.* Cambridge, MA: MIT Press.

Greenberg, Joseph　1972　Numeral Classifiers and Substantival Number: Problems in the Genesis of a Linguistic Type. *Stanford Papers on Language Universals* 9: 1 - 39.

Halliday, M. A. K.　1985　*An Introduction to Functional Grammar.* London: Edward Arnold.

Handel, Zev　2015　The Classification of Chinese: Sinitic (The Chinese Language Family), In William S.-Y. Wang and Sun Chaofeng (eds.), *The Oxford Handbook of Chinese Linguistics.* Oxford: Oxford University Press.

Hashimoto Mantaro（桥本万太郎）1976 Language diffusion on the Asian continent, *Computational Analysis of Asian and African Languages* 3：49－63.

Hashimoto Yue, Anne（余霭芹）1991 Stratification in Comparative Dialectal Grammar：A Case in Southern Min. *Journal of Chinese Linguistics* 19(2)：172－201.

Haspelmath, Martin 2024 Inflection and Derivation as Traditional Comparative Concepts. *Linguistics* (62)1：43－77.

Haspelmath, Martin and Sven Siegmund 2006 Simulating the Replication of Some of Greenberg's Word Order Generalizations, *Linguistic Typology* 10(1)：74－82.

Hawkins, John A. 1978 *Definiteness and Indefiniteness: A Study in Reference and Grammaticality Prediction.* London：Croom Helm.

Huang C.-T James（黄正德）1987 Existential Sentence in Chinese and (In)definiteness. In Eric Reuland, Alice G.B. ter Meulen (eds.), *The Representation of (In) definiteness.* Cambridge：MIT Press.

Karlgren, Bernhard（高本汉）1920 Le proto-chinois, langue flexionnelle（原始中国语为变化语说）, *Journal Asiatique* 11：205－232（冯承钧译,译文刊于《东方杂志》1929 年 26 卷 5 号）.

Klein, Wolfgang 1994 *Time in language.* London：Routledge.

Lamarre, Christine 2015 The Morphologization of Verb Suffixes in Northern Chinese. In Cao Guangshun, Redouane Djamouri, Alain Peyraube (eds.), *Languages in Contact in North China: Historical and Synchronic Studies.* Paris：Centre de Recherches Linguistiques sur l'Asie Orientale, École des Hautes Études en Sciences Sociales.

Lambrecht, K. 1994 *Information Structure and Sentence Form.* Cambridge：Cambridge University Press.

Levinson, Stephen C. and Nicholas Evans 2010 Time for a Sea-change in Linguistics：Response to Comments or "The Myth of Language Universals", *Lingua* 120：2733－2758.

Li Xuping（李旭平）2015 Complex pronouns in Wu Chinese：Focalization and topicalization, In Chappell Hilary (ed.), *Diversity in Sinitic Languages.* New York：Oxford University Press.

Li Xuping（李旭平）, Walter Bisang 2012 Classifiers in Sinitic languages：From individuation to definiteness-marking, *Lingua* 122(4).

Li, Charles N., and Sandra A. Thompson 1976 Subject and Topic：A New Typology of

Language. In: Li, C. N. (ed.), *Subject and topic*. New York: Academic Press.

Mei Tsu-Lin(梅祖麟) 1979 The etymology of the aspect marker tsi in the Wu dialect. *Journal of Chinese Linguistics* 7(1).

Mill, John Stuart 1843 *A System of Logic, Ratiocinative and Inductive*. London: John W. Parker.

Mosel, Ulrike 2012 Morphosyntactic Analysis in the Field – a guide to the guides. In Nick Tieberger (ed.) *The Oxford handbook of linguistic fieldwork*. Oxford: Oxford University Press.

Norman, Jerry(罗杰瑞) 1988 *Chinese*. Cambridge: Cambridge University Press.

Olsen, Mari. B. 1997 *A Semantic and Pragmatic Model of Lexical and Grammatical aspect*. New York: Routledge.

Packard, Jeromy 2000 *Morphology of Chinese*. Cambridge: Cambridge University Press.

Ray Iwata(岩田礼) 2009 《汉语方言解释地图集》,东京:白帝社。

Siewierska, Anna 2004 *Person*. Cambridge: Cambridge University Press.

Siewierska, Anna and Dik Bakker 2012 Case and Alternative Strategies: Word Order and Agreement Marking, In Andrej L Malchukov and Andrew Spencer (eds.), *The Oxford Handbook of Case*. Oxford: Oxford University Press.

Smith, Carlota 1991 /1997 *The Parameter of Aspect*. Dordrecht: Kluwer Academic Publishers.

Smith-Stark, Thomas Cedric 1974 The Plurality Split. *Chicago Linguistic Society* 10: 657 –661.

Stassen, Leon 1985 *Comparison and universal grammar*. Oxford: Blackwell.

Traugott, Elizabeth Closs and Bernd Heine 1991 *Approaches to Grammaticalization*. Amsterdam: John Benjamins.

Vendler, Zeno 1967/1957 Verbs and Times. In Z. Vendler (ed.), *Linguistics in Philosophy*. New York: Cornell University Press.

Wu Yicheng and Adams Bodomo 2009 Classifiers ≠ Determiners, *Linguistic Inquiry* 40(3): 487 – 503.

Zhu Xiaonong(朱晓农) 2006 *A Grammar of Shanghainese Wu*, Muenchen: Lincom Europa.

Zwicky, Arnold and Geoffrey Pullman 1987 Plain Morphology and Expressive Morphology. *Proceedings of the Thirteenth Annual Meeting of the Berkeley Linguistics Society*, 330 – 340.

附录：吴语语法范畴调查问卷

调查时间：　　　　　　　　　　调查人：

方言点：　　　　　　　　　　　发音合作人及其基本信息：

<table>
<tr><td colspan="4">（一）人称与数</td></tr>
<tr><td>编号</td><td>普通话例句</td><td>方言例句</td><td>备　注</td></tr>
<tr><td>1</td><td>我是浙江人，你是哪里人？</td><td rowspan="2"></td><td rowspan="2">● 考察三身代词的单数形式
● 有无双语素代词，如"我侬""你侬"
● 有无强调式人称代词</td></tr>
<tr><td>2</td><td>他去，我就不去了。</td></tr>
<tr><td>3</td><td>你们坐车来，他们跟我们走。</td><td></td><td>● 考察三身代词的复数形式
● 注意代词复数形式的强调式</td></tr>
<tr><td>4</td><td>我们/咱们一起走吧。</td><td></td><td>● 是否有第一人称包括式和排除式的对立</td></tr>
<tr><td>5</td><td>阿军和阿亮，他（们）俩同岁。</td><td></td><td>● 有无双数标记
● 是否强制要求出现数量成分，如"两个"
● 数量成分出现时，代词有无单复数要求</td></tr>
<tr><td>6</td><td>阿明（他）们在等你。</td><td></td><td rowspan="4">● 考察复数附缀名词的生命度等级
● 注意连类复数与真性复数</td></tr>
<tr><td>7</td><td>外婆（他）们明天来。</td><td></td></tr>
<tr><td>8</td><td>学生们放假了。</td><td></td></tr>
<tr><td>9</td><td>保安们都走了。</td><td></td></tr>
<tr><td>10</td><td>李思只想着（他）自己。</td><td></td><td>● 回指语境中的反身代词</td></tr>
</table>

编号	普通话例句	方言例句	备 注
11	你们自己去报名吧！		• 反身代词有无单复数的对立
12	自己的事情自己做。		• 定语、状语位置上的"自己"
13	别人的事情别去管。		• 考察旁指代词，注意"别"的语音形式 • 有无单复数差异
14	大家都来看他了！		• 统称代词 • 是否需要与第三人称代词共现
		（二）指称	
15	狗在农村很常见。 竹子在北方很罕见。		• 光杆名词能否表类指
16	冬笋比毛笋值钱。		• 光杆名词能否用于通指句 • 句首可否出现指示词
17	杨梅树快死了。		• 光杆名词/量名结构能否直接作主语表示定指
18	阿明中午吃了面，没吃其他东西。		• 区分回答问句"阿明中午吃了什么？"的语境和描述性语境 • 动后宾语能否是光杆形式
19	刚刚有三个小孩在河里游泳。 一个保安被打了。		• 无定主语句中是否（强制）需要使用"有" • 区分描述性语境和报道性语境
20	有几个小孩在游泳。 有些小孩在游泳。		• 概数词的形式和用法 • 有无"两"的变调形式
21	所有的学生都来了。		• 全称量化，注意量化词（定语）和量化副词（状语）
22	每个医生都要戴口罩。		• 全称量化，注意除"每个人"外有无其他手段
23	她买了（一）件新衣服。		• 注意区分"一量名"的数量解读与无定特指解读 • 数词"一"是否需要出现、是否重读

编号	普通话例句	方言例句	备　　注
24	他想找一个本地人结婚。		• 考察"(一)量名"作无定特指解读
25	这是东海的带鱼。 这带鱼是东海的。		• 指示代词与指示形容词的区别 • 指示词与通用量词的关系 • 是否存在单复数的区别 • 指示词和处所词的关系
26	这本书给他,那本给你。		• 指示词系统是几分格局 • 指示词是否和量词同源
27	这个水龙头漏水了。		• 情景指语境里的单数个体 • 能否使用"指示词+名词"形式
28	这些苹果是给你外婆的。		• 考查指示词短语的复数形式
29	(这/那)只狗死了。		• 有无"定指量名"结构 • "量名"结构能否和远指/近指指示词对举 • 定指量词有无变调
30	那几个苹果烂了。		• 概数词能否表有定
31	这也不对,那也不对! 你自己来做吧!		• 是否不同于常规指示词表达
32	红烧肉不是这样做的。		• 方式指示词(指示副词) • 指示副词是否区分远近
33	你坐(在)这儿,我坐(在)那儿。		• 处所指示
(三)限定、领属与关系化			
34	我要那条黑的裤子。		• 指示词与形容词的句法位置,存在两种可能语序:那条黑的裤子/黑的那条裤子
35	贵的衣服总比便宜的耐穿。		• 注意名词化标记,如常州话的"便宜佬"
36	那床新的厚的被子拿出去晒一下。		• 指示词、阶段属性形容词("新")与恒定属性形容词("厚")的语序,理论上该例有6种可能语序

续　表

编号	普通话例句	方言例句	备　　注
37	他的自行车不见了。		• 代词作领有者是否有特殊形式 • "的"的隐现 • 量词作连接项的可能
38	阿明的奶奶是上海人。		• 是否存在领有者复数表单数的情况
39	阿明的学校今天放假。		• "的"的隐现 • 处所成分是否需要使用后置词，如"里" • 领有者是否需要复数
40	这辆自行车的轮胎破了。		• 连接项"的"的隐现 • 能否以量词作为连接项
41	这条鱼不是我的。		• 名词性物主代词有无特殊形式，如温州话"我**格**书"和"我**个**"的对立
42	这里的茶叶很有名。		• 被领有者为不可数名词时，有无特定的连接项
43	他小时候住过的那间老屋被拆了。		• 宾语关系化，中心语的不同类型 • 被领有者为指示词短语时，"的"是否需要
44	刚刚送你回来的人是谁？		• 主语关系化
45	我最不喜欢吃的是臭豆腐。		• 名词中心语（"东西"）能否省略
46	卖菜的来了吗？		• 中心语能否省略
（四）程度			
47	他家里干干净净的，住着很舒服。		• 状态形容词 • 句末是否需要出现"的"
48	明天说不定很热。		• 句末是否需要表确认的"的" • 程度副词是否后置

编号	普通话例句	方言例句	备　注
49	他很会喝酒。		• 程度副词修饰情态动词 • 注意副词"很"的位置,以及宾语是否前置
50	这碗菜太咸,不好吃。		
51	你这么喜欢吃,就多吃点。		• 是否有"这么/那么"的区别
52	他数学考得最好。		
53	这件衣服贵,那件便宜。		• 形容词原级
54	我跟他一样高。		
55	他没有我这么高。		• 是否有话题式比较结构
56	我比他高。		• 形容词后是否需要出现度量成分,如"些、点" • 除了"比",有无其他介词 • 注意其他比较级句式,如话题式、A-形容词过-B
57	我爸爸比我妈妈高十公分。		
58	他儿子可能有一米八高。		• 是否需表述为"一米八那么高"
59	这条河/江有五十米宽,(不容易游过去)。		• 同上
60	他走路走得很快。		
61	他高兴得要死。/他高兴极了。		
62	慢慢走,别急!		• 重叠副词后有无"叫"类标记,如"慢慢叫"
	（五）及物性与论元配置		
63	客人已经来了。		• 主语位置的光杆名词是否获得有定解读

续　表

编号	普通话例句	方言例句	备　　注
64	你们家来客人了。		• 非作格动词宾语的位置 • 注意语调模式的不同可能会影响论元的有定性
65	前面有很多红绿灯。 前面有红绿灯。		• 注意区分处所领有和存在句，特别是"有红灯"和"有红灯在"的类似表达
66	大门上贴了/着一副对联。		• 存在不同句式的可能性，如"有"字句的语序限制不同
67	书卖了。 杯子打碎了一个。		• 受事主语句
68	我写完作业了。		• 动后限制对宾语位置的影响
69	她打扫干净了房间。		
70	他逮到了一只鸟儿。		• 分裂式数量短语 • 主谓之间可能存在两个句法位置（次话题、动前宾语），类似于"他今年手机已经两部买了。"
71	他今年已经买了两部手机。		
72	我送了他一本书。		• 是否存在语序"送本书他"
73	房东给了他一碗饺子。		• 通用给予动词的词汇形式 • 注意间接宾语和直接宾语的语序
74	买了一件毛衣给她女儿。		• 有无"动词—直宾—间宾"句式 • "给"可否省略
75	他告诉了我一件很奇怪的事。		
76	阿明租了老张一套房。		• 普通话的双及物动词，普通话例句有歧义，吴语中有无歧义、是否采用不同句式
77	老张借了我一千块钱。		
（六）题元标记			
78	你在哪里干活？		• 介词能否省略 • 区分动词和介词的"在"

编号	普通话例句	方言例句	备　注
79	书放(在)桌子上。		• 此例可描述状态或动作,分别用于回答"书在哪?"或"书应该放在哪?"
80	他等到九点钟才走。		• "到"和"在"的区别
81	去他们家,要往东走,不要往西走。		
82	她从外婆家来。 从这条路走。		• 起点 • 经由
83	阿明拿了一本书给他。		• 与格标记
84	陈宇给弟弟盛了一碗饭。		• 替代或受益
85	我跟你一起抬。(或:我和你一起抬)		• 伴随或并列时,常有多个功能类似的标记
86	我懒得跟你说话!		
87	跟/向/问同学借一下铅笔。		• 伴随介词能否用作处置标记
88	把门关上!		• 祈使句处置标记是否(强制)使用
89	妈妈已经把电费交了。		• 谓语可否是简单形式
90	你把自行车借我骑几天。		
91	她把我的衣服弄脏了。		• 动词积极义和消极义是否影响标记的使用
92	她把衣服都洗干净了。		
93	他被蛇咬了一口。		
94	我的笔被他弄丢了。		• 是否允许短被动句,即被动标记后的名词或代词能否省略
95	村里的大桥被冲垮了。		• 注意代词的形式,如"人家""他们"等不同形式
96	花盆被人家搬走了好几个。		

编号	普通话例句	方言例句	备　注
97	他被老师表扬了。		• 动词积极义和消极义是否影响标记的使用
98	老师让我这个星期擦黑板。		
99	别让他知道了。		• "致使"可细分为使动、允让、任凭等语义，考察各语义对应的语法标记
100	你就让他报名吧。		
101	让她哭！别去理她。		
(七) 体			
102	问：买菜了吗？ 答：买了。		• 单一事件句中完整体标记的形式 • 注意答句中可能不使用完整体标记
103	（别急！）吃了晚饭再回去。		• 复杂事件句中"先时"意义的标记形式
104	明天发了工资，就把钱还你。		• 注意区别完整体标记和动相补语
105	他今天病了。		• 非自主动词与完整体
106	孩子大了就不听话了。		• 形容词作谓语时与体标记的组合
107	他去杭州了。		• 作用于位移事件的体标记
108	再过一周，小宝宝就一周岁了。		• 作用于体词性成分的体标记
109	要下雨了。		• 标记能否省略"要、快"等成分表将然事件 • 表将然事件时，句末标记是否变调或变韵
110	他已经吃了两碗饭了。		• 现实相关性 • 体标记的共现情况

编号	普通话例句	方言例句	备　注
111	他一个月瘦(掉)了五斤。 他一个月胖了五斤。		• 使成/积极和消失/消极谓词后的补语形式 • 能否与体标记共现 • 注意数量成分的相对语序
112	他一口气跑了五公里。		
113	那儿很远,我们走了整整三天。		• 完整体与数量、时量成分
114	你帮我把这块石头搬掉。		• 完结体 • 注意"动词重叠+补语"的形式,如"搬搬掉"
115	这个厂明年就会拆掉。		
116	门开着,里面没人。		
117	进去一看,床上躺着一个人。		• 持续体 • 注意"了/着"交替的可能。
118	别急! 坐着讲。		
119	戴着帽子找帽子。		
120	说着说着他就哭起来了。 走着走着就走到西湖了。		• 反复体
121	外头在下雨,带上伞。		• 进行体 • 类似"在+处所"的进行体标记是否区分远近
122	我在写信,你先出去。		
123	谁吃过大蒜?		• 是否区分表完整体意义和经历体意义的"过",如"吃大蒜过"和"吃过大蒜"
124	李老师找过你两回了。		• 完整体的"过"与动量成分
125	他去过上海,没去过北京。		• 经历体的"过"是否需要"有"同现,如"有去过" • 否定形式的差异,如"没""不曾"
126	他们家买过三台电视机。		• 数量宾语是否影响"过"的句法位置

续　表

编号	普通话例句	方言例句	备　　注
127	这个字写错了,重新写过。		• 重行体
128	天冷起来了。 天热起来了。		• 起始体
129	别急,歇一歇再走。		• 短时体
130	我想一下再告诉你。		
131	你先吃吃看,熟了没?		• 尝试体
	（八）情态与否定		
132	我从小就会游泳。		• 动力情态：能力
133	你的话,我听得懂;他的话,我听不懂。		• 动力情态：能力
134	我敢一个人去。		• 动力情态：勇气
135	我要出去打工。		• 动力情态：意愿
136	我可以去游泳吗?		• 道义情态：允许
137	可以下来吃饭了。		• 道义情态：指令/必要
138	既然他们来请你了,你得去。		• 道义情态：必要
139	生病了,应该去医院。		• 道义情态：指令/必要
140	要讲道理,不应该打人。		• 道义情态：指令
141	辣椒吃多了,肚子会疼。		• 认识情态：盖然
142	明天要下雨。		• 认识情态：必然
143	可能很多人不会来。		• 认识情态：可能
144	这么晚,他可能不来了。		• 认识情态：可能
145	恐怕他已经来了。		• 认识情态：可能
146	他也许会来。		• 认识情态：可能

编号	普通话例句	方言例句	备 注
147	他肯定要迟到了。		• 认识情态：推定
148	他一定是饿了,才吃了你的饭。		• 认识情态：推定
149	A：他们说,他不是浙江人。 B：不,他是的。		• "不"能否单独回答问题
150	本地人不吃辣椒。		• 否定词和宾语的位置
151	无爹无娘/无头无脑		• 方言中是否有否定词"无"
152	我今天没有作业要做。		• 存在否定
153	老师昨天没有布置作业。		• 已然否定,表示"未曾"
154	这条裤子还没补好,不要穿。		• 表示尚未做某事,但是预计会达成 • 吴语中存在三类情况："没""(还)未"或"<不曾>"
155	问：你要不要苹果? 答：不要!		• "不要"或其合音形式能否单独回答问题,如富阳话"不要渠"、瑞安话"不要个"。
156	打雷的时候,不要站在大树底下。		
157	他不会游泳。		• "不会"有无合音形式
158	不准说话!		
159	你不用去了!		• "不用"有无合音形式
160	你俩别争了!		• "不要"有无合音形式
	(九) 疑问		
161	你是浙江人(吗)?		• 是否有中性与偏向(biased)的区别 • 是否可用升调表疑问

编号	普通话例句	方言例句	备　注
162	你的手表准吗？		• 句末疑问标记策略 • 句末疑问标记是不是否定词本身，如"弗"
163	水开了没有？		• 句末标记有无已然和未然的区分，如"未，没，伐"等
164	（我已经告诉他了，）难道他没记住？		• 构成偏向问句的副词
165	他家被偷了，对不对？		
166	他的衣服洗干净了，是吗？		• 附加问
167	你去帮他一下，行不行？		
168	她唱歌好不好听？		
169	你打算不打算去？		• 正反问（A-not-A）的形式
170	我要不要去？		
171	明天你能不能来？		• 有无"中性"和"请求"的区别
172	明天他会不会来？		• 有无 A-not-A 的缩合形式，如 AA
173	你要苹果还是香蕉？		• 选择问
174	李思是谁？ 谁是李思？		• 有无"谁（俉）"这一词汇形式 • 注意"指别"和"说明"是否存在区别
175	村里哪个人年纪最大？		
176	我不去，谁去呢？（即：非我去不可）		
177	你什么时候去杭州？		
178	哪里能买电饭锅？		

编号	普通话例句	方言例句	备　注
179	你买了什么？		
180	你买了多少鱼？ 你买了几条鱼？		
181	从这儿到那儿有多远？		
182	这个题目怎么做？		• 方式疑问词 • 动词是否要求重叠
183	你怎么没来喝喜酒？		• 能否用方式疑问词问原因
184	你为什么没来喝喜酒？		• 原因疑问词的构成形式
185	问：你是不是吃了什么？ 答1：我没吃什么。（虚指） 答2：我什么都没吃。（任指）		• 虚指与任指的表达形式 • "随便"与"都"的使用，如富阳话与瑞安话中"随（便）"强制使用而"都"不强制
186	我记得谁跟我说过来着。		• "谁"的虚指形式
187	这么简单的问题，谁都会回答。		• 疑问词表任指是否需要出现"随便"等成分，如"随便谁"
	（十）话题与焦点		
188	问：校长呢？ 答：校长啊，他今天去开会了。		• 话题标记
189	水果的话，我最喜欢吃香蕉。		• 总括式话题标记
190	作业我早就做完（它）了。		• 移位式话题标记，是否需要复指代词
191	我，那道菜，吃过了。		• 一般形式、无标记情况的SOV
192	阿明客厅扫过了，厨房没扫。		• 对举语境下，有标记的SOV

编号	普通话例句	方言例句	备　　注
193	问：谁让你来的？ 答：村长让我来的。		● 焦点
194	问：书记让你来的吗？ 答：是村长让我来的。		● 对比焦点
195	小王是昨天去学校报到的。		● "是……的"焦点结构
196	我们是找小王，不是找小李。		
197	我只去过上海。		● 焦点标记"只"
198	只有我去过上海。		
199	他连泥鳅都吃。		● 焦点关联标记"连"
200	我也吃过泥鳅。